Geoffrey Blainey

UMA BREVE
HISTÓRIA
DAS GUERRAS

2014, Editora Fundamento Educacional Ltda.
Reimpresso em 2025.

Editor e edição de texto: Editora Fundamento
Editoração eletrônica: Edgar Fernando Cabral Moreira
      Bella Ventura Eventos Ltda. (Lorena do Rocio Mariotto)
CTP e impressão: Maxi Gráfica
Tradução: BK Consultoria e Serviços Ltda. (Fal Azevedo)
Preparação de texto: Capelo Traduções e Versões Ltda. (Neuza Maria Simões Capelo)
Arte da capa: Zuleika Iamashita

Copyright © 1973, 1977, 1988 Geoffrey Blainey

Imagens de abertura dos capítulos fornecidas pelo banco de imagens Bigstock. As demais imagens foram fornecidas pelo banco de imagens Fotolia: página 13 © vladimir; página 39 © Sergey Peterman; página 123 © frederiqc; página 161© biomind

Todos os direitos reservados. Nenhuma parte deste livro pode ser arquivada, reproduzida ou transmitida em qualquer forma ou por qualquer meio, seja eletrônico ou mecânico, incluindo fotocópia e gravação de backup, sem permissão escrita do proprietário dos direitos.

Dados Internacionais de Catalogação na Publicação (CIP)
(Maria Isabel Schiavon Kinasz)

B634	Blainey, Geoffrey Uma breve história das guerras / Geoffrey Blainey ; [versão brasileira da editora] – 1. ed. – São Paulo, SP : Editora Fundamento Educacional Ltda., 2014. Título original : The causes of war. 1. Guerra - História. 2. História universal. I. Título. CDD 909 (22 ed.) CDU 940.53

Índice para catálogo sistemático:
1. Guerra - História 909

Fundação Biblioteca Nacional

Depósito legal na Biblioteca Nacional, conforme Decreto n° 1.825, de dezembro de 1907.
Todos os direitos reservados no Brasil por Editora Fundamento Educacional Ltda.

Impresso no Brasil

Telefone: (41) 3015 9700
E-mail: info@editorafundamento.com.br
Site: www.editorafundamento.com.br

Este livro foi impresso em papel offset 90 g/m² e a capa em papel-cartão 250 g/m².

GEOFFREY BLAINEY

UMA BREVE HISTÓRIA DAS GUERRAS

Sumário

Parte 1: O mistério da paz
1. A paz que escapa ao entendimento — 13
2. O paraíso é um bazar — 26

Parte 2: A teia da guerra
3. Sonhos e ilusões de uma guerra futura — 40
4. Enquanto as aves aquáticas brigam — 61
5. As guerras de velório e as guerras como bodes expiatórios — 68
6. Tesouros de guerra e o carrossel — 86
7. Um calendário de guerra — 94
8. O cálculo do poder — 106

Parte 3: Belicismo duvidoso
9. A guerra como acidente — 124
10. Objetivos e armas — 136
11. Um dia que vive na infâmia — 147

Parte 4: Tipos de guerra
12. Guerras longas — 162
13. Guerras mais curtas — 177
14. O mistério das Grandes Guerras — 196
15. Mitos da era nuclear — 211

Conclusões
16. Guerra, paz e neutralidade — 233

Prefácio da 4ª edição (ou edição brasileira)

Comecei a pesquisa para a elaboração deste livro no final da década de 60. Na época, a Guerra do Vietnã gerava intensa controvérsia e eram muitas as teorias sobre as causas da guerra em geral, em particular daquela. Quais dessas teorias poderiam ser consideradas válidas? Não havia consenso. Eu acreditava que toda teoria geral sobre as causas da guerra podia ser testada por meio de uma análise cuidadosa de conflitos anteriores, principalmente o começo e o fim. Este livro é o resultado dessa ideia. Também acreditava – e ainda acredito – que qualquer explicação sobre a guerra deve estar intimamente relacionada a uma explicação sobre a paz. Portanto, este livro fala muito de paz. Alguns críticos chegaram a sugerir o título "As causas da guerra e da paz".

A primeira edição deste livro foi publicada em Londres, em 1973. Nos 20 anos seguintes, tornou-se uma das mais citadas fontes de informações sobre as causas da guerra. Criticado com justiça em um ou outro ponto, foi também elogiado. Apareceu na lista de leituras recomendadas em academias militares e universidades de vários países, e alguns de seus principais conceitos – originalmente considerados heresias – tornaram-se amplamente aceitos nos primeiros anos do século 21. Enquadra-se nessa categoria a noção de que a quase totalidade dos países entrou nas guerras com um grau injustificado de otimismo, ideia recentemente endossada por muitos estudiosos americanos e alguns britânicos, em particular aqueles ligados à Ciência Política e às questões estratégicas. A maioria dos historiadores, porém, parece manter-se fiel a hipóteses e teorias que vêm sendo passadas de geração em geração.

Esta é minha primeira tentativa, desde 1988, de revisar este livro. Muitas guerras foram travadas desde então, algumas das quais descrevo em detalhes. Em combates recentes, não é fácil determinar com precisão o que tinham em mente os líderes que decidiram declarar guerra e, mais tarde, promover a paz. Muitos registros importantes ainda não foram liberados, em particular quando em poder de nações não democráticas. Mesmo na Guerra das Malvinas, que teve início em 1982, algumas das evidências fundamentais do lado britânico só surgiram em 2006 e 2012.

Depois de reler o livro, percebi que na edição original dei voltas demais para descrever e explicar numerosas guerras. Tais rodeios foram necessários para demonstrar a repetição de padrões. Como resultado, porém, muitos leitores talvez tenham perdido o fio da meada. Na segunda edição, ainda incluí um capítulo sobre o Japão e sua decisão de entrar na guerra em 1941. A maior parte desse capítulo – bem como outro, sobre as recorrentes guerras entre Rússia e Turquia – foi retirada, com exceção de alguns parágrafos dispostos em outras partes do texto. Na terceira edição, acrescentei um capítulo sobre guerra nuclear, no qual agora fiz algumas mudanças.

Para esta edição, reduzi todos os capítulos, ajustei algumas opiniões e corrigi detalhes. Agradeço a John Day, da Wangaratta University (Austrália), por ler e revisar trechos do original. Apesar das alterações, a essência dos meus argumentos permanece. Por volta de 1991, no fim da Guerra Fria, as mudanças climáticas e o aquecimento global substituíram a guerra – a nuclear, principalmente – como a pior ameaça à humanidade. A meu ver, porém, na hierarquia das ameaças, uma grande guerra ainda é muito mais perigosa.

Geoffrey Blainey
Fevereiro de 2013

Prefácio (resumido) da primeira edição

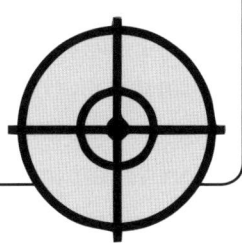

Este livro, baseado em uma pesquisa sobre todas as guerras internacionais travadas desde 1700, sustenta que, tanto na guerra como na paz, sinais e padrões significativos são frequentemente negligenciados. Como o livro se parece mais com uma reportagem investigativa do que com uma narrativa histórica, o prefácio pode ser ignorado agora e lido mais tarde, como um epílogo, caso seja esse o desejo do leitor.

Analisar as guerras é entrar em uma arena já povoada de opiniões arraigadas sobre os motivos pelos quais as nações combatem. Nessa arena, ideias contraditórias parecem conviver pacificamente. Centenas de livros e artigos expõem interpretações próprias e ignoram as interpretações alheias.

Entre historiadores – e eles escreveram mais sobre a guerra do que cientistas políticos, antropólogos ou profissionais de qualquer outra área – a maior parte das controvérsias gira em torno de pormenores das causas de determinadas guerras, e não de ideias mais abrangentes. Algumas generalizações populares sobre o assunto nunca foram discutidas; são instintivamente rejeitadas ou aceitas, por entrarem em conflito ou estarem de acordo com nossos conceitos ligados ao comportamento humano. Um dos objetivos deste livro é levantar teorias conflitantes sobre a guerra, para compará-las, combatê-las ou, pelo menos, examinar as evidências. Entre as que parecem pouco acreditadas ou descartadas, algumas me convenceram inicialmente.

A primeira parte do livro destaca pontos fracos em explicações bastante difundidas acerca da paz. A segunda parte examina fatores que, em geral, influenciam a escolha de uma nação, de entrar ou não em guerra. A ampla influência desses fatores é resumida no capítulo "O cálculo do poder". A terceira parte discute a forma pela qual a glorificação, as críticas e o partidarismo produzem teorias equivocadas. Quase sempre se responsabiliza, única ou principalmente, uma nação ou grupo pela eclosão de cada guerra, o que se reflete no estéril debate internacional sobre as causas do conflito no Vietnã. Pelo contrário, guerra e paz são fases alternadas de um relacionamento no qual nações rivais devem ser vistas como parceiras. Admitir tal relacionamento é abalar algumas das mais influentes teorias sobre a guerra e algumas das imagens mais populares de guerras passadas, como a interpretação americana de Pearl Harbor, a ênfase russa no capitalismo como causador de guerras e as hipóteses de uma guerra acidental, que se popularizaram a partir do advento das armas nucleares.

A quarta (e última) parte do livro tenta responder a perguntas sobre "Tipos de Guerra". O que sustenta atos de hostilidade entre duas nações por um longo período de tempo? Que fatores diferenciam guerras generalizadas, ou mundiais, daquelas entre duas nações? Que fatores determinam uma guerra longa ou curta? Muito pouco tem sido publicado, onde quer que seja, a respeito dessas perguntas, embora cada uma delas esteja intimamente ligada à questão mais ampla sobre o que causa a guerra e a paz. O pouco explorado enigma da duração dos conflitos é fundamental para a resposta à questão "guerra ou paz". A última parte do livro chega à conclusão radical de que o começo, a continuação e o final das guerras, bem como a extensão ou o encurtamento dos períodos de paz, compartilham a mesma estrutura causal. A estrutura explicativa e os componentes são de importância vital para a compreensão de cada estágio na sequência de guerra e paz.

Provavelmente, o mais revelador desses estágios é o advento da paz, pelas visões que oferece sobre as causas da guerra. A princípio, a sugestão pode parecer absurda, mas é somente outra forma de dizer que a transição da guerra para a paz é, essencialmente, o reverso da transição da paz para a guerra. O que causa o fim das hostilidades entre nações deve ser relevante para explicar o início dessas hostilidades. O advento da paz é frequentemente negligenciado pelos estudiosos das causas da guerra; no entanto, é mais fácil de analisar, por ser menos afetado por possíveis distorções da realidade causadas pela propaganda e pela emoção.

Uma conclusão deste livro é que o estudo da História oferece pistas essenciais para a compreensão da guerra. As armas nucleares não alteraram drasticamente as relações internacionais. Em cada geração, durante os últimos dois séculos e meio, muitos interessados no assunto consideravam única a época em que viviam, pouco tendo, portanto, a aprender com o passado. Essa crença, porém, revelou-se equivocada. Embora cada guerra e cada geração tenham características únicas ou inusitadas, os fatores habituais parecem predominar. A análise de uma longa lista de guerras e de muitos períodos de paz apresenta uma conclusão inesperada: o anacronismo da maior parte dos pontos de vista e argumentos ainda amplamente defendidos na era nuclear. A principal vantagem de se observarem as numerosas guerras travadas entre 1700 e 1971 é a possibilidade de testar generalizações e hipóteses. No entanto, tal teste raramente é aplicado. Até fundações de pesquisas que aplicam fortunas em estudos sobre as causas da guerra frequentemente preferem pinças tortas para pinçar exemplos históricos como ilustração de suas teorias.

Por fim, uma palavra sobre definições. Ao longo da narrativa, as palavras "guerra" e "paz" significam guerra e paz entre nações. Guerras civis são discutidas apenas quando parecem ter influenciado confrontos internacionais. Às vezes, porém, o limite entre guerra civil e internacional é impreciso. A Guerra Civil Americana, travada na América do Norte entre 1861 e 1865, não seria chamada assim caso a Confederação separatista tivesse saído vitoriosa. Já que começou como uma guerra entre dois estados soberanos, cada um com estrutura de governo própria, do presidente ao judiciário e ao exército, prefiro classificá-la como um conflito internacional. Assim como nem sempre é fácil distinguir entre guerras internacionais e civis, também nem sempre é simples definir quando a paz termina e a guerra começa. A primeira delas, abordada neste livro, é a que levou a Suécia a cruzar um braço de mar e invadir a Dinamarca em 1700. A última é a invasão da Índia pelo norte da Baía de Bengala em 1971. Entre as duas há quase cem guerras que, apesar de espalhadas pelo tempo e o espaço, têm muito em comum.

Geoffrey Blainey
University of Melbourne, fevereiro de 1972

PARTE 1: O MISTÉRIO DA PAZ

CAPÍTULO 1
A PAZ QUE ESCAPA AO ENTENDIMENTO

Para cada mil páginas publicadas sobre as causas da guerra, menos de uma trata diretamente das causas da paz. No entanto, as causas de uma e de outra, logicamente, devem ser compatíveis. Uma explicação deficiente para a paz na Europa leva a uma explicação deficiente para a guerra na Europa. Um diagnóstico válido da guerra se refletirá em um diagnóstico válido da paz.

Um obstáculo ao estudo da paz internacional é a suposição, amplamente difundida, de que essa é a situação normal. Trata-se, no entanto, de uma suposição equivocada. O talentoso sociólogo russo Pitirim Sorokin, radicado nos Estados Unidos, deu-se ao trabalho de contar quantos anos alguns países europeus passaram em guerra. Ele descobriu que a Rússia, terra de seu nascimento, tinha vivido em paz por apenas um quarto de século nos mil anos anteriores; em cada período de 25 anos o país tinha participado de pelo menos uma guerra com outra nação. Segundo os cálculos do sociólogo, desde o ano 901 d.C. a Rússia estivera em guerra por 46 anos em cada 100. Ele também descobriu que a Inglaterra, desde o tempo de Guilherme, o Conquistador, guerreara em algum lugar da Europa ou dos trópicos por 56 anos em cada 100. A Espanha experimentara ainda mais anos de combate. Seria arriscado, no entanto, usar esses números para medir a belicosidade de diferentes países, pois eles não distinguem entre confrontos de maior ou menor impacto ou entre um curto e outro que tenha se arrastado ao longo de vários anos. O estudo estatístico de Sorokin revela que, com certeza, as guerras têm sido mais frequentes do que comumente se acredita.

A falta de análises detalhadas das causas da paz tem outro motivo – para os historiadores, um motivo poderoso: uma vez que a guerra atrai mais atenção do que a paz, todos os registros ostensivamente referem-se mais às causas da causas da primeira do que às da segunda. Os registros de ambas as situações são igualmente extensos; os da paz são apenas menos óbvios. Qualquer documento que esclareça as causas da guerra deve, por implicação, esclarecer as causas da paz. Todo documento que discuta uma crise internacional encerrada pacificamente é tanto um espelho da paz quanto da guerra.

Nas teorias modernas sobre a paz, os historiadores com frequência se concentram no século 19. Dois longos períodos nesse século foram notavelmente pacíficos: um, entre a Batalha de Waterloo e as guerras curtas de 1848 ou a Guerra da Crimeia, em 1853; o outro, desde o fim da Guerra Franco-Prussiana de 1871, até o fim do século, embora a opinião mais comum aponte o ano de 1914 como o encerramento do período de paz. Cada fase, portanto, durou mais ou menos uma geração. Talvez seja significativo que, enquanto toda guerra, ainda que curta ou de consequências pouco relevantes, receba um nome na História, essas longas temporadas de paz não tenham uma denominação amplamente aceita. Em tais períodos pacíficos, porém, houve algumas guerras. A diferença é que foram mais curtas, menos numerosas e raramente travadas entre grandes potências. Ainda assim, aos olhos da maioria dos observadores contemporâneos, esses períodos foram excepcionalmente tranquilos, inspirando previsões otimistas de um milênio de paz internacional. O que tornou essas duas eras tão pacíficas? Alguns estudiosos dedicados ofereceram respostas.

> PARA CADA MIL PÁGINAS PUBLICADAS SOBRE AS CAUSAS DAS GUERRAS, HÁ MENOS DE UMA QUE TRATE DIRETAMENTE DAS CAUSAS DA PAZ.

O ENIGMA DOS COMBATES MORTAIS

Lewis Fry Richardson foi um dos milhares de quakers que se tornaram defensores da paz, empreendendo uma cruzada em busca de suas causas. Nascido na cidade inglesa de Newcastle upon Tyne, em 1881, estudou Ciências em Cambridge e no início da Primeira Guerra Mundial usou seus conhecimentos de meteorologista, atuando na previsão do tempo. Curioso para conhecer a frente de batalha, mas assustado pela perspectiva de ver homens mortos, ele se uniu a um grupo de quakers que prestava assistência a franceses da infantaria feridos na frente ocidental. Escreveu na época seu primeiro trabalho sobre a guerra, denominado "The Mathematical Psychology of War" ("a psicologia matemática da guerra", em tradução literal), lançado em 1919, tendo ele mesmo arcado com os custos da publicação.

Richardson acreditava que, se os estudiosos analisassem sistematicamente uma guerra, poderiam descobrir pistas valiosas de suas causas. Muito de seu tempo livre entre as duas guerras mundiais e boa parte dos anos seguintes foram dedicados a esse estudo. Como matemático, ele sustentava que medidas exatas deviam ser aplicadas sempre que possível às Ciências Sociais. Diligentemente – até sua morte na Escócia, aos 71 anos – identificou, contou e avaliou guerras e suas prováveis causas. Muitos de seus cálculos foram publicados depois de sua morte em um livro chamado "Statistics of Deadly Quarrels" ("estatística de combates mortais", em tradução literal).

Richardson reuniu conclusões úteis sobre a guerra durante o período entre 1820 e 1949. Talvez as mais interessantes tenham sido as que desafiavam ideias popularmente aceitas. Richardson não encontrou evidências estatísticas que confirmassem a opinião de entusiastas, segundo os quais a adoção de uma linguagem universal reduziria mal-entendidos entre as nações. As de língua inglesa, por exemplo, já haviam guerreado entre si. Nações onde se usava o idioma alemão também tinham entrado em guerra. Contrariamente a outra suposição popular, extremos de riqueza e pobreza pareciam "ter exercido pouquíssima influência durante o período". Qualquer plano para a paz internacional que consistisse simplesmente em nivelar a riqueza das nações seria, portanto, uma aposta incerta. Ele também não acreditava em relações necessariamente melhores quando as nações compartilhavam uma religião. A única exceção era o Confucionismo, uma das religiões com menor número de adeptos no mundo.

Segundo uma das conclusões formais de Richardson, a guerra se parece com uma séria doença mental. Ainda segundo ele, uma cura comum para a doença, infelizmente, era a própria guerra. Richardson sugeriu que "uma longa e severa rodada de combates confere imunidade à maioria dos indivíduos que a experimentam". Depois de uma década ou duas, no entanto, a imunidade desaparece e a geração seguinte se dispõe a entrar em guerra com entusiasmo. Ele lembrou que em Londres, na década de 20, os livros sobre questões ligadas ao assunto eram desprezados. Em 1929, porém, um triste sinal de que a imunidade estava em declínio foi o sucesso de vendas do livro "All Quiet on the Western Front", de Erich Remarque, publicado no Brasil sob o título "Nada de Novo no Front".

Em 1926, o general britânico sir Ian Hamilton já dizia que as pessoas pareciam passar aos poucos do entusiasmo ao cansaço, em relação à guerra: "O fato de bons cidadãos europeus odiarem a guerra em 1926 não significa que eles a odiavam em 1914 ou que vão odiá-la em 1964". Muitos historiadores que vivenciaram a Primeira Guerra Mundial e suas consequências estavam compreensivelmente propensos a acreditar que, depois das longas Guerras Napoleônicas, as pessoas se sentissem de maneira semelhante. Uma das explicações mais populares para o longo período de paz na Europa, depois de Waterloo, era o cansaço. A teoria da exaustão foi levada bem longe – pode-se dizer que foi esticada até se romper, na verdade – pelo professor Arnold J. Toynbee, em 1945, no nono volume de seu corajoso "Study of History", publicado em português como "Um Estudo da História". Pertencente à geração que atingira a maioridade pouco antes da Primeira Guerra Mundial e jovem membro da delegação britânica na Conferência de Paz de Paris, em 1919, ele viu desgastar-se a atitude do povo diante da guerra que, apenas cinco anos antes, tantos europeus haviam defendido com entusiasmo.

Segundo Toynbee, se recuarmos no tempo, século após século, perceberemos um ciclo de guerra e paz que, em média, completa-se em pouco mais de cem anos. A cada ciclo, uma guerra geral era seguida, em clara sequência, por um curto período de paz, por algumas guerras suplementares, por uma pausa mais longa e, finalmente, por outra guerra geral. Um ciclo completo apareceu na Europa entre 1815 e 1914, mas não se sabe ao certo se havia aparecido em séculos anteriores. De todo modo, aos olhos de Toynbee o padrão existia e talvez pudesse ser explicado por uma versão mais intensa da teoria do cansaço de guerra. De acordo com essa "explicação psicológica experimental", uma guerra geral, como a Napoleônica, deixava uma marca tão forte na mente e no espírito que as pessoas relutavam em infligir tal experiência a seus filhos. Assim, por uma geração, fortes restrições impediam a eclosão da guerra. A geração seguinte, nascida e criada em tempos de paz, iniciava então, de peito aberto, uma série de guerras, como aquelas compreendidas entre a da Crimeia e a Franco-Prussiana. No entanto, ainda contida pela aversão que via nos pais, não prolongava muito os conflitos, logo seguidos por um período de trégua. Aos poucos, porém, apagava-se, a lembrança da devastação deixada pela guerra, surgindo daí uma geração que, embora criada em tempos de paz, deu início a uma guerra mundial feroz e desenfreada. Essa luta, por sua vez, criava uma geração que possuía tal resistência à guerra que daí resultava uma longa era de tranquilidade.

O abrangente estudo do professor Toynbee é digno de admiração, mas talvez ele tenha confiado demais em sua teoria. Segundo ela, deve-se tratar com cautela as nações que desfrutam de paz há muito tempo; cuidado com a Suécia e as ilhas Canárias, portanto! Pode-se dizer também que se trata de uma teoria pouco fundamentada. Como saber se as pessoas estavam cansadas da guerra? Só porque atravessavam um longo período de paz?

É difícil detectar qualquer coisa semelhante a um ciclo de guerra e paz antes de 1800 e é fácil ver a irregularidade do ciclo depois da Primeira Guerra Mundial. O próprio Toynbee ficou intrigado com o fato de a Segunda Guerra Mundial ter começado em uma época na qual, de acordo com sua teoria, a imunidade mental contra a guerra ainda deveria estar alta. Pelo menos, ele tentou desvendar o mistério e levantou a hipótese de a Segunda Guerra Mundial ser "manifestamente algo contrário à natureza humana".

O cansaço da guerra provavelmente representou uma, e apenas uma, das forças a promover a paz em certos períodos da História, mas seria insensato apontá-lo como causa dominante.

Um labirinto de teorias de guerras

Talvez uma longa era de paz refletisse a existência de boas válvulas de escape para as energias e ambições militantes. As nações europeias já foram comparadas a máquinas a vapor.

> É PROVÁVEL QUE O CANSAÇO DA GUERRA FOSSE UMA DAS FORÇAS QUE PROMOVIAM A PAZ EM CERTOS PERÍODOS DA HISTÓRIA.

Em algumas décadas, as nações tinham excesso de vapor, que explodia em lutas, enquanto em outras décadas todo o vapor disponível era canalizado para fins pacíficos. "Os homens estavam por demais ocupados em enriquecer e não sobrava tempo para guerras", escreveu um historiador. "As nações direcionaram suas energias para o crescimento doméstico e a expansão industrial", disse outro. Um terceiro afirmou: "A industrialização absorveu energias que de outra forma poderiam ter sido devotadas a conflitos internacionais". Para um quarto historiador, a rápida expansão da população europeia, encerradas as Guerras Napoleônicas, era uma perigosa caldeira com excesso de energia: "Dentro da rígida e artificial estrutura das nações poderosas espremidas no mesmo continente, o despertar das fartas energias da civilização moderna (de que o extraordinário aumento da população era apenas um dos indicadores) não encontrava um campo de atuação amplo e apropriado, como ofereciam as nações anglo-saxônicas. Assim, contidas de uma forma ou de outra, tais energias procuraram válvulas de escape em revoluções ou guerras".

O fato de os vastos espaços anglo-saxões dos Estados Unidos terem oferecido não apenas uma válvula de escape para milhões de europeus, mas também sepulturas para cerca de 600 mil soldados entre 1861 e 1865, representa um golpe para esse argumento e outros similares.

"A tremenda energia de uma população em rápido crescimento", escreveu um quinto historiador, "encontrava suficientes escoadouros na conquista econômica do planeta." Ele viu um mundo vibrante de energia pacífica em meados do século 19. "Corridas do ouro, construção de estradas de ferro, esforço para eliminar maus indivíduos, fabricação de navios a vapor, uso de motores de propulsão para vencer pântanos e desertos mantinham as pessoas tão ocupadas que lhes sobrava pouco tempo para pensarem em se organizar e lutar entre si." Mais tarde, essa energia vertiginosa pareceu diminuir. "Com as facilidades cada vez maiores, proporcionadas pelo sucesso material, na transição do século 19 para o século 20, as pessoas se viram com mais tempo livre e não foram capazes de resistir à tentação de preenchê-lo com sonhos e expressões de medo e ódio."

Eis alguns exemplos de teorias equivocadas acerca da guerra: as nações são como jovens que provocam tumultos e brigam nas ruas porque estão entediados ou ociosos; as nações se mantêm longe de encrencas quando estão ocupadas. Algumas versões dessa teoria quase dão a entender que a abolição dos turnos de 14 horas de trabalho nas minas e fábricas foi uma catástrofe. A maioria das versões dessa teoria presume que uma nação, como um indivíduo, tem apenas duas mãos; portanto, encontra dificuldade em levar adiante duas atividades ao mesmo tempo. No entanto, os Estados Unidos, no final dos anos 60, conseguiram simultaneamente levar homens à Lua, onde pousaram no Mar da Tranquilidade, e à costa do Vietnã, e ainda ter energia para revoltas raciais, expansão industrial e as onipresentes manifestações e ocupações pacíficas. Mesmo no século 19 os homens se ocupavam em enriquecer enquanto seu país estava em guerra, e alguns ficaram ricos justamente por causa dela. Os americanos procuraram ouro, construíram ferrovias, eliminaram homens maus e ainda tiveram tempo para "pensar em se organizar e lutar uns contra os outros" na que viria a ser a mais mortal das guerras naquele século – a Guerra Civil Americana.

Essa teoria equivocada às vezes corresponde a uma interpretação econômica da guerra, sugerindo que a prosperidade intensa favorece a paz, enquanto a adversidade econômica leva à guerra. As evidências parecem rejeitar tal teoria. Há uma ligação mais realista entre as condições econômicas e a guerra, que será discutida no sexto capítulo, "Tesouros de Guerra e o Carrossel".

O FRACASSO DA VITÓRIA

A explicação ultrapassada presume que as nações possuem um estoque fixo de energia, alternadamente canalizado para fins pacíficos ou bélicos. Uma explicação mais pessimista sugere que as nações têm uma tendência constante à belicosidade. Os longos períodos de paz internacional, portanto, aconteceriam enquanto os governos estivessem envolvidos em conflitos civis ou preocupados com essa possibilidade. O dr. David Thomson, escrevendo em Cambridge seu livro de mil páginas sobre a Europa pós-napoleônica, observou que durante as quatro décadas seguintes à Batalha de Waterloo houve muito mais revoluções do que guerras. Ele sugeriu que talvez "as revoluções tenham servido como uma espécie de substituição para a guerra". Thomson acrescentou: "Os inimigos domésticos pareciam mais urgentes e ameaçadores que os inimigos estrangeiros, e a guerra civil absorvia os espíritos beligerantes, que mais tarde se voltariam para a causa do nacionalismo militante".

Essa explicação traz uma dificuldade. O ano mais tempestuoso daquela longa época de paz na Europa foi 1848. Monarcas e cidadãos humildes, de São Petersburgo à Escócia, concordaram que aquele tinha sido um ano tumultuado. Então, se for verdade que a agitação civil diminui as chances de uma guerra internacional, 1848 e 1849 deveriam ter transcorrido sem guerras internacionais. Contrariamente, porém, houve quatro delas, todas a partir de conflitos civis. Na verdade, pode-se dizer que o longo período de paz na Europa terminou em 1848, e não com a eclosão da Guerra da Crimeia, cinco anos mais tarde. O dr. Thomson, ao sugerir que as revoluções podiam funcionar como substitutas da guerra, apontou um longo período de paz internacional crivado de conflitos civis, mas não ofereceu nenhuma outra evidência. Uma vez que o segundo longo período de paz na Europa, iniciado na década de 70 do século 19, foi surpreendentemente livre de revoluções, sua observação deve ser tratada com cautela.

Outra análise da paz no século 19 aponta, principalmente, a influência de poderosos estadistas. No primeiro período lorde Palmerston, da Inglaterra, teria sido o pacificador e, no segundo período, Otto von Bismarck, da Alemanha. Palmerston e Bismarck podem ter sido pacificadores durante alguns estágios de suas longas carreiras, mas a extensão dessa influência só pode ser avaliada em relação ao ambiente no qual atuavam. A habilidade de ambos como estadistas, de forjar elos pacíficos entre nações dependia, pelo menos em igual medida, da maleabilidade de seus ambientes e do talento deles no manejo da forja. Além disso, seu talento dependia do tipo de ferramenta oferecida pela nação de cada um: Palmerston tinha o apoio da mais poderosa Marinha do mundo, enquanto Bismarck contava com o Exército mais poderoso. Da mesma forma, é vital investigar quanto dessa influência veio da personalidade de Palmerston e de Bismarck, das políticas adotadas, da situação internacional à época e do sólido apoio militar. Os líderes, suas ideias e objetivos são certamente importantes quando tentamos explicar o surgimento da paz e da guerra.

Enquanto alguns historiadores defendiam que no século 19 grandes estadistas fizeram muito para manter a paz, outros argumentavam que grandes ideias é que a sustentavam. Um dos defensores dessa segunda hipótese foi John Ulric Nef, um historiador norte-americano especializado em economia. Segundo ele, os altos ideais mantinham a paz: "Os fatores que fizeram da paz a partir de 1815, mais do que uma mera pausa, foram principalmente a cultura, os costumes, as leis e a conduta, que haviam evoluído na Europa e encontraram expressão forte e influente nos grandes trabalhos filosóficos, literários e artísticos do século 18". Um século tão capacitado para arcar com guerras devastadoras foi surpreendentemente pacífico. Infelizmente, quando aquelas influências culturais pacíficas começaram a dar lugar a influências combativas, nada havia que pudesse conter a poderosa artilharia e os enormes cruzadores produzidos por uma tecnologia cada vez mais avançada. Assim, vieram as arrasadoras e amargas guerras do século 20. Essa é, em essência, a teoria da paz elaborada por Nef.

Tal teoria ignora pelo menos um obstáculo importante. Se é verdade que uma cultura de amor e paz impediu a luta armada entre 1815 e 1914, como explicar os confrontos na metade do período? Por que restrições intelectuais e morais não evitaram os vários combates de 1848, o da Crimeia, do México e da Itália, a Guerra Civil Americana e as três Guerras Prussianas? A teoria de Nef não explica adequadamente por que, no mesmo século, um período foi relativamente pacífico, e outro, crivado de sérias guerras internacionais. Além disso, ele ignora as numerosas guerras civis e revoluções durante aquele tempo. O período teve mais violência do que ele percebeu.

Há muitas outras teorias. Talvez uma grande guerra encerrada com um tratado moderado tivesse mais chances de criar uma paz duradoura. Desse modo, diversos historiadores aclamaram os homens que deram forma aos tratados em Paris e Viena, em 1814 e 1815, como os criadores de um longo período de paz. Ainda assim, como observou um atento historiador americano, os elogios não podem ser levados muito longe, já que algumas importantes decisões de 1814/15 foram rapidamente alteradas pelo turbilhão de acontecimentos posteriores. Em contraste, a segunda época de paz do século seguiu-se a um tratado frequentemente visto como duro e punitivo. Embora o território e o ouro que a Alemanha tomou da França em 1871 fossem mais tarde considerados uma das causas principais da Primeira Guerra Mundial, é bom lembrar que o rigoroso tratado de 1871 também marcou o início de uma era de paz notavelmente longa.

Nos últimos três séculos, o acordo de paz ao qual se tem atribuído os mais desastrosos efeitos é o Tratado de Versalhes, no fim da Primeira Guerra Mundial. A ênfase na influência de Versalhes é curiosa. A ocorrência de outra guerra mundial 20 anos mais tarde explica, em parte, a culpa jogada sobre ele. A situação apresenta dois aspectos: enquanto alguns responsabilizavam a severidade do tratado, outros criticavam seus efeitos sobre a economia. A inflação astronômica, verificada na Europa central no começo da década de 20 e a depressão mundial no início da década de 30 foram frequentemente atribuídas às decisões tomadas pelos vencedores em Versalhes, mas é difícil definir até que ponto deve-se a elas o caos econômico que se instalou no mundo. Pode-se sugerir que as vultosas dívidas de guerra cobradas da Alemanha apenas agravaram uma situação internacional já instável. Os males econômicos das décadas de 20 e 30 basicamente refletiam tendências ou eventos instalados antes que os vitoriosos se reunissem na França: o tipo de capitalismo frágil anterior a 1914; a carência de conhecimentos econômicos e políticos necessários ao enfrentamento dos problemas no sistema monetário; os efeitos da guerra sobre as condições e atitudes econômicas; e, durante a guerra, a rápida transferência da predominância financeira, de Londres para Nova York.

Alguns desses argumentos foram usados explícita ou implicitamente em "The Economic Consequences of the Peace" ("As Consequências Econômicas da Paz", na edição em português), o eloquente livro de 1919, defensor da ideia de que Versalhes influenciava decisivamente as relações internacionais, nas duas décadas seguintes. Ao escrever esse livro, em um ímpeto de energia que durou dois meses, depois de voltar exausto da Conferência de Paz em Paris, o economista britânico John Maynard Keynes empregou suas extraordinárias qualidades mentais e literárias para enfatizar os efeitos prováveis das penalidades econômicas impostas à Alemanha. Além disso, destacou a necessidade da elaboração de um tratado racional, em vista das sombrias previsões para a economia. Segundo Keynes, a teia do comércio, que havia muito ligava todos os portos e fábricas do mundo, criando um enorme número de empregos, era extremamente delicada. Um tratado de paz que destruísse qualquer fio dessa teia era, portanto, perigoso. Ironicamente, o best-seller de Keynes veio a ser associado, anos mais tarde, a uma mensagem diferente, o que também ocorreu a várias outras previsões ousadas. Como Keynes havia alertado para os riscos econômicos, e com o desenrolar dos acontecimentos os riscos se concretizaram, o tratado de paz foi cada vez mais responsabilizado por eles. Depois que o livro deixou de estar em evidência, restou na memória popular apenas o título, "As Consequências Econômicas da Paz". Na verdade, Keynes havia deixado claro que a maior parte das tais "consequências" já existia antes de 1919. Segundo se diz, a rigidez do tratado que encerrou a Primeira Guerra Mundial também foi uma das principais causas da Segunda Guerra Mundial.

Se esse argumento é válido, seria justo esperar críticas mais vigorosas aos termos impostos em 1945 à Alemanha, tratada com mais rigidez do que em 1919. Durante décadas, a Alemanha foi ocupada por tropas estrangeiras. Enquanto o centro da Alemanha imperial – as províncias prussianas – foi separado do território alemão e governado pela União Soviética, a antiga capital, Berlim, foi dividida e separada por um muro. Concorda-se que, depois da Segunda Guerra Mundial, as reparações impostas à Alemanha foram mais brandas, mas deve-se levar em conta que, em 1920, os vultosos pagamentos foram compensados por empréstimos feitos pelos Estados Unidos.

Um olhar sobre o século 18

O século 18 ficou coalhado de tratados de paz em termos moderados. As guerras do período poucas vezes terminaram com a imposição de punições aos derrotados. Infelizmente, a um tratado de paz pouco severo costumava seguir-se, com surpreendente rapidez, outro conflito. Talvez o mais moderado dos tratados de paz tenha sido o de 1748, ao final de nove anos de combate, mas em 1756 quase metade da Europa estava envolvida na Guerra dos Sete Anos. Os conflitos coloniais enfrentados pelas nações europeias também não endossam a ideia de que termos rígidos de acordos de paz provocam em pouco tempo guerras de retaliação.

Pode ser tentador acreditar que a paz estabelecida em termos generosos seja capaz de render dividendos em boa vontade internacional. No entanto, esse resultado raramente acontecia e talvez haja uma explicação simples para isso: os tratados raramente eram cumpridos. Em geral, quando o vencedor não era forte o bastante para impor termos mais severos, a guerra terminava com termos brandos. Ainda assim, o peso da evidência sugere que um tratado de paz rigoroso tinha mais probabilidade de prolongar a paz e parece haver uma razão poderosa para essa situação: tratados de paz severos eram basicamente o resultado de uma guerra encerrada com uma vitória decisiva. Assim, como veremos mais tarde, uma vitória indiscutível tende a promover uma paz mais duradoura.

> UMA VITÓRIA INDISCUTÍVEL TENDE A PROMOVER UMA PAZ MAIS DURADOURA.

CAPÍTULO 2
O PARAÍSO É UM BAZAR

Algumas mentes poderosas não se preocuparam muito em desvendar o mistério dos períodos extraordinariamente longos de paz durante o século 19. Essas pessoas acreditavam que o progresso intelectual e comercial minimizava as queixas e os mal-entendidos, causadores de muitas das guerras anteriores. Os seguidores dessa teoria eram, em geral, democratas com uma visão otimista da natureza humana. Embora tenham surgido primeiro na França e só depois na Inglaterra, eles tiveram mais influência nos países de língua inglesa, e seu lar espiritual talvez tenha sido a cidade industrial de Manchester, exportadora de produtos de algodão e da filosofia de livre mercado para todos os cantos do planeta.

Os discípulos de Manchester acreditavam que o paraíso era um bazar aberto a todas as nações. Eles defendiam a criação de instituições para canalizar o fluxo internacional de mercadorias e ideias, bem como a abolição das instituições que bloqueassem esse fluxo. As nações, afirmavam eles, não mais enriqueciam por meio das conquistas, mas do comércio. A prosperidade dependia de discussões racionais, e não de ameaças. Os alicerces da paz eram as instituições e invenções que promoviam o intercâmbio de ideias e de produtos: parlamentos, conferências internacionais, popularização da imprensa, educação compulsória, bibliotecas públicas, barateamento dos serviços postais, ferrovias, telégrafos com cabos submarinos, grandes navios de três chaminés e o comércio de algodão de Manchester.

A FERROVIA E O TELÉGRAFO COMO MENSAGEIROS DA PAZ

O longo período de paz que sucedeu a Batalha de Waterloo foi visto, cada vez mais, como o resultado de um fluxo internacional de mercadorias e de ideias. As locomotivas a vapor e o telégrafo elétrico eram admirados não apenas como maravilhas mecânicas, mas também como mensageiros da paz e instrumentos de união. Os cabos telegráficos instalados através do Canal da Mancha, em 1850, foram recebidos como um laço de amizade subaquático. A instalação dos cabos sob o oceano Atlântico, em 1858, foi outra celebração de fraternidade, e a primeira mensagem enviada pelo fundo do mar representou uma proclamação de paz: "Europa e América estão unidas pela comunicação telegráfica. Glória a Deus nas alturas e paz na Terra aos homens de boa vontade". Esse cabo logo se rompeu e, portanto, não pôde levar a notícia, em 1861, de que os Estados Unidos estavam divididos por uma guerra civil.

Henry Thomas Buckle foi um dos muitos e influentes profetas da ideia de que telégrafos, ferrovias e navios a vapor tinham grande peso na promoção da paz. Nascido em Londres de família rica, na década de 50 do século 19, ainda jovem e solteiro, estudava sob a claraboia de sua enorme biblioteca e assim elaborou em um texto vigoroso um vasto estudo a respeito das influências que, a seu ver, atuavam sobre a civilização da Europa. Buckle enxergava nas relações humanas regras quase tão bem definidas quanto as do xadrez, de que era um jogador brilhante, tendo competido com os campeões da Europa no Palácio da Paz. Essa ideia permeava seus escritos. O primeiro volume de "History of Civilisation in England", publicado em português sob o título "História da Civilização na Inglaterra", foi lançado em 1857, e o segundo, em 1861. Os dois volumes foram lidos avidamente por milhares de leitores ingleses e de outros países nas traduções em francês, espanhol, alemão, húngaro e hebraico, além de quatro edições russas.

Um dos temas de Buckle era o declínio do espírito guerreiro na Europa Ocidental. Como livre pensador, ele atribuía tal declínio não a influências morais, mas ao progresso do conhecimento e da atividade intelectual. Graças à invenção da pólvora, a atividade militar havia deixado de ser uma ocupação ocasional de muitos, tornando-se uma profissão especializada para poucos. Assim, muitos talentos, liberados, passaram a dedicar-se a atividades pacíficas. De maneira semelhante, Adam Smith, em "The Wealth of Nations", publicado em português sob o título "A Riqueza das Nações", segundo Buckle "provavelmente o mais importante livro já escrito", havia percebido e popularizado a ideia de que uma nação ganhava mais quando sua política comercial enriquecia os vizinhos, em vez de empobrecê-los; o livre mercado tinha substituído a guerra e o mercantilismo agressivo como caminho para a prosperidade comercial. Buckle defendia a ideia de que o novo espírito comercial favorecia a interdependência das nações, enquanto o espírito antigo favorecia a rivalidade entre elas.

> UMA NAÇÃO GANHAVA MAIS QUANDO SUA POLÍTICA COMERCIAL ENRIQUECIA SEUS VIZINHOS EM VEZ DE EMPOBRECÊ-LOS.

Assim como o comércio passara a ligar as nações, o navio a vapor e a ferrovia ligavam as pessoas: "quanto maior o contato", afirmava Buckle, "maior o respeito". Segundo ele, franceses e ingleses tinham moderado os preconceitos mútuos por se conhecerem melhor, e nada havia feito mais, para reforçar essa benevolência, do que as ferrovias e os navios a vapor. Em seu texto claro e fluente, ele afirmou: "Cada nova ferrovia aberta, cada novo vapor cruzando o Canal, são garantias adicionais da preservação da longa e ininterrupta paz que, durante 40 anos, tem ligado as fortunas e os interesses de duas das mais civilizadas nações do mundo". Buckle considerava as viagens internacionais a melhor forma de obter conhecimento e de incentivar a paz. Em 1862, próximo a Damasco, numa dessas viagens, ele contraiu a febre tifoide que poria fim à sua vida.

A guerra civil arrasadora, iniciada nos Estados Unidos no último ano de vida de Buckle, poderia ter sido um golpe contra sua teoria. Pelo contrário, porém, parece ter fortalecido seus defensores, que interpretaram a guerra como outra cruzada contra a selvageria e a bárbara prática da escravidão. No fim daquele conflito de quatro anos, o professor J. E. Cairnes, economista irlandês, escreveu um vigoroso artigo reafirmando a ideia de que "todas as principais correntes da civilização moderna" fluíam seguramente na direção da paz. Ele acreditava que o maior esclarecimento da opinião pública devia-se, sobretudo, à expansão do livre comércio, às ferrovias, aos navios a vapor e ao estudo das línguas modernas. Henry Thomas Buckle teria simpatizado com a ênfase nas línguas modernas. Afinal, ele falava 19 idiomas.

A teoria de que a ignorância e os mal-entendidos eram as sementes da guerra inspiraram a esperança de que uma linguagem internacional favorecesse a paz – desde que a língua escolhida fosse isenta de nacionalismo. Em 1880, o padre alemão J. M. Schleyer criou e divulgou uma língua neutra, à qual deu o nome de volapuque. O novo idioma se espalhou rapidamente por quase todas as terras civilizadas, conquistando 1 milhão de estudantes em uma década. Em 1889, representantes de 283 sociedades reuniram-se em Paris, quando até os garçons que serviam as mesas de jantar do congresso conseguiam traduzir o seguinte manifesto para o volapuque: "Eu amo todos os seres humanos do mundo, em especial os esclarecidos, que acreditam no volapuque como um dos mais eficazes meios de promover a união entre as nações".

O esperanto, concorrente do volapuque em termos de união entre as nações, tinha então dois anos. Seu inventor, um médico russo chamado Zamenhof, vinha de uma região conturbada onde se falava polonês, alemão, iídiche e russo. Ele acreditava que o esperanto contribuísse para reduzir o desentendimento entre os povos. Não se passou muito tempo, no entanto, para que os adeptos do esperanto e do volapuque se desentendessem. Os próprios entusiastas da língua volapuque concluíram que sua linguagem universal não necessariamente levava à harmonia, e o movimento se desintegrou depois de uma discussão sobre gramática.

Durante os anos que antecederam a Primeira Guerra Mundial, não faltaram advertências quanto à falibilidade da teoria de Manchester. Os próprios instrumentos de paz – ferrovias, canais internacionais, navios a vapor e termos de reconhecimento de carga – ficavam evidentes no contexto de algumas guerras. O Canal de Suez era uma maravilhosa artéria de comércio internacional, mas exatamente por isso tanto a Inglaterra quanto a França estavam fortemente interessadas em controlá-lo; sem o canal é pouco provável que acontecesse a Guerra Egípcia, em 1882. A ferrovia Transiberiana foi um notável feito da construção e um poderoso elo entre Europa e Ásia, mas sem ela teria ocorrido a Guerra Russo-Japonesa em 1904-1905? Isso não significa que as novas artérias de comércio tenham causado as duas guerras, mas certamente serve para demonstrar os riscos de se presumir que todo elemento de ligação entre duas nações representa um instrumento de paz.

Por volta do ano 2000, o livre comércio internacional era novamente exaltado em muitos círculos influentes como uma panaceia. Na época, porém, parecia mais uma fórmula de prosperidade do que uma fórmula de paz – elemento de importância crucial, quando da elaboração da teoria.

Profetas otimistas de um reino de paz

Já que a ignorância e o desentendimento eram considerados inimigos da paz, fazia-se obviamente necessária a criação de novos canais de entendimento. Esses canais se multiplicaram nos 50 anos que antecederam a Primeira Guerra Mundial. Na década de 70 do século 19, órgãos internacionais foram criados para, com a colaboração de duas instituições de Direito Internacional, normatizar os serviços de correios e telégrafos, os direitos autorais, os pesos e medidas. Na década de 80 do século 19, nasceu a União Interparlamentar, instituição na qual membros de diversos parlamentos buscavam promover a ideia de que a arbitragem devia regular as relações entre os países. Em 1889, houve a Exposição Internacional de Paris, cenário da conferência na qual os delegados pediam café e pãezinhos em volapuque. Assim, as associações ligadas à paz, surgidas em várias nações, sentiram-se suficientemente fortes para organizar sua primeira conferência internacional. Nas duas décadas seguintes, elas realizaram 17 congressos desse tipo.

Os governos também organizaram conferências internacionais de paz. Nicolau II da Rússia, por exemplo, coordenou a Conferência de Haia, em 1899, que não conseguiu chegar a um acordo sobre a interrupção da corrida armamentista, mas obteve consenso em muitas outras questões, inclusive a decisão de banir o disparo de explosivos e projéteis a partir de balões. Enquanto a primeira conferência reuniu 24 nações em Haia, a convenção de 1907 atraiu 44 nações. Esses dois encontros de líderes nacionais foram bem-sucedidos o suficiente para alimentar e disseminar a esperança de que o terceiro, planejado para o ano de 1917, faria da arbitragem uma alternativa eficiente para a guerra na maior parte do mundo.

Incentivos financeiros ajudaram a popularizar a ideia de que a paz se tornava a norma. Um grande prêmio foi instituído em 1900, acatando a determinação feita em testamento pelo engenheiro químico e pacifista Alfred Nobel, o sueco que inventou a dinamite e produziu a pólvora sem fumaça. Tais invenções, criadas para facilitar as obras de engenharia, aumentaram, porém, a mortalidade nos campos de batalha. Nobel morreu na Riviera, em 1896, deixando boa parte de sua fortuna para a criação de cinco prêmios permanentes destinados a conquistas internacionais – três para Ciências, um para Literatura e um para ações que favorecessem a fraternidade entre os povos. Quis assim refletir a crença de que as fronteiras do conhecimento e da paz avançam juntas. A grande campanha, que compreendia Manchester, Washington e Haia, acreditava no progresso e na bondade do homem.

O idealismo e o epitáfio da campanha podem ser conhecidos na edição de 1911 da Enciclopédia Britânica, na qual o verbete "Paz" foi escrito por uma autoridade em Direito Internacional, sir Thomas Barclay. Na Câmara dos Comuns, ele representava a cidade têxtil de Blackburn, no condado de Lancashire, uma cidadela da crença de que o livre fluxo de comunicações e as roupas de algodão eram os arautos da paz. Três anos antes do início da mais calamitosa guerra já vista pelo mundo, Barclay previu confiantemente um reino de fraternidade, pelo desenvolvimento de métodos positivos para a preservação da harmonia, e saudou a ideia pioneira dos Estados Unidos de que a "paz é a condição normal da humanidade". Até o continente europeu, onde milhões de civis foram recrutados para servir meio período nos enormes exércitos, acenava com bons augúrios, porque os recrutas tanto eram treinados em responsabilidades sociais quanto em práticas de guerra. "A Alemanha", disse Barclay, "ensinou seus soldados a pensar e a obedecer."

Encorajado pela grande quantidade de conferências internacionais e acordos e pelo povo, que pedia paz e buscava a paz, Barclay previu que as causas da guerra seriam eliminadas: "Entre os povos progressistas, a guerra começa a ser considerada mera perturbação acidental da harmonia e da concórdia entre seres humanos, da qual as nações precisam para manter seu bem-estar doméstico."

> INCENTIVOS MONETÁRIOS AJUDARAM A POPULARIZAR A IDEIA DE QUE A PAZ ESTAVA SE TORNANDO A NORMA.

Três anos mais tarde, quando a crise mundial exigiu que esses povos progressistas dessem sua contribuição, milhares de indivíduos fizeram isso, alistando-se. As influências que favoreciam a paz estavam tão abaladas que na 20ª edição da Enciclopédia Britânica, no verbete "Paz", aparecia um longo tratado sobre o modo como os vitoriosos haviam punido os derrotados na Conferência de Paz de 1919.

A ascensão de Hitler: um choque para uma teoria popular

Se viagens ao exterior, uma rede mundial de comércio, discussões democráticas, bilinguismo, Jogos Olímpicos, esperanto e muitas outras influências realmente promoveram a paz, a Primeira Guerra Mundial foi surpreendente. No verão em que a guerra começou, havia um número extraordinariamente elevado de europeus em terras estrangeiras, a passeio, em reuniões, em férias ou a trabalho. No entanto, uma guerra com quatro anos de duração, envolvendo a maior parte das nações "civilizadas" do mundo, contrariou todas as esperanças e teorias dos defensores da paz.

Nota-se uma ironia peculiar no conflito que dividiu a Europa. Se a duração e a crueldade dessa guerra fossem previstas, os esforços para preservar a paz em 1914 teriam sido muito mais vigorosos e talvez obtivessem sucesso. No entanto, uma das razões pelas quais, em 1914, tantos líderes nacionais e seus seguidores não imaginavam uma guerra longa era sua certeza na constância do fluxo de civilização, que parecia tão intenso durante o pacífico século 19. A crença generalizada de que a Grande Guerra de 1914 seria curta deveu-se em parte à convicção de que a opinião pública civilizada se rebelaria contra o transtorno provocado pelo conflito. A tolerância que centenas de milhões de europeus demonstraram diante do caos, da matança e da atmosfera de ódio foi outra surpresa para quem acreditava na civilização.

A despeito do choque causado por uma guerra mundial, versões da teoria de Manchester sobreviveram. Na verdade, aquela teoria pode ter sido parcialmente responsável pelo início de outra guerra mundial, duas décadas mais tarde. O ressurgimento militar da Alemanha teve causas complicadas, mas entre muitas delas pode-se identificar a marca de Manchester.

A Alemanha não poderia ter ressurgido militarmente sem o consentimento, pronto ou relutante, de alguns dos vitoriosos da Primeira Guerra Mundial, em especial os Estados Unidos e a Grã-Bretanha. Por estarem protegidas pelo oceano, essas nações relaxaram os cuidados em relação às ameaças vindas da Europa; como eram democracias, deixaram de aparelhar adequadamente a defesa nos anos de paz, canalizando os recursos para outros investimentos que lhes pareciam mais interessantes. Uma democracia segura e isolada é, certamente, o reduto da teoria de Manchester. A crença na natureza humana e a descrença na aplicação de força excessiva refletem, em parte, a segurança de seu ambiente.

Um sinal do otimismo disseminado na Inglaterra e nos Estados Unidos era a certeza generalizada de que outra guerra mundial seria virtualmente impossível. A previsão de que o mundo não voltaria a experimentar um combate de tal magnitude contribuiu para que recursos de defesa fossem negligenciados por alguns dos principais vitoriosos do conflito anterior. Desarmamento era a palavra de ordem, e se fizeram acordos para a redução das maiores esquadras do mundo.

Atire panfletos, e não bombas

Foi provavelmente na Inglaterra que se desenvolveu a confiança mais sólida na Liga das Nações como alternativa eficiente ao uso da força em assuntos internacionais. Não admira que fosse assim, já que de certo modo a liga era proveniente da Câmara dos Comuns, da Bolsa de Algodão de Manchester e da antiga campanha pelo livre comércio. A opinião pública da Inglaterra, mais do que a opinião oficial, tendia a esperar mais da Liga das Nações do que ela era capaz de dar. Essa fé inapropriada contribuiu indiretamente para que os alemães recuperassem seu poder de barganha na Europa, já que nas crises a Liga das Nações mostrou-se impotente.

De modo similar, na Inglaterra, na década de 20, a forte resistência aos armamentos foi uma reação mais que normal, depois de uma guerra de tamanhas proporções, da qual a corrida armamentista era considerada a causa principal. Argumentava-se que a Primeira Guerra Mundial ocorrera por um mal-entendido; nenhum dos envolvidos a desejava. Essa interpretação de 1914, a meu ver errônea, encaixava-se nos princípios otimistas da teoria de Manchester. Como na Inglaterra havia muitos seguidores dessa teoria, os eventos futuros foram afetados: durante parte da década de 30, o governo inglês teve restringidos os recursos para equiparar-se ao rearmamento alemão. Segundo se acreditava, uma nova corrida armamentista significaria, para a paz, mais riscos do que uma defesa mal equipada. As formas pelas quais a teoria de Manchester afetou a Europa, durante o período que separa as duas guerras mundiais, representam apenas um entre os muitos fatores que levaram a Alemanha, da submissão forçada de 1919 ao poderio militar de 1939, mas ainda assim não devem ser subestimadas.

Neville Chamberlain, primeiro-ministro da Inglaterra durante o período de 1937 a 1940, hoje considerado um excêntrico, paradoxalmente representou na época uma das mais influentes tradições do pensamento britânico. Embora promovesse o rearmamento da Grã-Bretanha, ele não via nas armas uma primeira opção. Chamberlain não enxergava um mundo mau, movido a ameaças e violência, mas um mundo de homens racionais, abertos à boa vontade e ao debate. Em sua opinião, a maioria dos conflitos modernos era resultado de desentendimentos ou ofensas. Da mesma forma, ele apresentava soluções racionais para as causas da guerra. Como estava convencido de que a Alemanha tinha sido injustiçada no Tratado de Versalhes de 1919, dispôs-se a fazer concessões na tentativa de preservar a paz. Assim, não hesitou em correr para a Alemanha – em vez de convocar os alemães à Inglaterra – certo de que a mesa de negociações era o único campo de batalha sensato. Tal como muitos britânicos em 1938, Chamberlain confiava que Hitler responderia ao debate racional e à conciliação.

> NA INGLATERRA, NA DÉCADA DE 20, A AMPLA DESCRENÇA NOS ARMAMENTOS ERA A REAÇÃO MAIS QUE NORMAL DEPOIS DE UMA GUERRA DE TAMANHAS PROPORÇÕES.

Se os talentosos profetas da teoria de Manchester pudessem ver Chamberlain, durante a crise tcheca de setembro de 1938, embarcar no avião que o levaria à Baviera para uma inesperada visita a Hitler, teriam aclamado a aviação como a nova mensageira da paz. Se soubessem que ele encontrou Hitler sem a ajuda de um intérprete, talvez se perguntassem se a conversa foi em esperanto ou em volapuque. Todos os selos postais, dicionários bilíngues, panfletos turísticos e telegramas internacionais, todas as tabelas de horários de trens, feiras de comércio, conferências de paz e corridas olímpicas pareciam gloriosamente justificados quando o sr. Chamberlain declarou, diretamente da janela do número 10 da Downing Street – a residência do primeiro-ministro do Reino Unido – em 30 de setembro de 1938: "Eu acredito que viveremos uma era de paz". Em retrospecto, o início da guerra um ano mais tarde parece marcar o fracasso e o fim de uma política promissora de negociações e diplomacia; a política, no entanto, sobreviveu. O primeiro bombardeio aéreo britânico sobre a Alemanha não lançou bombas, mas panfletos.

Encerrada a guerra, a teoria otimista de paz renasceu. Manifestava-se mais tarde nos Estados Unidos, impregnando muito da crítica à Guerra do Vietnã, e no mundo ocidental era visível na escola de pensamento que esperava resultados rápidos dos contatos amigáveis com a Rússia e a China. A teoria permeou ainda muitos dos planos que envolviam a ajuda dos países mais ricos aos países mais pobres, bem como organizações e empreendimentos, que iam dos Jogos Olímpicos e do Rotary até instituições voltadas para a paz.

Quer esteja baseada em premissas verdadeiras ou falsas acerca do comportamento humano, a teoria de Manchester ainda influencia relações internacionais. A curto prazo trata-se de uma influência civilizadora, mas se realmente promove a paz é assunto para debate. Se em sua base houver falsas generalizações sobre as causas da guerra e da paz, sua influência será provavelmente limitada.

Falta alguma coisa naquela teoria elaborada e popularizada por homens extremamente talentosos do século 19. Pode-se sugerir que, assim como muitas análises da guerra e da paz, ela se baseava sobretudo em coincidências. As três gerações de europeus depois de Waterloo buscaram em eventos que aconteciam simultaneamente a explicação para o longo período de tranquilidade que viviam. Ao verem que a paz internacional coincidia com a industrialização, as máquinas a vapor, as viagens internacionais, o comércio mais livre e forte e os avanços tecnológicos, concluíram que essa coincidência era a causa. A explicação, entretanto, fundamentava-se em um exemplo ou uma época, ignorando os curtos períodos de paz experimentados anteriormente por uma Europa sem trens a vapor, com poucas fábricas, com ignorância em larga escala e comércio restrito.

A explicação encontrada para as guerras relativamente rápidas no período de 1948-1971, na Europa, também era frágil. Segundo observadores, a curta duração da maioria dos conflitos nos cem anos que se seguiram à Batalha de Waterloo, em 1815, indicava o esgotamento do espírito guerreiro dos europeus. Pode-se argumentar, porém, que a maior parte desses conflitos não foi abreviada por causa de restrições impostas pela civilização, mas por algumas condições políticas incomuns e por novos fatores tecnológicos não suficientemente investigados pelos filósofos da paz. A maioria das mudanças celebradas no século 19 provavelmente foram efeitos, e não causas, da paz. A facilidade com que ideias, pessoas e mercadorias fluíam pelas fronteiras internacionais pode ter contribuído para a paz, mas eram muito mais efeitos dela. De modo similar, o cenário relativamente pacífico do século 19 contribuiu para uma avaliação otimista da natureza humana e para a crença em um triunfo da civilização. Aquele sentimento de otimismo não se sustentaria, caso as guerras fossem mais longas e devastadoras. De certa maneira, a teoria da paz de Manchester era semelhante ao diagnóstico de um charlatão que atestasse a boa saúde dos pastores simplesmente porque tinham bochechas rosadas. Ou seja, para curar um pastor doente, bastava esquentar-lhe as bochechas.

É inquestionável que, durante os últimos três séculos, a maioria das guerras foi travada entre países vizinhos, e não entre países distantes. A frequência de guerras civis destrói a ideia simplista de que os grupos, quando têm muito em comum, permanecem em paz.

Kenneth Boulding, economista anglo-americano que brilhantemente criou pontes ligando os hiatos que separam as diversas áreas de conhecimento, fez uma observação que, de maneira indireta, esclarece o dilema dos discípulos de Manchester. Segundo Boulding, "Sistemas de ameaças são a base da política, assim como sistemas de câmbio são a base da economia". Os discípulos de Manchester enfatizavam as trocas e minimizavam a importância das ameaças. Como acreditavam que na humanidade os bons são maioria, eles consideravam as ameaças desnecessárias em um mundo aparentemente cada vez mais civilizado. Ao saudarem aquela longa procissão que, segundo eles, marchava com firmeza em direção ao altar da paz internacional, os teóricos de Manchester enxergaram as luzes daqueles que carregavam as tochas, mas deixaram de ver que logo atrás caminhava uma falange de portadores de espadas.

> A TEORIA DA PAZ DE MANCHESTER ERA COMO O DIAGNÓSTICO DO CHARLATÃO QUE DIZIA QUE OS PASTORES ERAM SAUDÁVEIS SIMPLESMENTE PORQUE TINHAM BOCHECHAS ROSADAS.

Os comentados períodos de paz no século 19 ainda são um mistério. Os fatores até aqui discutidos parecem inválidos, mesmo como fragmentos de uma explicação de paz. A influência exercida por estadistas poderosos, ideias culturais, tratados de paz pouco severos ou a disseminação do comércio e do conhecimento parece ter sido bastante exagerada. Poucos desses fragmentos são válidos, e mesmo esses têm de ser bem trabalhados, para que se encaixem nas evidências.

Indiretamente, uma explicação para a paz deve ser uma explicação das causas da guerra. Se o conhecimento dominante das causas da paz for inadequado, o conhecimento das causas da guerra também será inadequado. Se a guerra é um dos maiores males da sociedade humana, por que discutimos tão pouco suas causas?

PARTE 2: A TEIA DA GUERRA

CAPÍTULO 3
SONHOS E ILUSÕES DE UMA GUERRA FUTURA

Talvez não sejam encontradas situações recorrentes na guerra e na paz, pela simples razão de não existirem. Muitos historiadores, reagindo contra generalizações grosseiras, argumentam que as causas de cada guerra e de cada período de paz são diferentes. Para eles, buscar padrões convincentes é buscar uma miragem. Ainda assim, a eclosão de guerras durante os últimos três séculos revela sinais recorrentes que apontam as causas da guerra e, portanto, da paz. Um sinal disfarçado – crucial para o entendimento da guerra – é o otimismo dos líderes das nações, ao iniciarem a maioria das guerras.

A GRANDE GUERRA ESTARÁ TERMINADA NO NATAL

No sábado, 1º de agosto de 1914, a agitação tomava a Europa. Nos restaurantes de Londres, garçons alemães e austríacos receberam o pagamento e correram para os portos do Canal da Mancha. Em Berlim e Leipzig, muitas famílias inglesas abreviaram as férias e embarcaram nos trens que deixavam a Alemanha. No mar, navios de passageiros eram avisados pelo rádio de que deveriam desviar o curso para portos amigos. De Paris a São Petersburgo, multidões esperavam em frente às redações de jornais pela liberação de boletins ou edições especiais.

Às vésperas de uma guerra que mataria mais soldados e envolveria mais nações que qualquer outra antes dela, havia apenas um consolo: acreditava-se que a guerra iminente seria curta – de três a seis meses, no máximo. Poucos líderes europeus previam a magnitude da tragédia que estava prestes a começar. Quando as primeiras nações declararam guerra formalmente, não tinham consciência de que as hostilidades se estenderiam de 1914 a 1918. Para elas, começava o conflito de 1914 ou, na pior das hipóteses, de 1914-1915. Havia, no entanto, um possível consolo ainda melhor para os líderes que previram um embate aterrorizante, apesar de curto. O consolo seria a vitória. Que ambos os lados esperavam.

A arte da guerra pode ser considerada um jogo de dados, mas também um jogo de xadrez e, neste, os líderes alemães se acreditavam mestres. Menos de três meses antes do início dos combates, o coronel-general alemão Von Moltke – uma patente entre general e marechal – fez secretamente, para o chefe do estado-maior austríaco, um esboço do provável curso da guerra: "Em seis semanas, a partir do início das operações, esperamos ter acabado com a França ou, pelo menos, ter avançado o suficiente para que nossos principais destacamentos possam ser deslocados rumo a leste, onde vão enfrentar o exército russo". Um dia antes de a guerra ser declarada, o ministro bávaro em Berlim, conde Von Lerchenfeld, comentou reservadamente que as previsões quanto ao desfecho eram muito favoráveis à Alemanha, ainda que a Inglaterra se unisse à França. No mesmo dia, às 20 horas, pouco antes de jantar no The Bristol Hotel, como sempre fazia, ele falou ao telefone com seu governo em Munique e confidenciou que "o estado-maior se acredita capaz de conquistar a França em quatro semanas." Por outro lado, os líderes do Império Austríaco, aliado dos alemães, pareciam menos entusiasmados: embora se considerassem os prováveis vencedores, não confiavam em uma vitória rápida.

A velocidade do avanço da Alemanha pelo território da Bélgica e pelo norte da França, no primeiro mês da guerra, alimentou na tropa fortes esperanças de estar em casa no Natal. Theobald von

Bethmann-Hollweg, o ministro do Exterior alemão, concluiu que não havia sentido em tentar convencer a Itália a entrar na guerra; segundo ele, a ajuda italiana era desnecessária. Na sexta semana de conflito, Bethmann-Hollweg estava certo de que o inimigo logo pediria para discutir os termos da paz. A interrupção do avanço alemão e a localização dos conflitos em centenas de quilômetros de trincheiras logo alteraram o cronograma da vitória, mas a confiança resistia. Em 4 de fevereiro de 1915, quando o conflito entrava no sétimo mês, a Alemanha anunciou um bloqueio às ilhas britânicas e o emprego de submarinos como arma de choque contra navios mercantes e de guerra. O comandante da Marinha, almirante Bachmann, estava tão certo de que seus 21 submarinos, então no mar do Norte, afundariam as embarcações mercantes das quais a Grã-Bretanha dependia, que previu a disseminação do pânico entre os britânicos e um pedido de rendição em seis semanas. A Alemanha, ironicamente, já sentia falta de certas matérias-primas e se preparava para racionar pão e usar fécula de batata nas padarias. O país não estava preparado para uma guerra que já durava meio ano, e menos ainda para suportar um período oito vezes superior àquele.

> AINDA QUE OS CONFLITOS DA GUERRA FOSSEM UM JOGO DE DADOS, TAMBÉM ERAM UM JOGO DE XADREZ E, NESSE JOGO, OS LÍDERES ALEMÃES ACREDITAVAM SER MESTRES.

Em Londres, a maioria dos ministros também esperava uma guerra curta. Na opinião de Winston Churchill, primeiro lorde do Almirantado, profundo estudioso de assuntos militares, o peso das evidências indicava um período curto, porém terrível, de hostilidades. Já em 1911 ele previra que a Marinha britânica impediria a chegada de matéria-prima às fábricas e aos armazéns alemães, com o que concordou o então ministro das Finanças, Lloyd George. Em junho de 1914, Churchill afirmou que as reservas britânicas de petróleo, essencial aos navios de guerra, que deixavam de usar o carvão como combustível, seriam suficientes para o período crítico de uma guerra moderna, e talvez para a guerra toda. Uma vez que os reservatórios de petróleo instalados nas proximidades dos portos ingleses não eram grandes nem numerosos, a previsão era de uma guerra curta.

Os ministros, em sua maioria, bem como as pessoas que se relacionavam com eles, pareciam ter a mesma visão no primeiro mês da guerra. O visconde de Esher, membro do Comitê de Defesa Imperial, expressou otimismo em seu diário pessoal. Mesmo não compartilhando a alegria da alta sociedade inglesa – "essa gente encara a guerra como uma espécie de piquenique" – ele acreditava que tudo terminaria rapidamente e, no terceiro dia de participação no conflito, afirmou que a vitória seria alcançada logo que os russos avançassem sobre a Alemanha, "no máximo em um mês". Ainda assim, lorde Kitchener, herói de muitas campanhas militares na Índia e na África, então secretário da Guerra, referiu-se a um conflito de pelo menos três anos. Kitchener não esperava combates restritos às trincheiras; em vez disso, previu que o exército francês seria derrotado no começo da guerra e que os aliados levariam muitos anos para recuperar os territórios perdidos e afastar os alemães.

Não se sabe se os ministros franceses estavam tão esperançosos quanto os britânicos. Os soldados franceses de patente mais elevada certamente pareciam confiantes, diante da oportunidade de enfrentar o mesmo inimigo que havia humilhado seu país em 1870. Em fevereiro de 1914, foi desenvolvido secretamente o plano 17, que antevia fortes investidas francesas contra a Alemanha, caso a guerra irrompesse. Enquanto os generais alemães previam que, decorridas as primeiras seis semanas do início da guerra, sua linha de frente se aproximaria de Paris, muitos generais franceses calculavam que, na mesma época, chegariam ao rio Reno. Um dos mais admiráveis generais franceses, Victor Cordonnier, lembrou que com a empolgação inicial "não se deu a menor atenção às necessidades do país, uma vez que a esperança era de um conflito de curta duração". Teria algum francês de alta patente imaginado que, decorridos quatro anos do começo das hostilidades, os combates ainda estariam em solo francês?

Mesmo na elegante capital russa, São Petersburgo, as cúpulas douradas refletiam um halo de otimismo inesperado em uma nação que tinha sido humilhada pelo Japão no campo de batalha, menos de uma década antes. Em março de 1914, o ministro da Guerra, general Soukhomlinov, acreditava que a vitória seria alcançada em alguns meses, e a maioria dos ministros russos concordava. O barão Rosen, diplomata russo que estava em São Petersburgo quando o czar relutantemente consentiu em mobilizar suas forças, foi um dos muitos militares de patente mais elevada que mantiveram a fé em uma gloriosa vitória.

Uma verdade oculta: otimismo exagerado é causa da guerra

Em 1962, a autora americana Barbara W. Tuchman concluiu o relato da fascinante história do prelúdio e do início da Primeira Guerra Mundial. Conta-se que o presidente Kennedy leu o livro quando enfrentava a crise dos mísseis cubanos. Se assim foi, a leitura pode ter servido de freio para qualquer tendência a pensamentos ilusórios, pois a obra "The Guns of August", publicada em português sob o título "Canhões de Agosto", captou o otimismo traiçoeiro e as ilusões perniciosas que se espalharam na Europa durante o verão de 1914. A certeza de uma guerra curta surpreendeu Barbara Tuchman e pode-se dizer a seu favor que ela fez parte de um pequeno grupo de historiadores que viu esse fato um dos componentes da atmosfera causadora da guerra, e não apenas um irônico, mas irrelevante, exemplo de insensatez. Barbara atribuiu a crença de que a de 1914 seria uma guerra curta às opiniões prevalentes sobre estratégia e finanças. Ela resumiu assim seu ponto de vista: "Clausewitz, um prussiano morto, e Norman Angell, um professor universitário incompreendido, mas vivo, uniram-se para incutir na mente dos europeus o conceito de uma guerra curta. Vitória rápida e decisiva era a ortodoxia alemã; a impossibilidade econômica de uma guerra longa era a ortodoxia de todos".

Outros, antes e depois dela, chegaram a conclusões similares. Basicamente, a essência de tais conclusões apontava o otimismo às véspera do combate como um fenômeno recente que só poderia ser atribuído a causas recentes. Segundo se dizia, a explicação para o otimismo encontrava-se não só na série de guerras curtas travadas havia pouco tempo na Europa, como também na crescente rede de integração comercial e financeira no mundo ocidental.

Isso parece explicar por que tantos europeus – líderes ou seguidores – esperavam que a guerra fosse rápida, mas qual a explicação para a certeza da vitória? Talvez valha a pena pensar que, na Inglaterra, a previsão de que a de 1914 seria curta baseava-se fortemente em argumentos econômicos. Na posição de maior potência financeira mundial, a Inglaterra seria a última nação a sofrer as consequências de um colapso econômico logo no começo da guerra; os adversários, afetados primeiro, buscariam a rendição. Por sua vez, os líderes alemães previram uma guerra curta graças ao poderio da tecnologia militar moderna; como a Alemanha era reconhecidamente líder no setor, podia esperar a vitória.

As expectativas quanto aos resultados da guerra continham um forte aspecto subjetivo. A Europa de 1914 assimilou com satisfação os ensinamentos dos 50 anos anteriores: a maioria das guerras era breve. Uma lição de igual importância foi que, longas ou curtas, elas tiveram apenas um vitorioso. Em 1914, porém, todos os envolvidos confiavam na vitória. Mesmo a Rússia, a França e a Áustria, derrotadas na última guerra importante da qual participaram, esperavam vencer. Subjacente ao otimismo dos líderes europeus em 1914, havia algo mais poderoso do que seu conhecimento de história financeira e militar recente.

Das expectativas que precederam diversos conflitos desde 1700, surge um curioso paralelo. As nações que entravam na guerra confiantes costumavam esperar uma vitória rápida. As nações que só entravam na guerra depois de muita relutância, mais interessadas em evitar a derrota do que em arrebatar a vitória, pareciam mais conscientes de que podiam estar embarcando em uma longa luta. Os tipos de argumentos e pontos de vista que encorajaram os líderes a esperar a vitória influenciaram fortemente a confiança em uma guerra de curta duração, uma consequência do excesso de confiança na própria superioridade.

"A GUERRA É NECESSÁRIA": 1700-1899

Muitas guerras longas no século 18 começaram com declarações otimistas. Em 1700, quando as potências do norte se uniram para atacar a Suécia, uma vitória rápida parecia provável; em vez disso, os combates se estenderam por 21 anos. Em maio de 1702, em Londres, quando o Conselho de Ministros elaborou uma declaração de guerra à França, esperava uma batalha rápida e "uma boa paz em pouco tempo"; a guerra na verdade duraria mais de uma década. Os governantes da Rússia pareciam certos de que a invasão à Polônia, em 1733, não encontraria resistência. A declaração de guerra à Espanha, feita pela Inglaterra em 1739, foi acompanhada nos palácios e becos ingleses com tantas expectativas levianas de conquista fácil, que sir Robert Walpole ironizou: "Agora eles tocam os sinos; logo todos estarão retorcendo as mãos suadas". Quando Frederico, o Grande, enviou tropas para a Silésia em 1740, acreditava que a nova imperatriz da Áustria, Maria Teresa, estaria ocupada demais, consolidando seu frágil império, para resistir. Assim, os líderes daquelas nações que começaram a se enfrentar em 1756 não pareciam prever que o conflito seria lembrado como a Guerra dos Sete Anos.

Quando a Inglaterra decidiu esmagar a rebelião das colônias americanas, ambos os lados anteviam a vitória. Na Filadélfia, em julho de 1775, o congresso da União das Colônias deu graças a Deus por não ter permitido que elas entrassem em tal guerra "até que tivéssemos chegado à nossa força atual". O major John Pitcairn, que comandou a Marinha inglesa na primeira batalha, surpreendeu-se com a confiança dos ianques. Na opinião dele, o rum barato consumido por seus soldados representava um perigo maior do que as armas de fogo americanas. "Estou certo", ele escreveu em março de 1775, "de que uma campanha ativa, uma ação inteligente e a queima de duas ou três de suas cidades resolverão tudo." Três meses depois, sua carta foi mostrada ao rei George III, que apoiava enfaticamente o combate. Àquela altura, o major estava morto, sendo uma das dezenas de milhares de vítimas daquela que se revelou mais uma guerra de sete anos.

A mais longa guerra travada na Europa durante os últimos três séculos começou em 1792, entre a França e a Áustria, quando os dois lados se sentiam extremamente confiantes em uma vitória rápida e esmagadora. De início, a Grã-Bretanha apenas observou o que se passava do outro lado do canal, enquanto seus ministros esperavam notícias da derrocada francesa. No sexto mês de combate, Henry Dundas – ministro do Interior britânico e tesoureiro da Marinha – preocupava-se em particular com os efeitos da esperada derrota da França; ele temia que, quando o exército invasor do duque de Brunswick alcançasse os arredores de Paris, combatentes franceses em fuga entrassem na Inglaterra, causando problemas. Decorridos dez meses, a possibilidade de um embate entre França e Grã-Bretanha provocava nos ministros britânicos mais complacência do que medo. Edmund Burke, advogado, filósofo e político, percebeu isso ao discutir a crise na presença de Henry Dundas e William Pitt, o primeiro-ministro:

> AGORA ELES TOCAM OS SINOS; LOGO ESTARÃO RETORCENDO AS MÃOS.

Dundas: "Sr. Burke, devemos ir à guerra, que será muito curta."

Burke: "Realmente a guerra é necessária, mas se engana redondamente quem pensa que terminará logo..."

O sr. Pitt também se enganou, ao pensar que o colapso financeiro da França, em 1793, abreviaria a guerra. Dali a 13 anos, ele estava à beira da morte, mas o tesouro de guerra da França continuava bem abastecido, e os exércitos franceses eram vitoriosos na maior parte do continente europeu. Ao entrar em casa nos arredores de Londres, em janeiro de 1806, o mês de sua morte, Pitt deu com os olhos em um mapa da Europa preso à parede. "Enrole aquele mapa", pediu desanimado, "pois não será necessário nos próximos dez anos." O extremo otimismo do início de muitas guerras frequentemente transformava-se em um extremo pessimismo no final.

Em 1815, a Europa havia testemunhado menos de três anos de paz no quarto de século anterior. A ideia de que as guerras eram aventuras passageiras tinha perdido a força, embora por pouco tempo. Tropas francesas invadiram a Argélia em 1830, e sua esperança de conquista rápida parecia racional, mas somente depois de 17 anos e muitos reveses a vitória se completou. Enquanto isso, em 1828, a Rússia e a Turquia entraram novamente em guerra. Os turcos carregavam a sensação de invencibilidade conferida por uma guerra santa, e os russos tinham planos audaciosos de uma rápida marcha em direção a Constantinopla. Os combates se estenderam por dois anos e, mesmo para a Rússia, a vencedora, os custos e o prêmio foram decepcionantes.

Em 1859, o imperador austríaco Francisco José acreditava que sua guerra contra a França e a Itália seria afortunadamente curta; foi curta, mas não afortunada. Em 1866, às vésperas da guerra entre a Áustria e a Prússia, os austríacos novamente pareciam esperar a vitória. Um sinal disso, de acordo com as memórias de Bismarck, foram os "manifestos que se encontravam nas mochilas dos soldados austríacos, junto dos novos uniformes encomendados especialmente para a entrada em Berlim". Os manifestos nunca foram lidos, e nem os uniformes nem seus donos alcançaram Berlim. No verão de 1870, às vésperas da guerra franco-prussiana, o imperador francês comentou reservadamente, em diversas ocasiões: "Estamos entrando em uma longa e árdua guerra". Ele esperava uma vitória difícil, mas a imperatriz Eugênia e a maioria dos ministros franceses pareciam contar com uma vitória rápida. As expectativas nas fileiras do exército francês refletem-se ironicamente no fato de os oficiais terem recebido mapas da Alemanha, e não da França. Mapas das estradas próximas a Paris seriam mais úteis, tão ágil foi o avanço do inimigo.

Quando os Estados Unidos e os rebeldes confederados começaram a lutar em 1861, pouquíssimos líderes – ou nenhum, talvez – de ambos os lados imaginavam uma guerra de quatro anos, que mataria mais de meio milhão de homens. Em 15 de abril de 1861, três dias depois da

> FREQUENTEMENTE, O EXTREMO OTIMISMO DO INÍCIO DE MUITAS GUERRAS ESTAVA LIGADO AO EXTREMO PESSIMISMO DO FINAL.

primeira batalha no Forte Sumter, perto de Charleston, o presidente Lincoln ordenou aos seus combatentes que tomassem rapidamente, por terra e por mar, todos os fortes e propriedades da Confederação. Em uma declaração confiante, aconselhou os líderes, oficiais e soldados da Confederação a "se retirarem pacificamente para seus respectivos lares dentro de 20 dias". Os Estados Unidos inicialmente destinaram poucos recursos para a guerra, e os voluntários se alistaram por um período de apenas 90 dias. É verdade que havia obstáculos legais para um alistamento mais longo, mas a própria tolerância aos obstáculos indicava a pouca importância que o governo conferia à situação. No terceiro mês, porém, o presidente Lincoln pediu ao Congresso que fornecesse "meios legais para fazer desta uma contenda curta e decisiva", além de 400 mil homens e 400 milhões de dólares. Recebeu tudo isso e muito mais, mas as lutas se prolongaram.

Por outro lado, a Confederação, do sul, mais bem equipada de homens e materiais, esperava uma vitória difícil, mas definitiva. Um sinal da confiança dos confederados era a esperança de que a vida econômica britânica – tão dependente dos produtos têxteis – ficasse abalada quando suas preciosas cargas de algodão deixassem de chegar a Liverpool, o que levaria a Grã-Bretanha a intervir, acabando com a guerra.

Em 1899, a maioria dos ministros britânicos esperava que a Guerra dos Bôeres fosse curta e rápida. Seus soldados tinham vencido tantas batalhas na Índia e na África que aquelas duas repúblicas no interior sul-africano – República do Transvaal e o Estado Livre de Orange – não lhes pareciam capazes de desafiá-los por muito tempo. Uma atitude comum entre os britânicos, em relação aos exércitos de fazendeiros dessas repúblicas, foi expressa por Alfred Milner, governador da Colônia do Cabo e um dos indivíduos cujos pontos de vista influenciaram fortemente a atitude de seu país em relação aos bôeres. Em almoço formal para convidados, na Cidade do Cabo, oito dias antes do início do conflito, ele disse em tom irônico ao novo comandante das forças britânicas: "Esses fazendeiros com certeza não conseguem fazer frente nem por um momento às tropas regulares". Em Londres, o ministério também estava otimista. O ministro das Finanças, sir Michael Hicks Beach, informou à Câmara dos Comuns que a guerra de curta duração não custaria mais que 11 milhões de libras. Os combates, na verdade, estenderam-se por dois anos e meio, e o custo para a Grã-Bretanha superou em mais de 20 vezes a estimativa original, sem levar em consideração a morte de 22 mil soldados. Restou apenas a compensação da vitória militar.

As repúblicas bôeres também haviam inicialmente acreditado que sairiam vencedoras, e sua derrota absoluta – com 6 mil soldados mortos, milhares de fazendas e rebanhos destruídos, líderes banidos e 20 mil mulheres e crianças mortas nos "campos de concentração" britânicos – não foi o que esperavam. Quando a luta estava praticamente encerrada, o político bôer Schalk Burger confessou que tinha havido um "erro de cálculo". De modo similar, a guerra de 1904-1905 entre russos e japoneses, a guerra de 1911-1912, entre italianos e turcos, e as duas Guerras dos Bálcãs de 1912-1913 foram, pelo menos por um lado, mal calculadas. Assim, o otimismo às vésperas da Primeira Guerra Mundial fez parte de uma longa mas despercebida tradição.

Hitler, Galtieri, Saddam Hussein e suas guerras

Mesmo depois de um grande banho de sangue, o início de muitas guerras foi marcado pelo otimismo. Os aliados vitoriosos intervieram na Rússia em 1918, na crença de que poderiam rapidamente auxiliar as forças adeptas da monarquia a derrotar os bolcheviques. Ao mesmo tempo, a Grécia lutava contra a Turquia, e a Polônia enfrentava a Rússia, certas de uma vitória fácil. Quando o Japão lutou contra a Manchúria em 1931 e começou em 1937 o longo combate com a China e, quando em meados da década de 30 a Itália invadiu a Etiópia, reapareceram as já familiares expectativas de vitória rápida.

Durante a Guerra do Vietnã, um dos componentes do nacionalismo norte-americano era a crença de que os Estados Unidos jamais haviam sido derrotados. A intervenção na Rússia estava esquecida.

A Segunda Guerra Mundial não começou sob os aplausos das multidões. Em 1939, o estado de espírito dos envolvidos parecia uma clara exceção às expectativas otimistas observadas nas vésperas da maioria das guerras. Somente em Hitler percebia-se otimismo.

A primeira batalha aconteceu no dia 1º de setembro de 1939, entre a Alemanha e a Polônia, e o responsável por isso tinha muitas esperanças de que apenas duas potências se envolvessem. Adolf Hitler, falando aos líderes de suas forças armadas em 14 de agosto, tinha previsto que Grã-Bretanha e França não ajudariam a Polônia. Segundo Hitler, os líderes britânicos e franceses eram tímidos, e seus consultores para questões militares não acreditavam em um resultado favorável, caso acontecesse uma guerra envolvendo vários países europeus. Ainda segundo Hitler, a Grã-Bretanha previa uma possível guerra mundial, longa e dispendiosa; por isso, faria de tudo para não entrar nela. E mais: mesmo que a Grã-Bretanha e a França decidissem defender a Polônia contra a invasão alemã, com certeza não conseguiriam derrotar a Alemanha nem prestar aos poloneses uma ajuda efetiva. Hitler certamente não imaginou uma guerra de longa duração, pois nenhuma das nações envolvidas desejava isso. Assim, um pilar do otimismo de 1914 reapareceu nas esperanças de um homem que tinha lutado naquela guerra e visto esse pilar ruir.

Em 1939, o nível de confiança observado em Londres nem chegava perto do que se notava em Berlim. A atitude britânica era mais defensiva – uma perspectiva insular. Não havia crença generalizada em uma vitória rápida, mas não se esperava uma derrota. Lorde Halifax, o ministro do Exterior, considerava a Polônia mais valiosa do que a Rússia, como potencial aliada, em caso de uma guerra. Quando o general sir Edmund Ironside visitou a Polônia, em julho de 1939, ficou impressionado ao encontrar um exército tão numeroso quanto o francês e quase tão bem equipado quanto o exército alemão em tempos de paz. A ênfase conferida à cavalaria pelos oficiais poloneses impressionou Ironside, não sem razão. Como chefe do estado-maior britânico, ele prezava a experiência e a tradição em questões militares e considerava uma fraqueza oculta do exército da Alemanha o fato de nenhum de seus então comandantes ter atingido patente superior a capitão, na Grande Guerra. Esse, na verdade, revelou-se um dos pontos fortes alemães e foi uma das razões pelas quais eles escolherem empregar veículos blindados contra a cavalaria polonesa.

Quando a União Soviética lutou com a Finlândia em 1939 – em uma das raras guerras a começar às vésperas de um inverno setentrional –, Stalin esperava que os finlandeses logo fraquejassem diante de seu poderoso exército. Ele até já havia escolhido o russo que governaria a Finlândia. Suas tropas, porém, sofreriam centenas de milhares de baixas antes de conquistarem uma estreita faixa do território finlandês, reduzida demais para precisar de um governante especial.

Uma geração que vivenciou duas longas guerras mundiais talvez fosse mais propensa a examinar com cautela as perspectivas de futuros combates. Será que a maior parte das guerras internacionais, a partir de 1945, foi iniciada com menos esperanças? Não se pode ter certeza até que muitos dos documentos secretos estejam disponíveis, mas as evidências, em sua maioria, apontam o tão frequente otimismo. Diz-se que, ao invadir a Coreia do Sul em junho de 1950, a Coreia do Norte esperava encerrar o conflito até 15 de agosto, data da vitória contra o Japão (o "V-J Day"), que marca o fim da Segunda Guerra Mundial. A campanha anglo-francesa em Suez, em 1956, e as guerras de Israel contra o Egito parecem ter sido estimuladas pela esperança de uma vitória rápida. No caso do Vietnã, os Estados Unidos preferiram o aumento gradativo ou a intensificação das ações de guerra, mas confessaram veladamente que as esperanças originais de uma vitória rápida haviam sido pouco realistas.

Em 1962, as mais populosas nações do globo, Índia e China, lutaram brevemente na fronteira, em um exemplo das ilusões que frequentemente precediam e aceleravam a declaração de guerra. Na opinião de Neville Maxwell, correspondente do "The Times" na Índia quando a

> NÃO HAVIA UMA CRENÇA GENERALIZADA DE QUE A VITÓRIA VIRIA RAPIDAMENTE.

guerra começou, os líderes em Nova Déli estavam convencidos de que os chineses não resistiriam. Carregavam uma confiança tão irracional que decidiram expulsar as tropas chinesas de um trecho da fronteira, apesar das desvantagens: número de soldados à razão de um para cinco, armas inferiores, suprimentos enviados por uma trilha tortuosa, altitude prejudicial à respiração e frio intenso demais para os reforços indianos, que marchavam em uniformes de algodão. Agora parece claro que Maxwell era muito simpático em relação aos chineses e, sem acesso às fontes de informação sobre eles, compreensivelmente não percebeu que seus líderes estavam ainda mais confiantes na vitória. Em outubro de 1962, quando a luta começou, o exército chinês mais atacava do que se defendia. Mas foi a China, e não a Índia, que pediu o cessar-fogo, depois de seis semanas.

As Ilhas Falkland foram alvo de outra guerra de grandes expectativas, que tanto fascinou estrategistas militares quanto telespectadores, em 1982. A posse daquelas ilhas montanhosas no sul do Atlântico, habitadas na época por menos de 2 mil colonos britânicos e defendidas por alguns poucos fuzileiros da Marinha Real – uma das menores forças de defesa do mundo – era reivindicada pela Argentina, situada a pouca distância. Qualquer ajuda naval da Grã-Bretanha, a quase 13 mil quilômetros do arquipélago disputado, demoraria a chegar.

Leopoldo Fortunato Galtieri, presidente da Argentina, soldado e engenheiro, sabia que as Falkland poderiam ser invadidas facilmente. No mês de março de 1982, em visita a Washington, foi recebido como aliado de vital importância e anticomunista fervoroso. Com isso, desenvolveu a confiança – indevida – de que Washington não interviria, caso suas forças invadissem as ilhas, e as numerosas repúblicas latino-americanas entrariam com o apoio diplomático. O Peru chegou a oferecer aeronaves militares. Além disso, Galtieri considerava a Grã-Bretanha decadente, e a primeira-ministra Margaret Thatcher mais propensa a discursos do que a guerras. Assim, a conquista seria rápida e pacífica. Um registro completo do pensamento em Londres e em Buenos Aires de 1982 ainda não está disponível, mas os documentos existentes – alguns liberados recentemente – sugerem que, a princípio, o otimismo de Galtieri se justificava.

Em 2 de abril de 1982, as forças argentinas tinham cruzado o mar secretamente e se preparavam para invadir as Falklands. Os primeiros soldados chegaram à orla às 4h30, encontrando fraca resistência. Pouco depois das 9 horas, na capital, Port Stanley, o governador britânico se rendeu. Assim que a notícia chegou a Londres, o governo Thatcher, contrariamente à previsão de Galtieri, decidiu reagir. Em Washington, o serviço de inteligência do Departamento de Estado, duvidando do critério de Thatcher, elaborou um relatório secreto segundo o qual não se poderia garantir uma vitória britânica. Caso a frota britânica e seu avião de caça Sea Harrier se aproximassem das Ilhas Falkland, ficariam vulneráveis à Marinha e à Força Aérea argentinas, instaladas em bases próximas. Além disso, "a eficiência da frota, longe dos centros de manutenção, logo estaria comprometida". Esse relatório só veio a público 30 anos mais tarde, publicado pelo jornal "The Guardian" em 1º de abril de 2012. O então presidente dos Estados Unidos, Ronald Reagan, tentou uma intervenção para evitar uma guerra entre dois de seus aliados, mas Galtieri não se retirou das ilhas que acabara de capturar, e Thatcher resolveu tomá-las de volta.

Essa foi quase uma repetição da guerra russo-japonesa de 1904--1905, quando uma enorme expedição naval russa navegou pelo mundo, passando pelos estreitos do mar Báltico, Madagascar e Indochina Francesa, com o objetivo de interceptar e combater a frota japonesa. Em 1982, no intervalo de poucas semanas, partiram da Grã-Bretanha dois porta-aviões, destróieres e navios de suprimentos, submarinos nucleares, bem como dois grandes transatlânticos, Canberra e Queen Elizabeth 2, apressadamente adaptados ao transporte de tropas. É provável que Galtieri mantivesse a expectativa de vitória, mas os Estados Unidos, inicialmente simpáticos, tinham deixado de ser o aliado silencioso que trabalhava "por baixo dos panos" para dissuadir a Grã--Bretanha de lutar. É provável que a inteligência americana tenha até auxiliado os britânicos, fornecendo notícias atualizadas sobre condições climáticas – algo vital em mares tempestuosos às vésperas do inverno –, bem como sobre as manobras militares e navais dos argentinos.

Em 21 de maio, os soldados britânicos desembarcaram nas Falkland.

Em menos de quatro semanas, o conflito chegava ao fim: a Marinha e a Força Aérea da Argentina foram contidas; as ilhas voltaram às mãos da Grã-Bretanha; 9,8 mil soldados argentinos acabaram prisioneiros; e o presidente Galtieri, completamente humilhado, perdeu o poder.

Saddam Hussein, presidente do Iraque, também sonhou com guerras triunfais. Em 2 de agosto de 1990, pouco depois de uma vitória sobre o Irã, ele invadiu o Kuwait. A princípio, foi uma conquista fácil, realizada por um só contingente de um exército maior do que todos os outros na Europa, contra um vizinho rico em petróleo, mas pobre em população. Por quanto tempo Saddam Hussein conseguiria manter o território conquistado? Ainda não se sabe exatamente de onde vinha seu otimismo, mas ele contava com o apoio – ou, pelo menos, com a neutralidade – das nações do mundo árabe. De algum modo, acreditava que os Estados Unidos não iriam interferir, talvez temendo uma retaliação por parte da Rússia. Ainda que os Estados Unidos interviessem, seus soldados e navios demorariam para chegar em grande número ao Golfo Pérsico. E, mesmo que eventualmente invadissem o deserto próximo ao Kuwait, as baixas seriam excessivas, pois o Iraque já havia posicionado ali 300 mil soldados, sem imaginar que os americanos pudessem reunir na Arábia Saudita 500 mil soldados, preparados para o ataque.

> SADDAM HUSSEIN, GOVERNANTE DO IRAQUE, TAMBÉM TEVE SEUS SONHOS DE GUERRAS TRIUNFAIS.

Enquanto isso, as Nações Unidas impunham um embargo econômico ao Iraque. Saddam Hussein, no entanto, não se detve. Sua paciência e ousadia pareciam justificadas até que o congresso americano aprovou a guerra contra o Iraque, cinco meses após a invasão. Então, o otimismo de Saddam foi subitamente abalado, não somente pelo ataque dos Estados Unidos, conhecido como "Tempestade no Deserto", como pela própria invasão do Iraque. Depois de seis semanas de combate, o Iraque foi derrotado. Em 28 de fevereiro de 1991, a primeira Guerra do Golfo estava encerrada.

Em 2003, o Iraque lançava mais um desafio. Saddam permanecia confiante, mesmo em face da ameaça de uma invasão das poderosas forças norte-americanas. Estava certo de que o presidente George W. Bush não tomaria tal decisão. O resto é história, mas até os Estados Unidos padeceram de excesso de confiança. Venceram a guerra com um estilo avassalador; no entanto, impor paz e ordem em uma terra recentemente conquistada revelou-se uma tarefa muito, muito mais difícil.

ÓCULOS COR-DE-ROSA – UM CONVITE À GUERRA

Este registro cronológico de guerras que começaram com grandes expectativas é surpreendentemente longo, mas incompleto. Parece incerto que tenha havido uma só guerra desde 1700, na qual ambos os lados ingressaram com poucas esperanças de êxito. Às vésperas de muitos conflitos, as nações ou alianças adversárias contavam com uma campanha curta e vitoriosa; em outros casos, ambos os lados esperavam vencer, ainda que somente um deles confiasse em um rápido triunfo; e às vésperas de outros combates, ainda, um dos envolvidos acreditava em uma vitória fácil, enquanto o outro mantinha uma atitude mais modesta, lutando para evitar a derrota, sem a pretensão de dominar o inimigo.

Embora seja fácil lembrar guerras cujas expectativas de um dos lados foram concretizadas – ou mesmo excedidas – não se pode ter certeza da existência de um conflito cujo resultado tenha correspondido às esperanças iniciais de ambos os lados. É mais provável que, na maior parte das guerras, em nenhuma das nações envolvidas tenha havido a realização das esperanças iniciais. É o que se pode dizer, por exemplo, em relação à Primeira Guerra Mundial. Dos principais participantes de cada aliança, apenas os Estados Unidos atingiram seus objetivos, e somente porque adiaram a entrada no conflito até 1917, com expectativas modestas, convenientes a uma situação que se estendia, sem dar sinais de um fim próximo.

Por que as nações recorrem com tanta frequência recorrem à guerra, em busca de uma ferramenta rápida e precisa para conduzir questões internacionais, quando tal ferramenta repetidamente mostra-se ineficaz ou imprevisível? Esse otimismo recorrente é um prelúdio vital para a guerra. Qualquer coisa que intensifique o otimismo pode levar ao enfrentamento. Qualquer coisa que refreie o otimismo é causa de paz.

Esse otimismo não resulta de uma fórmula matemática. Não representa uma comparação cuidadosa, cuja conclusão indica que a capacidade militar e econômica de uma nação excede a capacidade de um potencial inimigo. Quando Rússia e Japão se enfrentaram em 1904, ou quando a Europa vivenciou a guerra em 1914, as expectativas dos adversários não se baseavam somente em análises de poderio militar; também foram influenciadas pelo estudo das respectivas capacidades de atrair aliados e sustentar financeiramente um conflito, da estabilidade interna, do moral nacional, da qualidade das lideranças civis e do desempenho em combates recentes. A importância de cada fator varia muito conforme o analista ou a nação, a ponto de o mesmo aspecto levar a diferentes conclusões. Ainda que nações rivais sigam uma fórmula similar e cada uma estabeleça peso igual para determinados fatores, provavelmente chegarão a resultados diversos, pois as previsões sofrem a influência de opiniões não baseadas em fatos. O otimismo é fruto de condições econômicas, época, ideologias e patriotismo, e pode resultar da dificuldade de visualizar a guerra. O tempo ameniza as dores e exalta as glórias de combates passados, enquanto a mitologia nacional justifica as derrotas e enaltece as vitórias. Qualquer que seja sua fonte, esses sentimentos permeiam o que parecem avaliações racionais do relativo poderio militar de duas forças em conflito.

O processo pelo qual as nações fogem da realidade é complicado. O patriotismo e os sentimentos provocados pela história de uma nação

> É DUVIDOSO QUE TENHA EXISTIDO UMA GUERRA QUE TENHA CORRESPONDIDO ÀS ESPERANÇAS INICIAIS DE AMBOS OS LADOS.

funcionam como óculos escuros. O próprio sentido de liderança carrega um telescópio embaçado, nem sempre focado na realidade. No século 18, um rei podia cercar-se de cortesãos bajuladores. No século 20, tanto um ditador militar quanto um presidente eleito ficavam vulneráveis a quem satisfizesse seu orgulho e concordasse com suas opiniões. Woodrow Wilson, presidente dos Estados Unidos durante a Primeira Guerra Mundial, preferia viver protegido por um círculo de admiradores: "Todos os amigos íntimos de Wilson – homens, mulheres, professores, políticos, socialites – compartilhavam uma característica: eram, ou ao menos lhe pareciam, admiradores incondicionais". O dr. Lester Grinspoon, psiquiatra e pesquisador estabelecido em Boston, afirmou em 1964 que todo líder se torna parcialmente prisioneiro da própria posição: "Nós descrevemos como um homem parece cada vez mais isolado e solitário, conforme vai subindo na hierarquia, nos negócios ou no governo. A aura de importância, sagacidade e onipotência que o cerca reflete-se em quem se relaciona com ele. Paradoxalmente, conforme suas decisões passam a afetar um número maior de pessoas, ele vai se isolando e, embora cada vez mais conhecido, sente crescer a solidão".

Isso não acontece apenas aos líderes nacionais. A aura de onipotência também pode ser compartilhada pela massa: a multidão de cidadãos londrinos que em 1789 clamou por uma guerra contra a Espanha, depois que o capitão espanhol Julio León Fandiño decepou a orelha de Robert Jenkins, capitão de um navio contrabandista inglês; os colonos americanos que em 1770 queriam mandar os ingleses de volta para a Inglaterra, pelo Atlântico; os parisienses que saudaram a declaração de guerra contra os inimigos estrangeiros da revolução; a aglomeração que despejava uma saraivada de pedras sobre os austríacos, em Milão, no ano de 1848, tentando obrigá-los a fugir pelos Alpes; os ingleses que clamaram por uma guerra contra os russos, em 1854; os alemães que lotaram estações de trem para aplaudir a partida das tropas, em 1870; os russos que acenderam fogueiras quando começou a guerra contra os turcos, em 1877; os americanos cujos ânimos se exaltaram quando a Espanha se recusou a abandonar Cuba, em 1897; e todos os que incentivaram os líderes do Irã e do Iraque a iniciar um longo conflito em 1980. Para aqueles líderes, a derrota era inconcebível. A dúvida soava como a voz do inimigo – ininteligível, portanto.

As causas mais profundas desse otimismo persistente foram examinadas em um livro fascinante, "Overconfidence and War" ("excesso de confiança e guerra", em tradução literal), publicado em 2004. O autor, Dominic D. P. Johnson, biólogo evolucionista e especialista em relações internacionais, ocupa uma cadeira na Edinburgh University. A partir de um tema trabalhado em meu livro cerca de 40 anos atrás e com base nas mais recentes pesquisas sobre evolução humana e comportamento, Johnson produziu uma ótima síntese. Conforme concluiu em seu livro, o otimismo exagerado é uma característica mais comum do que se pensa e, como seres humanos, todos somos propensos a isso, sem interferência de ocupação ou herança étnica. De acordo com experimentos intensivos realizados nos anos 60, o autor explica que "lembramos mais facilmente as experiências positivas do que as negativas", usamos mais generosidade aos nos avaliarmos do que na avaliação de outras pessoas, desculpamos com empenho nossas falhas e somos irrealisticamente otimistas acerca do futuro.

> TODO LÍDER SE TORNA PARCIALMENTE PRISIONEIRO DE SUA POSIÇÃO.

Dominic Johnson sugeriu que esses traços se desenvolveram nos primórdios do surgimento da espécie humana, permitindo sua adaptação aos perigos do ambiente e à hostilidade que faziam parte de sua existência. Assim, o excesso de confiança às vésperas das guerras modernas persiste como um legado da primeira fase da nossa História.

Meu rápido resumo não faz jus às conclusões e hipóteses desenvolvidas por Johnson, com base em pesquisas de psicólogos, biólogos, antropólogos e estudiosos da Pré-História, nem à sua análise de determinadas guerras, muitas das quais discutidas neste livro. O mais relevante é que ele concorda com a ideia de que o "excesso de confiança" é parte vital da teoria da guerra. Achar um meio de reduzir e refrear esse otimismo exagerado representa, portanto, uma das chaves para que se promova a paz entre as nações.

Expectativas – em especial as de curto prazo – parecem uma pista crucial para a definição das causas da guerra e da paz. Se duas nações discordam completamente quanto a uma questão importante e se ambas se acreditam capazes de vencer um conflito com facilidade, a guerra é altamente provável. Se nenhuma delas tem certeza do triunfo ou se as duas nutrem a expectativa de vencer somente após um longo período de lutas, a guerra é improvável. Pode-se imaginar que, caso duas nações se desentendam séria e longamente e a diplomacia não consiga resolver a questão, isso leve a um confronto aberto. No entanto, esse é um argumento duvidoso, já que a diplomacia tem a seu favor o fato de que nenhum país espera resolver satisfatoriamente uma questão por meio da força.

O início de uma guerra é – quase pela própria definição do termo – marcado por expectativas diferentes acerca do desenrolar do conflito. A guerra em si representa um choque de realidade. E, ao final, as expectativas dos envolvidos, inicialmente opostas, tornam-se tão próximas que possibilitam a assinatura de um tratado de paz.

Tudo que contribua para criar em uma nação sentimentos de otimismo contrários aos sentimentos de otimismo de outra nação deve ser apontado como causa de uma guerra entre as duas. Uma razão óbvia desse descompasso são os diferentes cálculos da capacidade das forças e equipamento rivais. Existem, porém, fatores indiretos ou sutis que exercem igual influência, pois afetam o resultado e, acima de tudo, a previsão do resultado do conflito. Entre esses fatores, estão o nacionalismo e outras ideologias, condições econômicas e climáticas, a perspectiva de intervenção de outros países e a possibilidade de união ou desunião interna nas nações envolvidas. As influências de todos eles sobre a construção de um futuro de guerra ou de paz são abordadas nos capítulos seguintes.

CAPÍTULO 4
ENQUANTO AS AVES AQUÁTICAS BRIGAM

Durante as Guerras Napoleônicas, o bloqueio dos portos franceses foi uma das mais eficazes armas utilizadas pelos britânicos com a mesma determinação dos alemães, ao empregarem submarinos, dali a um século. O bloqueio tanto foi aplicado às embarcações de países neutros como às dos adversários. Os Estados Unidos, por exemplo, apesar de neutros, tiveram navios afundados ou capturados pela esquadra britânica. A Grã-Bretanha apostava que os americanos, apesar das constantes provocações, preferiram não tomar parte na guerra aberta. Em 1812, porém, a maioria dos líderes em Washington votou a favor da participação no conflito.

QUANDO OS ESTADOS UNIDOS ENFRENTARAM A INGLATERRA

Sempre que uma nação decide entrar em uma guerra, recebe a influência das previsões acerca da possível atitude de outras nações em relação ao conflito. Um dos fatores que contribuíram para que Washington se decidisse a enfrentar a Inglaterra foi a certeza da colaboração indireta da França. Na guerra que estava para acontecer, os Estados Unidos não poderiam ser um aliado formal da França, devido às perdas impostas a sua atividade comercial pelas fragatas e leis francesas. No entanto, enquanto a França tivesse a supremacia no continente, e permanecesse forte no mar, poderia deter o poderio inglês. A Inglaterra parecia excepcionalmente vulnerável, pois suas colônias no Canadá estavam abertas a invasões pelo sul.

Em abril de 1812, uma sessão secreta em Washington decretou que nenhum navio de passageiros ou de carga deixaria os portos dos Estados Unidos durante os 90 dias seguintes. A precaução, tomada em parte para pegar o inimigo de surpresa, era uma antecipação das táticas que seriam utilizadas contra os Estados Unidos em Pearl Harbor, 125 anos depois. Em junho de 1812, os Estados Unidos declararam guerra à Grã-Bretanha. Enquanto as notícias atravessavam lentamente o Atlântico, esquadras americanas navegavam em busca de fragatas e navios mercantes britânicos, e um pequeno exército marchava rumo ao Canadá.

> ENQUANTO OS AMERICANOS PERMANECIAM NEUTROS, MUITOS DE SEUS NAVIOS FORAM AFUNDADOS OU CAPTURADOS PELA ESQUADRA BRITÂNICA.

Os políticos americanos ansiosos pela guerra exageraram a força de Napoleão e minimizaram a força da Grã-Bretanha. A retirada das tropas francesas de Moscou, no inverno seguinte, a invasão da França, comandada por Wellington em 1813, e a captura e o banimento de Napoleão em 1814 abalaram a confiança de Washington. Os britânicos, finalmente capazes de levar reforços pesados pelo Atlântico, marcharam sobre Washington em agosto de 1814, capturaram a cidade e incendiaram a Casa Branca. O exército americano revidou, porém, e do outro lado do Atlântico a França já não estava tão enfraquecida. Em novembro de 1814, o primeiro-ministro britânico, lorde Liverpool, estava tão ansioso pela paz quanto o presidente americano. Lorde Liverpool chegou a apontar reservadamente a exaustão financeira britânica, as delicadas negociações que ocorriam em Viena e a "alarmante situação" no interior da França ocupada. Ele se preocupava simplesmente com a possibilidade de uma nova revolução francesa. As expectativas quanto a uma futura atitude da França influenciaram as decisões anglo-americanas em relação à paz e à guerra.

Ao final de 1814, delegados britânicos e americanos assinaram satisfeitos um documento afirmando que nenhum dos dois lados havia saído vitorioso. Entretanto, a memória nacional é seletiva e uma guerra sem vencedores é provavelmente lembrada como uma vitória. O mesmo mecanismo faz com que um ministro que controla as forças armadas seja chamado de "Ministro de Defesa", e não de "Ministro de Ataque".

Quando uma nação decide ir à guerra, sempre inclui uma estimativa das possibilidades de outras nações virem a comprometer suas perspectivas de vitória. Os Estados Unidos talvez não declarassem guerra ao México em 1846, se as nações europeias acenassem com uma ajuda efetiva aos mexicanos. Na década de 60 do século 19, a espada tinha mudado de mãos. O embate entre a Confederação e os Estados Unidos permitiu que nações europeias enviassem suas forças navais e militares para interferir em outras partes do continente americano. No Caribe, a Espanha provavelmente não entraria em confronto com os rebeldes de São Domingo, entre 1863 e 1865, se os Estados Unidos não tivessem se dividido. Da mesma forma, em 1864, a esquadra espanhola jamais teria tomado do Peru as ilhas Chincha e suas ricas reservas de guano.

Tropas e frotas vindas da Europa não ousariam atacar o México em 1861 se os Estados Unidos tivessem permanecido uma nação forte. Antes, em novembro de 1855, lorde Palmerston, em Londres, havia previsto reservadamente que a tomada final do México pelos americanos estava "escrita no Livro do Destino", acrescentando que a Grã-Bretanha e a França não interviriam e, caso o fizessem, "não teriam capacidade de impedir que os Estados Unidos anexassem o território mexicano." Seis anos depois, entretanto, quando os Estados Unidos foram atingidos por sua guerra interna, França, Grã-Bretanha e Espanha agiram com ousadia: invadiram o México, sobretudo para cobrar dívidas que o governo mexicano se recusava a reconhecer. A França insistiu, mesmo depois de seus aliados se retirarem. Cerca de 30 mil soldados franceses cruzaram o

Atlântico, capturaram a Cidade do México em 1863 e consagraram como imperador Ferdinando Maximiliano I, irmão do imperador da Áustria.

Enquanto durou a Guerra Civil, de nada adiantaram os protestos feitos pelos Estados Unidos contra a interferência francesa no México. Com o fim do conflito, porém, as queixas de Washington não podiam mais ser ignoradas. As tropas francesas começaram a voltar para casa. A jovem imperatriz fugiu, mas seu marido ficou. O destino do imperador pode ser visto na National Gallery de Londres, em cujo acervo está a famosa pintura de Edouard Manet, que retrata um pelotão de fuzilamento, com seus rotos uniformes azuis, em posição de tiro, sob o intenso calor do sol mexicano. Em 1867, a execução real e a compra do Alasca dos russos marcaram o começo de uma era durante a qual nenhuma potência externa se intrometeu na zona de influência dos Estados Unidos.

> A FRANÇA INSISTIA COM A GUERRA, MESMO DEPOIS DE SEUS ALIADOS RECUAREM.

Do outro lado do Pacífico, em 1873, líderes japoneses debatiam a portas fechadas a possibilidade de enviar uma expedição para invadir a Coreia. Segundo Okubo Toshimichi, a invasão não seria uma estratégia sensata, entre outros motivos porque o Japão sofreria grande desgaste, despertando na Rússia a tentação de mover-se para o sul e atacar. Assim, Japão e Coreia agiriam como duas aves aquáticas brigando por um peixe, enquanto o pescador russo se preparava para ficar com ele. A mesma analogia foi usada no começo da Primeira Guerra Mundial por Yamagata Aritomo, militar de 76 anos que atuava como conselheiro do imperador do Japão. Conforme afirmou ele na época, "Em virtude da guerra, os Estados Unidos levam vantagem, tal como o proverbial pescador, que pega o peixe enquanto as aves aquáticas do mundo brigam". Pode-se dizer que o próprio Japão se tornaria o perfeito pescador em assuntos internacionais, mas, se isso for verdade, trata-se de uma imitação do mestre pescador ocidental.

A prometida ou esperada neutralidade de um terceiro envolvido também pode promover um apelo à guerra. Quando japoneses e russos estavam prestes a iniciar a guerra de 1904, o Japão era encorajado pela promessa britânica de que usaria seu poderio naval para evitar que qualquer outra potência europeia interferisse no conflito. Quando a Itália atacou de surpresa a Turquia, em 1911, e invadiu a Líbia sob o pretexto de defender os cidadãos italianos que lá viviam, parte de sua confiança tinha origem na crise diplomática em que se envolviam França, Alemanha, Grã-Bretanha e Áustria – as mesmas potências que, não fosse assim, poderiam posicionar-se contra a invasão.

A alegoria dos pássaros aquáticos e do pescador pode ser lembrada outra vez no início da Primeira Guerra Mundial. Todos os envolvidos precisaram prever quais países poderiam apoiá-los, quais os aliados do inimigo poderiam entrar na guerra e quais nações não alinhadas poderiam mudar de ideia ou fornecer ajuda econômica. Hoje se reconhece que a Polônia decidiu enfrentar a Rússia, e a Grécia resolveu enfrentar a Turquia, em parte influenciadas por suas expectativas de ajuda externa. Em 1935, a Itália entrou na chamada Guerra Abissínia confiante em que as nações europeias não interviriam, enquanto a coragem dos etíopes se fortaleceu na previsão contrária.

O imperador Haile Selassie assim demonstrou sua decepção na assembleia da Liga das Nações: "Em outubro de 1935, as 52 nações que neste momento me ouvem garantiram que o agressor não triunfaria". As garantias mostraram-se inúteis. Quando o Japão entrou na guerra, em 1937, supunha que nenhuma nação europeia apoiaria a China. Quando a Polônia declarou guerra à Alemanha, em 1939, acreditava que receberia ajuda substancial da Grã-Bretanha e da França. Na opinião de Hitler, ao contrário, a Polônia não receberia apoio significativo. Na Guerra de Suez e na Revolta Húngara, em 1956, as expectativas acerca do comportamento das nações que não participavam diretamente dos conflitos foram cruciais no começo e no fim deles.

As mesmas expectativas quanto à reação de outras nações influenciaram muitas das decisões, quando se tratava de pôr fim à guerra. Em 1814, com a derrota de Napoleão, os Estados Unidos se apressaram a terminar a guerra com a Grã-Bretanha, pois os regimentos britânicos ficaram liberados para atuar na América do Norte. Na década de 60 do século 19, a França decidiu abandonar a guerra no México porque, encerrada a Guerra Civil americana, os Estados Unidos ameaçaram enviar tropas para sua fronteira sul. Na mesma década, a decisão da Prússia em não prolongar a guerra contra a Áustria foi aparentemente influenciada pelo medo de que a França pudesse intervir.

Esses são exemplos dramáticos de guerras cujo início ou fim receberam a influência da esperança ou do medo de interferências externas. Outros exemplos podem ser encontrados facilmente em qualquer período de meio século, a partir de 1700.

Toda guerra é precedida de previsões, em ambos os lados, acerca de nações não envolvidas diretamente. Tais previsões se tornam uma das causas da eclosão da guerra ou da manutenção da paz. Antes de se decidirem pela guerra, os líderes observam o panorama político da mesma forma que o vigia examina a região da qual toma conta. Às vezes, os líderes políticos e chefes das forças armadas não se dão conta da observação que fazem, por agirem intuitivamente ou terem memorizado o cenário. As suposições acerca do comportamento das nações não diretamente envolvidas no potencial conflito nem sempre ficam claras em documentos diplomáticos, por serem óbvias demais para aqueles que os elaboram.

Embora o oportunismo permeie interesses internacionais, seria injusto considerá-lo onipotente e onipresente. É verdade que a tarefa de proteger a nação cabe sobretudo aos líderes – e o preço a pagar por uma eventual negligência é alto –, mas eles também são seres humanos e raramente concentram-se em um único objetivo por um longo período, influenciados que são por estados de espírito, emoções e preferências. A influência de axiomas morais também é possível. Talvez a simples ideia de uma guerra lhes seja repulsiva, a não ser que sofram provocações de uma nação rival. De tempos em tempos, os líderes têm oportunidade de colocar seus talentos intelectuais na diplomacia, fazendo concessões onde for preciso. No entanto, quando a diplomacia falha – ou mesmo antes que isso aconteça –, podem reavaliar suas opções. Travar ou não uma guerra e escolher o melhor momento para tomar tal decisão é um ponto de vital importância.

O PESCADOR PROVERBIAL E O OPORTUNISMO NA GUERRA

Normalmente consideramos o oportunismo ou a agressividade, o interesse próprio exacerbado ou o patriotismo excessivo como falhas ou defeitos do inimigo. Em questões internacionais, costuma-se enxergar oportunismo em líderes de nações rivais, como Napoleão ou Hitler, ou em uma nação em particular. É comum, em países de língua inglesa, serem considerados oportunismo ou ofensa o ataque alemão à Bélgica em 1914 e o ataque japonês a Pearl Harbor em 1941. No entanto, também se pode apontar oportunismo nas atitudes da Grã-Bretanha em 1914, quando relutou em apoiar Luxemburgo e se apressou a enviar ajuda à costa da Bélgica, bem como na recusa em ajudar a Tchecoslováquia em 1938. Oportunista foi também a política dos Estados Unidos em 1941, com a interrupção do fornecimento de petróleo e outros produtos estratégicos para o Japão, na esperança de forçar os japoneses a retirar suas forças da China e da Indochina Francesa, então recém-ocupadas. Na época, a máquina de guerra japonesa dependia fortemente do petróleo importado. Alguns observadores diriam que o oportunismo simplesmente se combinava com a prudência.

> A VISÃO POPULAR DE PAZ É QUANDO AS NAÇÕES RESPEITAM OS DIREITOS E TERRITÓRIOS UMAS DAS OUTRAS.

O oportunismo em questões internacionais é mais notório quando as nações vão à guerra, mas está de mesmo modo impregnado quando elas escolhem a paz. A obsessão pelas causas da guerra possivelmente nos desvia o olhar do oportunismo subjacente aos momentos de paz. A visão popular de paz são nações que respeitam os direitos e territórios umas das outras, todas pertencentes a uma espécie de irmandade. Essa irmandade, porém, tende a ser hierárquica e oportunista. A paz depende direta ou indiretamente de poderio militar, ao qual só damos importância quando ela é interrompida de maneira dramática. Quando o poderio militar responde pelo fim da guerra ou pela preservação da paz, costumamos ignorar seu papel. Assim, escondemos de nós mesmos a relação próxima entre as causas da paz e as causas da guerra.

CAPÍTULO 5
AS GUERRAS DE VELÓRIO E AS GUERRAS COMO BODES EXPIATÓRIOS

A pesquisa de causas comuns a várias guerras do século 18 revela um detalhe óbvio. A morte de um rei era frequentemente prenúncio de conflito. A ligação entre os dois fatos se reflete na denominação popularmente aceita: guerra de sucessão. Houve uma na Espanha e outra na Polônia, seguidas pelas da Áustria e da Baviera. A identificação do autor das denominações desses conflitos seria bastante esclarecedora. Os nomes implicam nitidamente que a ocupação do trono vago era a causa vital das guerras. Afirma-se às vezes que essas guerras, "como sugerem seus títulos", resultam de rivalidades entre dinastias; "não foram assim denominadas por acaso". No entanto, a tentativa precipitada de explicar as causas de uma guerra com base em seu nome popular pode causar certa confusão. A Guerra da Orelha de Jenkins, por exemplo, seria tomada por um conflito sobre orelhas, e a dos Sete Anos, como uma disputa acerca da passagem do tempo.

A MORTE DE UM REI: PRELÚDIO PARA A GUERRA

Aquelas quatro guerras de sucessão não foram apenas precedidas e influenciadas pela morte de um monarca. Em 1700, os governantes da Saxônia, da Dinamarca e da Rússia iniciaram luta armada contra a Suécia, cujo jovem rei, Carlos XII, ocupava o trono havia pouco tempo. Em 1741, as tropas suecas invadiram a Rússia, cujo czar tinha apenas um ano de idade. Em 1786, a morte de Frederico, o Grande, da Prússia, preparou o caminho para a campanha da Áustria e da Rússia contra a Turquia no ano seguinte. E, em março de 1792, a morte em Viena de Leopoldo II, imperador do Sacro Império Romano-Germânico, foi um dos eventos que anunciaram a declaração de guerra da França contra a Áustria no mês seguinte.

Ao todo, oito guerras no século 18 foram precedidas e influenciadas pela morte de um monarca, constituindo a maior parte dos conflitos importantes daquele século. Esse tipo de "guerra de velório" não desapareceu completamente depois de 1800. Duas delas, entre a Prússia e a Dinamarca, foram precedidas pela morte de reis dinamarqueses; a Guerra Civil Americana ocorreu depois que o presidente morreu, em 1861; e a Primeira Guerra Mundial foi precedida pelo assassinato de um herdeiro do trono austríaco.

Certos tipos de eventos tanto podem aumentar como reduzir as chances de um conflito. É possível que a morte de um monarca promova a guerra ou a paz. Em janeiro de 1762, Frederico, o Grande, rei da Prússia, estava em um ponto crucial de seu longo combate contra a Rússia e metade dos exércitos da Europa, quando foi informado da morte da czarina Elizabeth da Rússia. "Fiquei sabendo do importante acontecimento. Coragem, caro amigo", ele escreveu. O tal acontecimento e a ascensão de um novo czar, que mantinha bom relacionamento com Frederico, levaram a Rússia à pronta retirada de uma guerra na qual mantinha situação favorável.

> AO TODO, OITO GUERRAS NO SÉCULO 18 FORAM PRENUNCIADAS E INFLUENCIADAS PELA MORTE DE UM MONARCA.

Qual é a explicação mais plausível para as guerras de velório? Em um século marcado por uma monarquia forte, a morte de um rei obviamente afetava a distribuição de poder entre nações. Quando um longo reinado era sucedido pela ascensão de um monarca visivelmente fraco, a balança do poderio internacional oscilava violentamente. Dos oito monarcas cuja morte marcou o prenúncio de uma guerra, seis tinham reinado por mais de um quarto de século. De seus oito herdeiros, seis podem ser considerados vulneráveis: um era bebê; dois, príncipes adolescentes; uma estava grávida, em época na qual as mulheres gozavam de poucos direitos; e os demais eram estrangeiros. A ascensão de um monarca visivelmente fraco tornava sua nação vulnerável. A situação se agravava porque, com acordos estabelecidos de pessoa para pessoa, a morte do governante frequentemente enfraquecia ou rompia alianças defensivas, e o sucessor nem sempre podia ter certeza da lealdade de aliados estrangeiros ou mesmo de seus generais e membros da corte. Assim, o rei quase sempre ocupava a posição de alvo, e não de flecha, no caso de um ataque estrangeiro. Significativamente, esse ataque, em geral, vinha de uma nação que antes não se sentia forte o bastante para lançar-se em um confronto. A morte real, ao que parece, tornava-se mais perigosa quando afetava o que era antes uma escala de poder bem definida, subitamente fazendo com que monarcas rivais confiassem no próprio poder de barganha.

As guerras envolvendo países cujos monarcas haviam morrido recentemente começavam com o conhecido otimismo exagerado. A região que tinha o novo governante era considerada temporariamente fraca demais para resistir à tomada de parte de seu território. Ao mesmo tempo, os invasores costumavam acreditar que não haveria reação ou, caso houvesse, eles a sufocariam rapidamente.

REVOLUÇÃO E REVOLTA

Nos últimos 25 anos do século 18, a revolução foi o prelúdio de pelo menos quatro embates entre nações. O levante dos colonos na América do Norte se tornou uma guerra internacional em 1778, e outras revoluções precipitaram a invasão prussiana na Holanda em 1787, a invasão russa na Polônia em 1792 e, no mesmo ano, a invasão austríaca na França. Revoltas civis, assim como a morte de reis, marcaram a desintegração da autoridade estabelecida, afetando a imagem do poderio nacional. Na Europa, cada vez mais os funerais reais eram substituídos pelas agitações civis como um perigoso perturbador da paz.

No entanto, muitas guerras internacionais na Europa após 1800 não foram precedidas de agitações civis, bem como agitações civis nem sempre levaram à guerra. Ainda assim, é surpreendente o número de guerras prenunciadas por sérios conflitos internos nas nações envolvidas. A lista a seguir é longa, mas não está completa; seria ainda mais extensa, caso fossem incluídos os conflitos fora do período entre 1815 e 1939, os da América Central e América do Sul, e as disputas entre potências europeias e grupos nativos mal organizados demais para serem chamados de "nações". O quadro resultante inclui apenas distúrbios que parecem ter ligações visíveis com guerras subsequentes.

1815-1939

Início da Guerra Internacional	Guerra	Local da Agitação Civil
1823	Expedição francesa aos Pirineus	Espanha
1828	Russo-Turca	Grécia
1830	Belga	Bélgica, França
1830	Franco-Algeriana	Paris
1848	Primeira Guerra do Schleswig	Berlim
1848	Primeira Guerra de Independência Italiana	Viena, Milão
1849	Expedição Húngara	Hungria
1853	Crimeia	Principados do Danúbio
1860	Italiana	Sicília
1861	Expedição Mexicana	México
1862	Haiti	São Domingos

1864	Segunda Guerra do Schleswig	Holstein
1876	Servo-Turca	Bósnia
1877	Russo-Turca	Bálcãs
1882	Expedição Egípcia	Egito
1885	Servo-Búlgara	Rumélia Oriental
1894	Sino-Japonesa	Coreia
1897	Greco-Turca	Creta
1898	Espanha-Estados Unidos	Cuba
1899	Guerra dos Bôeres	Transvaal
1900	Levante dos Boxers	Pequim
1911	Ítalo-Turca	Império Turco
1912	Primeira Guerra Balcânica	Macedônia
1914	Primeira Guerra Mundial	Bósnia
1918	Guerra Civil Russa	Rússia
1919	Terceira Guerra Afegã	Índia, Afeganistão
1919	Greco-Turca	Turquia
1920	Russo-Polonesa	Rússia
1931	Sino-Japonesa	Japão, China
1936	Guerra Civil Espanhola	Espanha
1937	Sino-Japonesa	China

Em um período de 125 anos, ao menos 31 guerras foram imediatamente precedidas por tumultos sérios em uma das nações em conflito. Essas guerras constituem mais da metade dos embates internacionais relevantes no período, a maior parte deles na Europa. Hoje, a maioria ocorre na África. A relação entre agitações civis e guerras internacionais representa um dado revelador, e é isso que a tão conhecida teoria do bode expiatório tenta fazer.

Um espectador na guerra da Crimeia

No século 19, a guerra deixara de ser com tanta frequência um esporte de reis, mas ainda era um esporte. É verdade que a temporada anual acontecia com menos regularidade do que os jogos de críquete, e os espectadores nem sempre encontravam assentos com boa visibilidade. No entanto, como esporte, as guerras tinham muito a oferecer. Alexander William Kinglake, advogado inglês, pesquisou o assunto. No norte da África, em 1845, ele se juntou à coluna móvel do general francês St. Arnaud na campanha contra os argelinos. Daí a nove anos, estava na Crimeia com a expedição britânica, assistindo aos combates do alto de uma sela de cavalo ou de um morro bem localizado. O tombo que levou da montaria, na manhã da Batalha de Alma, proporcionou-lhe a oportunidade de ser apresentado ao comandante inglês lorde Raglan, por quem passou a nutrir profundo respeito. Naquela noite, eles jantaram juntos, comemorando a vitória. Quando tudo terminou, lady Raglan – o marido havia morrido na Crimeia – convidou Kinglake a registrar a história da campanha. Ele escreveu oito enormes volumes, o último dos quais foi lançado quando o autor tinha quase 80 anos. Kinglake tinha um texto forte e lúcido, e os primeiros volumes de "The Invasion of the Crimea" ("a invasão da Crimeia", em tradução literal) tornaram-se best-sellers. Considerado um historiador competente, autoridade em questões relativas à guerra mais importante do reinado da rainha Vitória, ele provavelmente influenciou a análise de muitas guerras posteriores.

As explicações de Kinglake eram essencialmente persuasivas; segundo ele, Napoleão III da França tinha "uma grande parcela de responsabilidade no recrudescimento da guerra" e o principal objetivo de sua política agressiva contra a Rússia era promover "o bem-estar e a segurança de um pequeno grupo de homens reunido em Paris." Na opinião de Kinglake, os problemas internos do regime francês, principalmente, causaram a Guerra da Crimeia. Segundo ele, a invasão desse país foi planejada como bode expiatório, para que os franceses não percebessem as fraquezas do governo.

Kinglake não foi o primeiro historiador a apontar um circo montado no exterior para chamar a atenção de grupos insatisfeitos em casa, e nem a Guerra da Crimeia foi a primeira que recebeu essa interpretação. A mesma explicação – ainda hoje uma das mais populares generalizações sobre a guerra – coube a conflitos isolados, desde a Guerra dos Cem Anos, que começou em 1328, até a do Vietnã, mais de seis séculos depois. O professor Quincy Wright, que em 1942 completou um ambicioso estudo do assunto, concluiu que uma importante e frequente causa de conflitos internacionais é a nítida tendência a "favorecer as guerras no exterior como forma de desviar a atenção das mazelas internas". Wright duvidava de que algum governo ditatorial pudesse existir sem provocações ou ataques a bodes expiatórios estrangeiros. Leonard Woolf, no terceiro de seus instigantes estudos sobre psicologia social, também acreditava que um ditador moderno depende da exacerbação do patriotismo e para isso acusa estrangeiros pelos males da nação que governa: "O emprego do ódio como instrumento de controle torna altamente provável que o país e o governo sejam levados à guerra, voluntariamente ou não".

A ideia da guerra como cruzada para unir uma nação dividida é bastante adaptável e pode ajustar-se a diferentes pressuposições. Serve também a uma teoria conspiratória, tal como serviu a Kinglake. Assim, confirma a crença – um verdadeiro mantra entre liberais do século 19, anticomunistas do século 20 e marxistas desses dois séculos – de que governantes autocratas desejam a guerra e que o homem comum tem suas emoções friamente manipuladas, sendo levado a apoiar um combate ou participar dele. A teoria pode satisfazer ainda aos que consideram a guerra um evento popular, que tanto proporciona satisfação a foguistas como a estadistas, permitindo que todos descarreguem suas frustrações em um inimigo em comum.

No século 20, o fascínio pela psicologia conduziu à noção de que a guerra seria uma válvula de escape: as tensões internas colocavam o inimigo na posição de alvo. Como se fortalecia a ideia de que, em um conflito, as nações mais perdem do que ganham, somente a exploração das escuras cavernas do subconsciente talvez explicasse por que se faziam guerras. Enquanto essas cavernas eram exploradas, a psicologia popular sugeriu uma resposta. Estaria a nação indo à guerra como torcedores de um time de futebol que, frustrados por uma derrota, irracionalmente atacam os vidros dos ônibus da caravana, a caminho de casa?

A teoria do bode expiatório também atrai antropólogos. Quando a Associação Antropológica Americana (American Anthropological Association) promoveu uma reunião em Washington, no ano de 1967, para discutir as causas da guerra, a teoria talvez tenha sido a mais comentada. No encontro, Margaret Mead sugeriu que uma das funções da guerra era "oferecer alvos fora do país quando a manutenção do poder é ameaçada internamente". Em 1930, outros antropólogos já levantavam a ideia de que as guerras primitivas eclodiram quando a sociedade estava perturbada por desavenças, tensões e sofrimentos. Não se sabe bem se uma guerra primitiva pode ser comparada a uma moderna, mas parece provável que as duas formas apresentem similaridades.

> USAR O ÓDIO COMO UM INSTRUMENTO DE GOVERNO TORNA ALTAMENTE PROVÁVEL QUE ELE CONDUZA O PAÍS E SEU GOVERNO A UMA GUERRA, QUER ELE QUEIRA OU NÃO.

A GUERRA VAI LUTAR CONTRA A MARÉ DA REVOLUÇÃO?

Um exame das evidências produzidas por historiadores como fundamento da interpretação do bode expiatório para guerras específicas não exige grande esforço. Eles frequentemente não produzem evidência alguma; no máximo, frágeis indícios. Considere, por exemplo, a teoria de Alexander Kinglake, segundo a qual Luís Napoleão – Napoleão III da França – teria forçado a guerra da Crimeia, em parte, para que os franceses não pensassem tanto em seu descontentamento com questões domésticas.

Comenta-se às vezes que Kinglake nutria certa má vontade em relação a Luís Napoleão desde o final da década de 40 do século 19, quando o futuro imperador vivia no número 9 da Berkeley Street, em Londres, com a srta. Howard, uma mulher bela e elegante. Segundo se conta, anos antes Kinglake tinha sido contratado para dar aulas de História a ela e, apaixonado, nunca perdoou o pretendente rival. Assim, a explicação de Kinglake para a Guerra da Crimeia seria uma forma perversa de vingança contra Luís Napoleão. O mais importante, porém, é que não se encontram, nos documentos franceses, elementos que confirmem nem que desmintam sua interpretação.

A Guerra Franco-Prussiana de 1870 algumas vezes recebeu interpretação similar. A história alemã oficial atribuiu o início do combate em parte à ambição desmedida de Napoleão III e em parte ao descontentamento popular na França. "Uma espécie de manobra na política externa, frequentemente empregada nessas circunstâncias, parecia o único meio de compensar a pressão contínua dos partidos do país." Assim dizia a interpretação oficial de Berlim, absolvendo habilmente a Prússia de toda a culpa. Não havia, porém, evidências que confirmassem essa teoria. Na verdade, Napoleão III, menos de dois anos antes do início da Guerra Franco-Prussiana, disse a lorde Clarendon, ministro britânico de Relações Exteriores, em outubro de 1868, que um problema interno – e ele não enxergava nenhum – "jamais seria aplacado por uma guerra externa". Segundo Napoleão III, a guerra e os altos tributos que acarreta exporiam a risco, em vez de fortalecer, uma dinastia. E ele estava certo, pois a guerra lhe tiraria o trono.

Os adeptos da teoria do bode expiatório quase sempre a aplicam ao inimigo, à nação que desaprovam. Em uma interpretação geralmente agressiva e parcial, baseiam-se em indícios vindos de fontes preconceituosas, e não em pronunciamentos feitos por indivíduos que supostamente se decidiram pela guerra em nome da união interna. Existe uma exceção notável, frequentemente citada: em 1904, quando Rússia e Japão se enfrentaram, o ministro do Interior russo disse ser necessária uma guerra curta e vitoriosa, para deter a onda revolucionária. À primeira vista, trata-se de uma evidência poderosa. Esse ministro, V. K. Plehve, possivelmente conhecia melhor do que ninguém a agitação interna na Rússia; anteriormente chefe de polícia, ele assumira o posto quando o antigo ministro do Interior foi assassinado por um terrorista, em 1902. A partir de então, dedicou a maior parte das horas de trabalho à tarefa de eliminar dissidentes em uma frente ampla, da Armênia à Finlândia. Se o desejo de restaurar a unidade do país fez parte dos argumentos que persuadiram a Rússia a combater o Japão, Plehve foi o principal beneficiário. A declaração de Plehve aparece nas memórias do conde Witte, ministro das Finanças russo até 1903: "Nos primeiros dias da guerra russo-japonesa, em certa ocasião o general Alexei Nikolayevich Kuropatkin reprovou Plehve porque ele era o único ministro a desejar aquela guerra e a unir-se ao grupo de políticos aventureiros políticos que havia arrastado o país para o combate". Plehve respondeu: "O senhor não está a par da situação interna da Rússia. Precisamos de uma guerra curta e vitoriosa, para deter a onda revolucionária."

Existem obstáculos – nem todos insuperáveis – à aceitação dessa declaração dramática como um reflexo da política russa. Witte só mencionou a fala de Plehve uns oito anos mais tarde, ao concluir o registro de suas lembranças. Caso a memória de Witte fosse falha ou preconceituosa, a declaração pode ter-se diluído ou intensificado com o passar do tempo. Além disso, por ser um ferrenho adversário de Plehve e desaprovar a guerra com o Japão, Witte talvez tenha dado inconscientemente um tom áspero ao comentário. Uma vez que a guerra não foi curta nem vitoriosa, Plehve teria sido condenado pelas próprias palavras. Além disso, uma análise mais atenta mostra que ele não aponta a busca de um bode expiatório como principal razão pela qual a Rússia decidiu lutar. O próprio conde Witte primeiramente culpou um "grupo de políticos aventureiros" – russos com interesses no Extremo Oriente – por arrastar a nação para a guerra. Ele dedicou 22 páginas às causas do conflito, mas em momento algum sugeriu que a inquietação dentro das fronteiras fosse uma razão adicional para a Rússia entrar em guerra ou que a esperança de que uma ação externa acalmasse a agitação interna tivesse influenciado a política russa. Acima de tudo, Witte argumentava que o grupo dominante russo não queria nem esperava uma guerra. "Agimos", ele escreveu, "como se estivéssemos certos de que os japoneses suportariam tudo sem se atrever a nos atacar." O ataque japonês a Porto Artur, em fevereiro de 1904, destruiu essa ilusão.

Mostra-se arriscado, portanto, afirmar, com base apenas nas duas declarações de Plehve, que a Rússia entrou em guerra na esperança de sufocar a inquietação interna. Ao mesmo tempo é possível argumentar que, logo depois do início das hostilidades, Plehve acreditava que a unidade interna seria um dos dividendos da vitória. Sua esperança era particularmente duvidosa e é provável que por isso tenha sido registrada nas memórias de Witte. A maioria dos leitores dessas memórias certamente percebeu que, com o prolongamento da guerra, a inquietação e a violência dentro das fronteiras da Rússia se intensificaram, em vez de diminuir, fazendo uma notória vítima: o próprio Plehve. No sexto mês de combates, ele se dirigia à casa de verão do czar, perto de São Petersburgo, quando uma bomba detonada por um terrorista explodiu a carruagem onde viajava.

A ideia de que dilemas da política interna levam à guerra aparece constantemente e se encontra em várias explicações da Primeira Guerra Mundial. Londres sofria com os ataques dos irlandeses; Berlim, com a oratória dos fortes Sociais Democratas; São Petersburgo, com os protestos de grevistas; e Viena, com a inquietação dos povos do Império Austríaco e sua variedade de idiomas. Não admira que alguns historiadores apontassem o desejo dos líderes russos de acalmar as divergências internas como fator de favorecimento da guerra. Segundo S. B. Fay, "A ideia de uma ação no exterior, para que os cidadãos não reparem nos problemas internos é bastante familiar na história de muitos países". Ele suspeitava de que fosse esse o motivo por trás da decisão da Rússia de mobilizar seu exército em julho de 1914, mas não apresenta argumentos sólidos. A primeira evidência é um artigo publicado em um jornal suíço, no ano de 1917, escrito por um "aparentemente bem informado simpatizante russo". Pode-se sugerir que o autor de tal artigo não merece mais crédito do que centenas de outros anônimos e aparentemente bem informados redatores da imprensa europeia. Não há indícios de que o jornalista tivesse acesso ao que disseram os ministros russos quando, em 1914, discutiram se a Rússia deveria preparar-se para a guerra.

A segunda e última evidência é um relatório escrito em 25 de julho de 1914 pelo embaixador alemão na Rússia. O embaixador recebera de uma fonte anônima, "mas confiável", informações sobre as discussões do Conselho Imperial russo no dia anterior. De acordo com essa fonte, o conselho havia discutido se o país, que já enfrentava o descontentamento e as greves dos trabalhadores, poderia "suportar complicações externas". Isso, no entanto, não confirma a ideia de que a Rússia esperava desviar a atenção do seu povo dos problemas internos, e sim que os membros do Conselho Imperial consideravam os problemas internos mais um impedimento do que um incentivo para a participação em uma guerra.

> A IDEIA DE UMA GUERRA ESTRANGEIRA PARA PREVENIR PROBLEMAS INTERNOS É MUITO FAMILIAR NA HISTÓRIA DE MUITOS PAÍSES.

A mesma interpretação foi aplicada à Alemanha em 1914. Segundo se diz, o governo de Berlim acreditou que uma guerra externa aquietaria os socialistas e controlaria sua crescente influência. Essa interpretação não se sustenta. Em 1913, o mais destacado militar alemão, Helmuth von Moltke, advertira o militar austríaco que ocupava posição correspondente à sua de que qualquer conflito demandaria total cooperação entre os cidadãos. Ele classificava como disparate a ideia de entrar em guerra para unir a nação e acreditava que a união devia estar consolidada antes do início de qualquer ação. Às vésperas da guerra, falando em particular, o chanceler alemão Bethmann-Hollweg destacou a necessidade do apoio de todas as classes desde o início, se a Alemanha quisesse alcançar a vitória. Daí a preocupação de Bethmann Hollweg com a possibilidade de o czar da Rússia, grande inimigo dos social-democratas, governante que combatera os revolucionários em 1905, vir a atacar. Conforme previu Bethmann-Hollweg, se o czar atacasse a Alemanha, os poderosos social-democratas seriam leais, jamais pensariam em "uma greve geral ou parcial ou em sabotagem". A previsão, feita em 30 de julho de 1914, estava correta. No dia seguinte a Rússia mobilizou formalmente seu exército, um dia depois a Alemanha mobilizou o dela, e os social-democratas comemoraram.

Os objetivos expansionistas da Alemanha, da Itália e do Japão na década de 30 foram amplamente interpretados como tentativas conscientes ou inconscientes de sufocar tensões internas por meio da criação de inimigos externos. De acordo com um renomado estudioso de Harvard, os ditadores da década de 30 "deliberadamente preferiam um conflito externo à perspectiva de uma mudança interna insuportável". Uma falha na ideia é que a Itália e a Alemanha, em meados da década de 30, davam sinais de união nacional mais fortes do que a Inglaterra, os Estados Unidos, a França e outras democracias. Muitos ingleses que não gostavam do fascismo visto em Berlim e em Roma nos anos 30 reconheciam, porém, naquela ideologia, um propósito não encontrado em Londres. Além disso, a Alemanha havia se recuperado mais rapidamente da depressão mundial do que as democracias ocidentais; assim, os problemas econômicos alemães eram menos graves. Em contraste, a precipitação dos líderes britânicos e franceses em buscar uma conciliação com Hitler no fim da década de 30 pode, em parte, ser atribuída ao medo que tinham de seu povo não estar unido. No entanto, se a teoria do bode expiatório é correta, Inglaterra e França deveriam ter sido as nações europeias mais combativas no fim da década de 30, enquanto Alemanha e Itália deveriam esforçar-se para manter o "status quo". Pode-se argumentar que a Alemanha conseguiu muito de sua unidade simplesmente porque o governo, anos antes da guerra, já havia fixado os alvos do ódio – judeus e comunistas. Aceitar esse argumento, porém, é virtualmente abandonar a teoria do bode expiatório. Por que a Alemanha iria à guerra em 1939, para atingir a unidade interna, se essa unidade já era evidente?

Nos episódios de violência armada entre a Indonésia e a nova Federação da Malásia, na década de 60, muita gente considerou que o presidente Sukarno buscava um bode expiatório. Segundo se disse, ele enviou grupos armados ao território malásio em busca de uma válvula de escape para os problemas econômicos e as tensões políticas em seu país. Não está claro, porém, se o "confronto" sustenta a teoria do bode expiatório. Os episódios de violência podem ser definidos como uma guerra? Entre 1966 e 1968, eles causaram a morte de 590 indonésios e 150 malaios, além de soldados aliados e civis, em conflitos considerados sem expressão. Se a intenção do presidente Sukarno era consolidar sua nação por meio de uma honrosa aventura no exterior, por que enviou tão poucas tropas indonésias, inviabilizando uma vitória gloriosa? Uma resposta possível é que Sukarno precisava da maioria de seus soldados em casa. Outra possibilidade é que a Indonésia não tivesse confiança nem recursos financeiros para sustentar um combate verdadeiro. É até possível que, não fosse pelos problemas internos indonésios, Sukarno empreendesse uma guerra séria, para impedir Bornéu do Norte e Sarawak de se unirem à nova Malásia. Acima de tudo, o principal efeito da tensão interna indonésia parece ter sido na guerra civil, e não na internacional. A violência contra os comunistas no território da Indonésia foi mais intensa na primeira metade de 1966 e era de se esperar – de acordo com os princípios da teoria do bode expiatório – que a guerra estrangeira se intensificasse. Em vez disso, ela acabou.

A teoria do bode expiatório renasceu em 1982, depois do início da guerra das Ilhas Falkland. Na Argentina, tanto a fase anterior quanto a fase final da guerra foram marcadas pela agitação, originando-se daí a teoria de que o presidente Galtieri ordenou a invasão sobretudo para promover a paz e a estabilidade política no país. No entanto, sua motivação parece ter sido outra; ele simplesmente queria tomar as ilhas, acreditando ser aquele um direito moral da Argentina. Galtieri acreditava ainda que as condições favoreciam sua empreitada e que a Grã-Bretanha em hipótese alguma reagiria. Ele se fez a seguinte pergunta: "Seremos vitoriosos?" Essa foi a principal preocupação. Afinal, um impasse ou uma derrota manchariam ainda mais sua reputação no país.

Explicações com base no bode expiatório parecem mais atos de fé do que uma argumentação razoável. A fé, quando profunda, costuma satisfazer-se com simples indícios.

Dissecando o bode expiatório

Outro teste pode ser aplicado à ideia de que guerras internacionais muitas vezes foram tentativas de atenuar tensões internas. A cronologia da maior parte desses eventos revela um padrão esclarecedor. Um governo que enfrentasse graves tensões internas não atacava primeiro um país vizinho, para restaurar a unidade nacional. Em uma estratégia mais sensata, atacava – ou contra-atacava – rebeldes dentro da própria nação. A Alemanha de Hitler, fanaticamente hostil ao comunismo na década de 30, perseguiu os comunistas alemães muito antes de entrar em guerra contra a Rússia comunista. Esses não são exemplos isolados da sequência de eventos, mas manifestações do padrão normal. A teoria do bode expiatório parece ignorar esse padrão.

Uma curiosidade sobre as interpretações do bode expiatório é que elas se aplicam mais a nações que sofreram tensões moderadas do que àquelas que enfrentaram guerras civis. No entanto, um país que atravessasse tensões moderadas dificilmente sentiria necessidade de empreender uma aventura internacional para amenizá-las. Por outro lado, se um país experimentasse sérias tensões, provavelmente teria menos esperanças de ser bem-sucedido em uma ação externa, pois a própria desunião diminuiria as chances de vitória. O efeito da falta de união na posição de um país é especialmente visível ao fim de muitas guerras. Os acontecimentos na Rússia em 1905 e 1917, na Alemanha em 1918 e talvez nos Estados Unidos no início dos anos 70 sugerem que a séria desunião interna inclina os líderes a buscar a paz, e não a guerra. As teorias de bode expiatório baseiam-se em suposições duvidosas que consideram a paz um limbo imutável sem necessidade de muitas explicações. Presumem, em geral, que uma nação conturbada vai saltar sobre um inimigo, pequeno ou grande, próximo ou distante. Essa ideia, porém, não é facilmente aceita, pois julga que um país pode ser o único culpado, quando a guerra é uma relação entre, no mínimo, dois e não pode ser explicada pela análise isolada de um deles. Ainda que, ao contrário, a responsabilidade por uma guerra pudesse ser imputada a uma nação apenas, a teoria do bode expiatório seria enganosa, pois pressupõe que a nação tomada pela intranquilidade sempre parte para o combate; na verdade, os conflitos mais relevantes entre 1815 e 1939 não foram iniciados pela nação conturbada.

Ao que parece, atritos internos levavam mais frequentemente a uma guerra internacional quando abalavam o que antes era uma hierarquia de poder bem definida e aceita por dois países. Se a agitação civil acontecia no país mais forte, a perturbação da paz era mais provável, porque alterava a hierarquia de poder e reduzia a aparente margem de superioridade. Por outro lado, se havia agitação civil na nação mais fraca, a paz dificilmente era perturbada, pois se confirmava a ideia aceita de seu poder relativo. O

> OS CONFLITOS CIVIS SÃO APENAS UMA DAS VERTENTES QUE PODERIAM LEVAR A UMA GUERRA INTERNACIONAL.

mesmo padrão geralmente prevalece durante os últimos estágios de uma guerra. Se uma nação estabelecesse claramente sua superioridade militar, as perspectivas de paz eram reforçadas quando graves distúrbios civis eclodiam na nação perdedora. Além disso, tais distúrbios tinham maior probabilidade de ocorrer na nação vencida que na vitoriosa.

A agitação civil era apenas um dos caminhos – quase sempre poderoso, porém – que podiam levar a uma guerra internacional. A situação se tornava particularmente perigosa quando um grupo do país conturbado tinha uma forte ligação religiosa ou racial com outro país. No século 19, a Grécia possuía vínculo com gregos que viviam em várias partes do Império Turco, e a Rússia se ligava a eslavos e cristãos ortodoxos no mesmo império. Às vezes, a relação apresentava um aspecto nacionalista: alemães do sul da Dinamarca tinham afinidade com a Prússia, e italianos da parte sul do Império Austríaco, com o reino da Sardenha. Alguns laços eram principalmente ideológicos: na década de 90 do século19, tanto os rebeldes de Cuba espanhola como a opinião popular nos Estados Unidos acreditavam que o Novo Mundo devia livrar-se do domínio europeu, na Rússia de 1919 os grupos contrarrevolucionários ligavam-se ao governo de nações estrangeiras.

Dos 31 distúrbios civis que precederam conflitos internacionais no período de 1815 a 1939, no mínimo 26 tinham ligação com nações estrangeiras que acabaram por entrar na guerra. Ocasionalmente, o governo do país em conflito alimentava essa ligação. Assim, em 1849, diante de uma insurreição em suas províncias húngaras, a monarquia austríaca persuadiu o czar a colaborar no esmagamento de uma rebelião que poderia inspirar movimentos semelhantes na Rússia. O padrão normal, entretanto, era o segmento rebelde – e não o governo – unir-se a uma nação estrangeira. No século 19, por exemplo, os rebeldes do Império Turco mantinham fortes laços com os governos da Rússia, da Grécia e da Sérvia, que várias vezes travaram guerra contra a Turquia. Em algumas ocasiões, tanto o governo quanto os rebeldes das nações conturbadas alinharam-se a nações estrangeiras. Foi o que aconteceu na guerra dos anos 30, na Espanha, e na do Vietnã do Sul nos anos 60. Enquanto o governo de Saigon tinha aliados em Washington, os rebeldes de Hanói encontravam partidários em Moscou e Pequim.

As ligações entre nações são muitas vezes vistas como causas da guerra. Esse ponto de vista se reflete nos debates em publicações especializadas e na mídia em geral: as causas das guerras são econômicas ou ideológicas, imperialistas, religiosas ou nacionalistas? No entanto, é possível argumentar que tais ligações fazem parte do relacionamento e tanto podem alimentar a guerra quanto a paz. Elas levantam questões vitais ou geram transações cujo preço tem de ser aceitável para ambos os lados. Quanto mais importante a transação, mais importantes os seus ajustes. O responsável por esses ajustes era o poderio militar. Quando duas nações faziam avaliações contrárias do próprio poderio militar, e a questão em jogo era vital para ambas, a guerra era provável. Agitações civis que afetam os interesses e o prestígio de duas nações são obviamente perigosas. Às vezes, tensões internacionais favoreciam os conflitos internos que, por sua vez, instigavam uma guerra internacional.

Essas circunstâncias que tendem a transformar uma guerra civil em internacional sugerem que as interpretações sobre o bode expiatório são irrelevantes. O governo que enfrentava um conflito civil geralmente preferiria evitar uma guerra internacional, se isso fosse possível. Uma nação conturbada poderia mais facilmente derrotar os próprios rebeldes se não tivesse também de enfrentar um inimigo estrangeiro. Por outro lado, a nação estrangeira muitas vezes tinha um forte incentivo para entrar em guerra: a bola estava no campo adversário e permaneceria lá, a não ser que o campo fosse invadido. Se tivermos de decidir qual das nações estava mais disposta a transformar o conflito interno em uma guerra internacional, optamos pela estrangeira.

> A PROPAGAÇÃO DE UMA GUERRA CIVIL DENTRO DE UM PAÍS MUITAS VEZES SE ASSEMELHA À MORTE DE UM REI.

A expansão de uma guerra civil em um país frequentemente se assemelhava à morte de um rei. O toque dos sinos durante o cortejo desses funerais, no século 18, muitas vezes tinha a mesma cadência marcial do toque de recolher nas regiões em conflito, nos séculos posteriores. Ambos incitavam o inimigo ao ataque e eram mais ameaçadores quando anunciavam o fim de uma época em que duas nações haviam concordado quanto à hierarquia de poder.

CAPÍTULO 6
TESOUROS DE GUERRA E O CARROSSEL

"Sempre ouvi dizer", escreveu o historiador italiano Luigi da Porto, "que a paz traz a riqueza; a riqueza, o orgulho; o orgulho, a raiva; a raiva, a guerra; a guerra, a pobreza; a pobreza, a humildade; a humildade, a paz; a paz, como já foi dito, a riqueza, e assim por diante." No fundo, Luigi via a guerra como uma fase do perigoso carrossel do orgulho.

O texto foi escrito em 1509, mas a crença de que a riqueza favorece indiretamente a guerra vinha de longa data e foi popular até o século 19. Nesse período mais materialista, estabeleceu-se uma ligação diferente entre as condições econômicas e a guerra. A necessidade econômica substituiu a abundância como possível estopim dos conflitos. A nova explicação trazia componentes bem definidos, hoje familiares: as guerras tendiam a acontecer quando a calmaria do panorama econômico fazia as pessoas canalizarem os pensamentos e as energias para a luta; as guerras aconteciam porque os líderes tentavam distrair o povo dos problemas internos causados pela crise econômica; ou as guerras resultavam de pressões econômicas internas, levando à procura de oportunidades e mercados mais amplos no exterior.

No século 20, a ênfase nas necessidades econômicas foi descrita em outra teoria. Argumentou-se que o contraste entre a riqueza de nações com população majoritariamente branca e a pobreza de nações de maioria negra, amarela ou mestiça provocaria uma série de guerras ao estilo Robin Hood, com as pobres tentando tomar das ricas. Embora essas teorias sejam diferentes, compartilham o medo de que pressões econômicas levem a guerras.

UMA QUANTIA COLOSSAL

Seria surpreendente se a maioria das guerras eclodisse quando as necessidades e pressões econômicas fossem mais intensas, pois são épocas menos propícias para se financiar um conflito. Ao contrário de um simples episódio de furto, uma guerra internacional exige motivos e força armada em larga escala. As nações não estariam propensas a lançar um ataque se sua posição financeira fosse ruim ou se os habitantes enfrentassem sérias dificuldades econômicas. No século 18, a estabilidade financeira era um pré-requisito para a guerra. A guerra da sucessão austríaca, considerada importante, começou em época de safra ruim, mas foi iniciada por um monarca financeiramente forte, Frederico da Prússia, que podia contar com um rico tesouro de guerra herdado do pai. Além disso, ele acreditava que o tesouro da imperatriz Maria Teresa, em Viena, estivesse quase vazio, restringindo a capacidade de sua inimiga fazer guerra.

As cartas de reis, primeiros-ministros e diplomatas no século 18 frequentemente confirmavam que um país com fragilidade interna, fosse financeira ou política, não tinha como sustentar uma guerra. Em 1749, Kaunitz, o conselheiro de Maria Teresa, disse, ao ponderar como a imperatriz poderia retomar a Silésia: "Nossa situação interna e externa não nos permite adotar uma estratégia agressiva, perigosa e de amplas consequências". Em 1763, Luís XV da França escreveu, com firmeza: "Tudo que possa lançar a Rússia no caos e fazê-la retornar à obscuridade favorece os nossos interesses". Quase dava para ouvir seu ranger de dentes, enquanto ele apontava a ligação entre conflito interno e fraqueza externa.

No século que separa as Guerras Napoleônicas e a Primeira Guerra Mundial, era praticamente unânime entre as principais potências europeias a ideia de que a falta de dinheiro representava um forte empecilho para a guerra. A Alemanha impôs à França uma indenização de 5 bilhões de francos de ouro em 1871, em parte pela crença de que um gasto de tal vulto impediria um investimento pesado em armas na década seguinte. Depois de derrotada em 1897, a Grécia foi forçada a pedir um empréstimo para pagar a indenização à Turquia. Decorrido um mês do início da Primeira Guerra Mundial, o chanceler da Alemanha escreveu um memorando sigiloso sobre a indenização que esperava impor à França derrotada: "Deve ser alta o bastante para evitar que a França empregue quantias consideráveis em armamentos nos próximos 15 a 20 anos". Quando a paz finalmente reinou, foi a Alemanha que teve de pagar indenização e se privar de armas.

Mesmo as nações em desenvolvimento pareciam atentas aos aspectos financeiros. Em 1873, quando os líderes japoneses discutiam a possibilidade de invadir a Coreia, o principal arquiteto da modernização, Okubo Toshimichi, opôs-se à ideia, com sete argumentos específicos. Cinco deles enfocavam as implicações financeiras da proposta. Segundo Toshimichi, se o Japão, que já enfrentava problemas para equilibrar o orçamento, entrasse em guerra, sofreria com a inflação e a alta de impostos, levando a conflitos internos e à falta de recursos para modernizar escolas, indústrias, o Exército e a Marinha: "Uma guerra, com o envio de dezenas de milhares de soldados para o exterior, elevaria os gastos diários a cifras colossais". Ele advertiu ainda que, se um combate contra a Coreia se mostrasse longo ou malsucedido, "o não pagamento das nossas dívidas à Inglaterra serviria de pretexto para os ingleses interferirem nos assuntos internos japoneses". Os partidários da paz venceram o debate.

A forte ênfase em uma boa situação financeira sugere que esse aspecto deve caber em qualquer explicação sobre a guerra. Em essência, o perigo de um conflito internacional não era provavelmente maior em tempos ou regiões de privação econômica. Isso pode levar a uma conclusão mais positiva, que foi levantada por um escocês, em um dos ensaios mais criteriosos já escritos acerca da guerra.

O OLHAR DE UM SOLDADO E ECONOMISTA SOBRE A GUERRA

Alec Lawrence Macfie lutou com o regimento Gordon Highlanders na Batalha de Somme, na Primeira Guerra Mundial e mais tarde, no início da Grande Depressão, tornou-se professor de economia na Glasgow University. Suas experiências nos dois eventos mais devastadores de sua geração – a guerra e a depressão – uniram-se de forma peculiar, pois ele detectou um fio condutor que parecia ligar a eclosão da guerra a certas condições econômicas. Em fevereiro de 1938, Macfie publicou um breve artigo no qual fazia uma grave advertência. Sob o título "The Outbreak of War and the Trade Cycle" ("a eclosão da guerra e o ciclo de comércio", em tradução literal), o texto ocupou nove páginas de uma conceituada publicação no exato momento em que os jornais, admirados pelo renascimento da Alemanha, também pareciam atentos ao perigo de uma nova guerra mundial.

Macfie argumentou que as guerras internacionais eram mais prováveis quando havia perspectivas de recuperação econômica ou o país tinha superado os problemas, alcançando um patamar de prosperidade. Seu breve estudo do surgimento de 12 desses conflitos no período de 1850 a 1914 sugere que existia um padrão. Ele conclui que as guerras tendiam a começar nos momentos em que havia um clima de segurança econômica, "de forte esperança, e os obstáculos eram enfrentados com determinação". Essa disposição, segundo ele, "fornece o calor para germinar as sementes da guerra, não importa onde sejam lançadas". O estudo das flutuações econômicas convenceu Macfie de que, na Europa, o ponto de perigo apareceria novamente em cerca de dois anos. "Se essas considerações se confirmarem", disse ele, "devemos rezar para que os estadistas ajam com sabedoria, de agora a 1940." Sua prece não foi atendida.

A tendência da atividade econômica, de passar regularmente da depressão ao boom e do boom à depressão – sendo os anos de depressão marcados pela escassez de empregos –, foi primeiro experimentada pela

Inglaterra e pelos países de avançada industrialização. Variavelmente chamada de ciclo de comércio ou ciclo de negócios, essa tendência refletiu a expansão de uma intrincada teia de dependência entre as nações e entre os produtores de cada nação. A especialização da economia vinha transformando grande parte do mundo em uma "aldeia global" muito antes de aviões, rádio e televisão tornarem a rede bem evidente. Assim, uma queda na demanda por tecidos fabricados em Manchester era sentida nos campos de algodão da Carolina do Norte e do Sul, nos cais de Liverpool e em muitas partes do mundo.

Ao observar a ligação entre o ciclo de negócios e a guerra, Macfie apontou um aspecto que não se aplica exatamente aos conflitos anteriores a 1800. Já à primeira vista surgem algumas dúvidas, mesmo no período enfocado por ele, de 1850 a 1914. Macfie reconheceu que os economistas poderiam argumentar que ele confundia "causas" com "preparativos", sendo a crescente prosperidade que antecedeu as guerras um mero efeito do rearmamento e da prontidão. Isso talvez fosse parcialmente verdadeiro no que se refere a alguns conflitos, mas parece falso na maioria deles. É, portanto, difícil rejeitar a observação do professor Macfie de que as condições econômicas afetaram a eclosão de guerras.

Mudanças na atmosfera e nas condições econômicas afetam não apenas os banqueiros, comerciantes, industriais, armadores, agricultores e todos os seus empregados; também afetam os monarcas, primeiros-ministros e comandantes das forças armadas, além de influir na receita e despesa dos governos e nos problemas que têm de enfrentar; afetam a agitação social e a união nacional. Talvez o aspecto mais importante seja afetarem sutilmente as expectativas e planos para os meses seguintes. Deve-se acrescentar que o futuro de curto prazo é a perspectiva dominante nas questões internacionais, como Arthur Lee Burns observou em seu livro "Of Powers and their Politics" ("das potências e suas políticas", em tradução literal).

Quando o comércio vai mal e o índice de desemprego aumenta, o clima de apreensão tende a tornar os governos mais cautelosos. Receita em baixa e pedidos de ajuda ao Estado em alta pioram o clima. Por outro lado, quando cresce a prosperidade – esse é o momento mais perigoso para a paz – vem uma sensação de domínio do panorama. Na verdade, em economia os estados de espírito são semelhantes aos estudados pela psiquiatria. Termos como "depressão" e "euforia" tanto são empregados no vocabulário daqueles que traçam flutuações no mercado quanto no jargão dos psiquiatras. Ao descrever as condições emocionais da euforia, que praticamente todo mundo experimenta às vezes, o psiquiatra David Stafford-Clark se refere a um estado de espírito que os economistas têm observado: "quando a sensação de bem-estar e confiança ultrapassa todos os graus de adequação à vida do paciente, começando a perturbar-lhe o juízo e a responsabilidade a ponto de prejudicar-lhe a capacidade de ajustar-se à realidade e administrar os acontecimentos, constitui uma condição de doença, por menos que o paciente se queixe".

Não se deve concluir que a situação econômica seja a única responsável por essa oscilação de ânimo. A verdade é que os eventos econômicos – em parte por serem facilmente mensuráveis – têm sido estudados tão a fundo que podem, para maior praticidade, ser explicados sobretudo em termos de outros eventos econômicos. Mas esse panorama não precisa ser isolado do cenário como um todo. Economistas acumularam um extenso conhecimento acerca da atitude das pessoas diante de acontecimentos econômicos, mas as condições mentais que influenciam tal atitude não são tão conhecidas.

Uma peça do quebra-cabeça

As observações de Macfie, feitas no mês em que Hitler assumiu pessoalmente o Ministério da Guerra, não causaram mais agitação do que uma folha ao cair sobre a água parada. Além de raros, os estudos efetivos incluindo um grande número de guerras sempre foram negligenciados. Se Macfie tivesse escrito de Cabul, em vez de Glasgow, não faria diferença.

Macfie teve o cuidado de oferecer apenas uma suposição. "O juízo final", ele escreveu, "é tarefa dos historiadores." Infelizmente, poucos estavam interessados. Durante uma palestra em Londres, em 1948, um conceituado historiador, sir George Clark, resumiu as ideias de Macfie, mas não as havia entendido completamente. Em 1970 escrevi ao professor, que vivia isolado na Escócia, para perguntar se Clark tinha sido o único historiador a avaliar seus argumentos. Ele respondeu gentil e melancolicamente que não tinha conhecimento de nenhum outro.

Toda a argumentação de Macfie se baseava em uma inteligente observação considerada por ele uma boa pista, e não a causa essencial da guerra. Segundo Macfie, a melhora da economia ou a confiança reinante em épocas de boom não eram suficientes para favorecer conflitos. Ele conhecia bem os períodos em que o clima do Danúbio ao Mar do Norte era de confiança na economia, sem que daí resultasse uma guerra.

É elogiável o cuidado que Macfie dedicou à sua argumentação. Em uma área, porém, talvez devesse ter sido ainda mais cuidadoso. Sua tese de que "as guerras não começam em tempos de estagnação do mercado ou de depressão" é suspeita. Como sua pesquisa cobriu o período de 1850 a 1914, ele não percebeu que algumas guerras anteriores e posteriores começaram durante condições econômicas adversas. Quatro guerras internacionais curtas aconteceram na Europa em 1848 e 1849 – anos de escassez. O Japão lutou brevemente contra os chineses na Manchúria, em 1931, durante a mais profunda depressão na longa história do ciclo de negócios. E pode ter havido outras guerras – em particular guerras coloniais – que começaram durante condições econômicas que não se encaixavam na teoria de Macfie.

O panorama econômico era apenas um dos fatores a influenciar as decisões que levavam à luta ou à paz. Guerras podiam eclodir sob condições econômicas adversas, caso outros fatores contribuíssem fortemente para isso. Nas quatro guerras travadas nos anos de depressão de 1848 e 1849, encontram-se presságios bem familiares: conflitos internos; a morte do rei ou a perda de sua autoridade; e o impasse da ave aquática – enquanto dois brigam, um terceiro leva vantagem.

As esquecidas observações de Macfie podem ajudar a explicar o otimismo que acompanhou o início de tantas guerras, pois oferecem mais uma razão para rejeitarmos as teorias do bode expiatório: se as nações em depressão relutavam em iniciar ações no exterior, seria de esperar que os países tomados pela agitação interna agissem da mesma maneira. A teoria de Macfie também provoca abalos nos dogmas adotados por muitos economistas de que as pressões e os problemas econômicos foram os principais provocadores de guerras. Segundo seu critério, essas teorias não se confirmam. Acima de tudo, as observações de Macfie parecem encaixar-se perfeitamente no quebra-cabeça da guerra e da paz.

> AS GUERRAS TENDEM A COMEÇAR NOS MOMENTOS EM QUE O CLIMA ECONÔMICO É ARROGANTE

CAPÍTULO 7
UM CALENDÁRIO DE GUERRA

No verão de 1911, uma canhoneira alemã seguiu pelo oceano Atlântico até o pouco movimentado porto marroquino de Agadir, precipitando assim uma das crises que precederam a Primeira Guerra Mundial. Em muitas capitais europeias, os ministros e consultores militares, querendo saber se o incidente levaria a um conflito, procuraram a resposta nas estações do ano. Se a Alemanha estivesse disposta a entrar em guerra com a França e a Rússia, qual estação escolheria para isso: verão ou inverno? Como era crença geral que a Alemanha logo de início lançaria a maior parte de seus homens contra a França, esperando uma vitória rápida, para somente então enviar as tropas à frente russa, tudo o que atrasasse o avanço dos soldados da Rússia em direção a oeste seria de valor incalculável para os alemães. Assim, o adido militar francês em Londres elegeu o inverno como a estação mais propícia, pois acreditava que a neve atrasaria o avanço russo. Na Grã-Bretanha, os consultores do Ministério da Guerra, embora também percebessem a importância crucial das planícies da Polônia como ponto de partida de qualquer avanço russo, chegaram a uma conclusão diferente, conforme explicou confidencialmente Winston Churchill: "Os períodos ruins para a Rússia são a primavera e o verão, quando há muita chuva e lama na Polônia".

Apesar de discordarem quanto à estação mais propícia, os consultores acreditavam no clima como um dos fatores que influenciavam a decisão de iniciar uma guerra. A maneira mais simples de identificar essa influência é examinar uma extensa região com forte contraste entre as estações e longa experiência em guerras. Os países ao norte do trópico de Câncer – um território que compreende Europa, Sibéria, Japão e América do Norte – foram o palco das batalhas de pelo menos 44 guerras internacionais ocorridas entre 1840 e 1938. Uma lista dos meses nos quais essas guerras começaram demonstra um padrão simples:

PRIMAVERA: 16 GUERRAS
VERÃO: 15 GUERRAS
OUTONO: 10 GUERRAS
INVERNO: 3 GUERRAS

O período em que houve o início da maior quantidade de guerras no hemisfério Norte compreende os quatro meses entre abril e julho. Mais da metade dos conflitos – 26 de 44 – começou durante esses meses de condições climáticas favoráveis. Em contraste, nenhuma guerra começou durante os meses de dezembro ou janeiro. Outra lista, restrita às guerras iniciadas e travadas principalmente na Europa, revelou que dez começaram na primavera, oito no verão, quatro no outono e duas no inverno. De um total de 24, 15 começaram no período de abril a julho. Também é curioso observar que todas as quatro guerras norte-americanas – 1846, 1861, 1862 e 1898 – começaram em abril.

A ESCOLHA DO MÊS PARA O COMBATE

Por que uma guerra tinha maior probabilidade de começar nos meses mais quentes? É notório que a primavera e o verão beneficiavam o invasor. Nesses meses, estradas secas e rios calmos favoreciam a movimentação de tropas numerosas e artilharia pesada. Um exército conseguia ao longo do caminho, com mais facilidade, alimento para homens e animais. Com os dias mais longos, os soldados podiam avançar mais rapidamente; combates noturnos eram praticamente desconhecidos até a Guerra Russo-Japonesa de 1904-1905. Além disso, o clima ameno talvez favorecesse a saúde e o moral dos soldados.

Se as vantagens de iniciar um conflito nos meses mais quentes eram substanciais, justifica-se a tentativa de explicar o começo de 44 guerras no inverno. Era fevereiro quando Áustria e Prússia se uniram contra a Dinamarca, em 1864, e quando russos e japoneses decidiram se enfrentar, em 1904. Em ambas as guerras, as frentes de batalha ficavam em regiões onde o gelo de fevereiro parecia oferecer sérios obstáculos ao invasor. Entretanto, essas duas exceções talvez possam ser explicadas à luz das excepcionais vantagens estratégicas, pois o inverno proporcionou os mesmos recursos geralmente proporcionados pelo verão. Em 1904, os japoneses ganharam por atacar a Rússia no inverno, já que a nova ferrovia Transiberiana, principal linha de abastecimento para as forças russas no Extremo Oriente, não estava totalmente concluída. Assim, ao começar a guerra em fevereiro, em vez de abril ou maio, o Japão conseguiu avançar rapidamente sobre um inimigo ainda não capacitado para enviar rapidamente reforços à frente de batalha, a milhares de quilômetros das planícies geladas da Sibéria.

Quarenta anos antes, o exército dinamarquês tinha escorregado no gelo que parecia ser sua proteção. Em 1864, quando as relações da Dinamarca com a Prússia e a Áustria ficaram tensas, a principal defesa dinamarquesa contra uma invasão por terra era uma linha de barricadas em toda a estreita faixa da Jutlândia, construída mil anos antes por vikings e cuidadosamente reforçada na década de 50 do século 19. As barricadas se estendiam por cerca de 16 quilômetros, dos pântanos no oeste a um braço do Mar Báltico, perto de Schleswig. Os dinamarqueses as consideravam praticamente inexpugnáveis, o que podiam mesmo ser, no caso de um ataque frontal. Em fevereiro de 1864, porém, pântanos e braços de mar estavam congelados e em uma noite de nevasca, os prussianos inesperadamente atacaram pelos flancos as defesas dinamarquesas.

A neve talvez não tenha sido o argumento mais forte a favor de um ataque à Dinamarca no inverno. Prússia e Áustria tinham de se precaver contra a possibilidade de grandes potências, em particular Grã-Bretanha e Rússia, ajudarem a Dinamarca, e o inverno impediu que isso acontecesse. O gelo prendeu a esquadra russa no Golfo da Finlândia até maio, e a esquadra britânica revelou-se quase igualmente inútil. Pelo menos essa foi a opinião – ou desculpa tardia – oferecida pelo ministro das Relações Exteriores da Grã-Bretanha, lorde John Russell, em um memorando redigido logo após a queda rápida da Dinamarca. "Só podemos avançar pelo mar, e no verão. Não seria seguro deixar os navios britânicos correrem o risco de ficar retidos no porto de Copenhagen, congelado durante o inverno."

Claro que cabe aí um estudo comparativo dos fatores que promoveram a guerra preferencialmente em meses mais quentes. Enquanto isso não acontece, a sugestão do motivo de as guerras de 1864 e 1904 terem começado no inverno encaixa-se perfeitamente na interpretação comum das razões da preferência pela primavera e pelo verão.

O período 1840-1939 compreende um conjunto de guerras no continente europeu cujo calendário não pode simplesmente ser explicado pelas vantagens do clima. Os conflitos começaram na segunda metade do outono, quando os invasores sabiam que as condições favoráveis a seu avanço não se estenderiam muito. Pouco depois de a Rússia e a Turquia iniciarem as hostilidades perto do Mar Negro, em 1853, os sérvios cruzarem o Passo de Dragoman, na Bulgária, em 1885, e os aliados dos pequenos países da Península dos Bálcãs atacarem a Turquia, em 1912, a neve começou a cobrir alguns campos de batalha, e a lama, a atrasar as linhas de abastecimento. A interpretação ortodoxa da influência do clima sobre a decisão de iniciar uma guerra em determinado momento não pode ser aplicada a esses eventos. Talvez a explicação esteja na localização geográfica. Todas essas guerras foram travadas no sudeste da Europa. É possível que nessas regiões o retrocesso da vida econômica e a dependência da agricultura tenham afetado a escolha do mês de outubro para começar a guerra: com a colheita encerrada e bastante alimento disponível para as tropas, o final de outono pode ter sido a única época em que o recrutamento de um grande número de trabalhadores do campo não comprometeria a produção. No entanto, trata-se apenas de uma hipótese, um tanto discutível quando se observa o fato de que três guerras no sudeste da Europa começaram no outono, mas outras três começaram na primavera ou no verão.

O enigma dos combates de outono pode ser abordado por outro ângulo. As três guerras foram precedidas e incitadas por agitação popular ou conflitos internos em um dos países envolvidos. Seria então o caso de sugerir que conflitos internos tendem a ser mais intensos ou perigosos durante o outono, no leste e sudeste da Europa? É certo que duas das revoluções russas – 1905 e 1917 – ocorreram no fim do outono. Da mesma forma, "a revolução mais radical no ano das revoluções" eclodiu em Viena, em outubro de 1848, enquanto a maioria das revoluções na Europa Ocidental nesse ano começou em fevereiro e março. Tanto pode haver uma explicação complexa como tratar-se de coincidência, no caso das guerras iniciadas em outubro no sudeste europeu. De todo modo, é inaceitável uma interpretação baseada no cenário ortodoxo de estradas secas e dias mais longos. O clima ameno influenciou o início dos combates unicamente pela possibilidade de aceleração das operações militares.

O enigma de Jevons: pânico no outono

E os meses mais quentes? Também possuíam aspectos políticos e econômicos que tornavam as crises internacionais mais prováveis? O economista inglês William Stanley Jevons era um observador atento da instabilidade das relações humanas. Nascido em Liverpool, nono filho de um comerciante de ferro, Jevons combinava imaginação com senso prático. Fixou residência na Austrália, onde foi contratado pela Casa da Moeda, em Sydney, para analisar o ouro que vinha de novas escavações. Estudou economia e meteorologia. Em 1859, voltou para Londres e, pouco depois de completar 24 anos de idade, formou-se pela University College, logo superando a maioria de seus antigos professores. Um habilidoso praticante de patinação no gelo, chegou ainda com mais habilidade ao âmago dos problemas de química, matemática, economia, lógica e meteorologia. Um dos primeiros estudiosos a analisar as alternâncias da atividade econômica, conhecidas como ciclo de negócios, era típico de sua mente curiosa acreditar na ligação entre as manchas solares e os altos e baixos da atividade econômica.

Em 1862, aos 27 anos, Jevons detectou um padrão monetário. Ele percebeu que as últimas quatro situações de pânico financeiro – em 1836, 1839, 1847 e 1857 – tinham acontecido em outubro ou novembro. Em Londres, no ano de 1866, depois de estudar o mercado inglês, Jevons disse à Statistical Society que as crises do outono eram, em parte, reflexo das pressões por dinheiro sentidas naquela época do ano pelo Bank of England. À primeira vista, a demanda sazonal por ouro e crédito no outono poderia vir de um declínio na atividade econômica, após a colheita da safra, mas Jevons pensou de outra forma. Segundo ele, "as pressões de outono sofridas pelo Bank of England, não parecem dever-se maciçamente a influências das estações do ano sobre os negócios".

Qualquer que seja a explicação para as pressões – e Jevons ofereceu algumas –, a ênfase nos perigos do outono foi abalada por eventos inesperados. Ele apresentara sua tese em abril de 1866 e, no mês seguinte, a Inglaterra viveu sua primeira crise econômica, que duraria nove anos: a Crise da Sexta-Feira Negra, quando a casa bancária Overend & Gurney faliu. A ênfase de Jevons nos perigos do outono foi novamente abalada em 1873: o pânico financeiro em Viena aconteceu em maio, embora os Estados Unidos tenham entrado em crise no outono do mesmo ano, a partir da falência de Jay Gould, o financiador das ferrovias. As crises que aconteceram na primavera enfraqueceram as observações de Jevons, embora ele não tivesse afirmado taxativamente que o pânico financeiro sempre acontecia no outono. No entanto, depois que ele morreu afogado perto do balneário de Hastings, em 1882, seus breves escritos sobre a crise do outono acabaram caindo no esquecimento.

Fazia pouco tempo que eu acabara de ler pela primeira vez uma obra de Jevons, quando me caiu nas mãos o facilmente compreensível livro de Michael Stewart "Keynes and After", publicado em português sob o título "A Moderna Economia Antes e Depois de Keynes". Ao discutir brevemente a quebra da Bolsa de Valores de Wall Street, em 1929, Stewart observou que tudo aconteceu em outubro e afirmou que "não havia uma razão específica para a ocorrência do fato naquele mês, e não em qualquer outro". As observações de Jevons logo me vieram à mente: seria a volta de seu padrão? Pareceu-me útil, portanto, listar as principais crises financeiras da economia internacional nos cem anos entre 1830 e 1930. Havia doze na minha lista, nove delas em outubro ou novembro. A razão de tantas crises durante o outono do hemisfério Norte não é clara. As pressões econômicas podem resultar de eventos identificáveis, tais como o fim da colheita e o declínio do turismo, mas também podem ser consequência de uma atmosfera que se torna menos otimista com a aproximação do inverno.

> O BOM TEMPO INFLUENCIOU O INÍCIO DAS GUERRAS UNICAMENTE POR SUA CAPACIDADE DE ACELERAR AS OPERAÇÕES MILITARES.

A sazonalidade dos altos e baixos da confiança – sejam quais forem suas causas – pode fornecer uma razão adicional para a eclosão de muitas guerras durante a primavera e o verão. Nesses meses, a sensação de superioridade era possivelmente mais forte nos círculos comerciais, políticos e até mesmo militares. Isso se encaixa na tendência, observada pelo professor Macfie, de acontecerem guerras nos anos em que há sensação mais intensa de segurança. Em resumo, guerras internacionais tendem a acontecer durante os meses mais otimistas dos anos mais otimistas. Nessas épocas, os líderes nacionais estariam mais inclinados a superestimar seu poder de barganha em questões internacionais, abrindo caminho para crises mais sérias. E a facilitação do avanço das tropas em meses mais quentes talvez tenha aumentado a possibilidade de tais crises levarem a guerras.

Pode-se argumentar que as condições climáticas favoráveis apenas forneciam a ocasião para dar início a um conflito já decidido. Isso talvez se aplique a algumas guerras. No entanto, se valesse para a maioria delas, seria justo esperar que fossem encontradas evidências de que muitas nações tinham planejado determinadas ações com meses de antecedência. Tais evidências são raras. De três a seis meses antes da eclosão do conflito, a atitude da maior parte dos líderes das nações envolvidas demonstra a crença na possibilidade ou probabilidade de um conflito. Ao que parece, o reconhecimento da inevitabilidade do conflito era raro e nem sempre exato. Assim, de acordo com os indícios, a escolha de um momento favorável não é resultado de planejamento, mas faz parte da própria decisão de iniciar um combate.

A guerra indica que uma nação está convencida de poder impor mais efetivamente sua vontade sobre a vontade de outra por meio do combate, e não pelo emprego de métodos pacíficos de persuasão. Tudo que alimente a crença de um líder na possibilidade de impor sua vontade ao inimigo deve ser considerado causa de conflito. Nesse sentido, as estações do ano são provavelmente uma das menos importantes influências sobre a guerra e a paz.

> OS HUMORES ECONÔMICOS ERAM APENAS UM DOS FATORES INFLUENCIANDO AS DECISÕES DE GUERRA OU PAZ.

UM RIO DE SANGUE E O DIA DE SÃO VITO

Além das condições sazonais e da crescente onda de prosperidade, as celebrações nacionais – reflexo e motivação de sentimentos de segurança – aparentemente contribuíam para o excesso de confiança. Algumas celebrações nacionais eram festivais de paz, mas o nacionalismo que estimulavam nem sempre favorecia a paz.

Em 5 de abril de 1896, os Jogos Olímpicos foram revividos em um novo estádio de mármore, como um resgate da gloriosa civilização grega e uma tentativa idealista de promover a paz por meio do esporte, em vez de disputas militares. Para a Grécia, o símbolo das Olimpíadas não eram as pombas libertadas no dia da abertura, mas o mensageiro que conseguiu o primeiro lugar na maratona e entrou no estádio sob os aplausos entusiásticos de 80 mil pessoas e as felicitações do rei da Grécia, que ocupava o camarote real. Teria sido consolidada no estádio de mármore da paz a confiança exagerada que incentivou a Grécia, um ano depois, a começar sua primeira grande guerra em mais de 60 anos – guerra que terminou com uma rápida vitória da Turquia?

No ano da guerra entre gregos e turcos, o Império Britânico celebrava alegremente os 60 anos de reinado da rainha Vitória, dois anos depois entrava na Guerra dos Bôeres, acreditando que as duas repúblicas sul-africanas cairiam ao primeiro sopro da nação mais poderosa que o mundo já conhecera. Teria sido a confiança britânica alimentada em parte por essas celebrações nacionalistas? E teria sido a coragem das repúblicas sul-africanas alimentada em parte pela celebração, em dezembro de 1898, do 60º aniversário da vitória dos bôeres sobre os zulus na "batalha do rio de sangue" – o "Dia de Dingane", o Dia da Promessa?

Em 1908, na véspera do jubileu de diamante da ascensão de Franz Josef ao trono, a Áustria tomou sua atitude mais expansionista em quase 40 anos, com a anexação da Bósnia-Herzegovina. No verão de 1911, a Itália celebrou seu 50º aniversário como um reino unido, e as grandiosas exibições em Roma, Florença e Turim mal haviam começado quando o governo deu à Turquia 24 horas para abandonar a Líbia ocidental, aparentemente acreditando que seria obedecido. Mas a força foi necessária e a Itália se envolveu em sua primeira guerra com uma potência europeia, em mais de 40 anos.

A eclosão da Primeira Guerra Mundial pode ter recebido alguma influência dos festivais nacionalistas. Em 1913 o governo alemão comemorou o 25º aniversário da ascensão do Kaiser Guilherme II e o centenário das guerras de libertação de 1813-1815, encerrando com a inauguração de um enorme memorial em Leipzig. Menos de um ano após a conclusão das celebrações, a Alemanha se envolveu em uma guerra, encerrando um período de 40 anos de paz. De maneira semelhante, o assassinato que marcou o prelúdio daquela guerra foi, em certo sentido, resultado do fervor das comemorações. Quando o arquiduque Franz Ferdinand, herdeiro do trono austríaco, concordou em visitar Sarajevo, capital da Bósnia, em 28 de junho de 1914, participou de uma decisão perigosa. Era Dia de São Vito, o aniversário da Batalha de Kossovo, uma derrota sérvia que deu início a quatro séculos de dominação turca. "Nenhum evento histórico causou uma impressão tão profunda na mente dos sérvios como a Batalha de Kossovo", escreveu C. Mijatovich, representante diplomático da Sérvia na Grã-Bretanha durante os últimos anos em que a rainha Vitória ocupou o trono. Uma vez que a Áustria substituiu a Turquia como o principal inimigo do reino independente da Sérvia, o Dia de São Vito se tornou uma celebração antiaustríaca. E naquele dia, na cidade de Sarajevo, o herdeiro austríaco foi baleado por um dos numerosos simpatizantes dos sérvios. A sugestão de que as celebrações nacionalistas por vezes intensificavam a disposição de fazer a guerra é um ponto delicado: se levada a fundo, talvez não resista. A atmosfera de exaltação pode ter tido pouco ou nenhuma influência. E mais: as celebrações nacionais tendiam a ser mais grandiosas quando a nação era relativamente próspera. Talvez a combinação de prosperidade, confiança e crença no destino tenha levado certas nações a superestimar seu poderio militar.

O nacionalismo não era o único estado de espírito ou ideologia capaz de reforçar a sensação de ser possível superar todos os obstáculos. Os israelitas, que enfrentaram seus inimigos do Velho Testamento com a certeza de que o Senhor estava a seu lado e valia por pelo menos 100 mil homens; a França revolucionária, que atacou indivíduos poderosos em 1792, esperando ser saudada como libertadora por cidadãos de outros países, de camponeses a varredores de rua; os integrantes de vários círculos dos Estados Unidos que, na década de 40 do século 19, sustentavam a fé mística no "claro destino de ocupar o continente que a providência divina nos concedeu para nossa livre multiplicação"; a suposição amplamente aceita no Império Britânico, ao fim da época vitoriana, de que a nação era grande porque Deus a fez assim; a convicção dos turcos de que suas guerras contra estados cristãos eram guerras santas, portanto fadadas ao sucesso; a confiança dos marxistas, de que as guerras contra o imperialismo terminariam em vitória porque assim estava determinado pelos princípios descobertos por Marx... Todas essas são situações capazes de aumentar a probabilidade de uma guerra por intensificarem a confiança na vitória.

Em toda decisão de paz ou guerra existe a provável influência do clima, da atmosfera do país e das ideologias, reforçando ou enfraquecendo os fatores mais tangíveis, que também a fundamentam. Em uma crise, essa combinação pode apressar ou adiar a busca do conflito; durante a guerra, pode apressar ou adiar a busca da paz. A questão talvez pareça irrelevante, mas sir Winston Churchill assim escreveu em 1931: "Uma guerra adiada pode ser uma guerra evitada". Ainda que adiada por apenas um ano, uma guerra pode assumir aspectos muitos diferentes. Se uma grande guerra começasse na Europa um ano antes ou um ano depois de 1914, os aliados, a duração e o resultado não seriam os mesmos.

> O NACIONALISMO NÃO ERA O ÚNICO ESTADO DE ESPÍRITO OU IDEOLOGIA CAPAZ DE AUMENTAR O SENTIMENTO DE SER POSSÍVEL SUPERAR TODOS OS OBSTÁCULOS.

Mesmo o bombardeio de Pearl Harbor, o dramático e poderoso acontecimento da Segunda Guerra Mundial, foi influenciado pelas condições climáticas. Nos meses anteriores, os japoneses tinham discutido confidencialmente um possível ataque à União Soviética ou o envio de forças em direção ao sul, para invadir a Malásia, as Índias Orientais Holandesas, a Birmânia e as ricas, mas mal defendidas, colônias europeias no sudeste da Ásia. A Marinha japonesa era contra, mas o Exército e o Ministério das Relações Exteriores defendiam o ataque à União Soviética, com a invasão da Sibéria oriental. Um dos fatores que impediram essa invasão foi a aproximação do inverno. Em vez disso, porta-aviões foram secretamente enviados pelo Pacífico até as proximidades de Pearl Harbor, garantindo assim que os Estados Unidos entrassem na guerra. Inevitavelmente, se os japoneses tivessem atacado os russos em Vladivostok, em vez de atacar os norte-americanos em Pearl Harbor, a guerra teria sido bem diferente e poderia ter outro resultado.

CAPÍTULO 8
O CÁLCULO DO PODER

O soldado prussiano Carl von Clausewitz morreu de cólera em 1834, quando comandava um ataque contra os rebeldes poloneses. Deixou pacotes lacrados com manuscritos, que sua viúva publicou no ano seguinte. A volumosa obra "On War" ("Da Guerra", na edição em português) poderia ter recebido o título de "Da Guerra e da Paz", pois Clausewitz deixou implícito que as duas situações tinham muito em comum. Em sua opinião, os conflitos do século 18 não foram muito mais do que vigorosas comunicações diplomáticas; aquele tipo de guerra era "apenas diplomacia um tanto intensificada". Em essência, relatórios oficiais exalavam consideração, mas sua cortesia era menos verdadeira do que as ameaças silenciosas contidas nas entrelinhas. Ainda que não mencionada, a ameaça era compreendida. As palavras contundentes de Frederico, o Grande, tinham resumido de forma semelhante a influência do poderio militar sobre a diplomacia: "Diplomacia sem armamento é como música sem instrumentos".

Clausewitz lutou pela Prússia em muitas campanhas contra a França, mas exerceu influência bem maior nas guerras em que não lutou. Diz-se que os generais alemães que planejaram as invasões à França em 1870 e 1914 consideravam-no um talismã. Seus livros foram traduzidos para o francês pouco antes da Guerra da Crimeia e para o inglês logo depois da Guerra Franco-Prussiana. Nas academias militares de muitos países, o nome desse homem que não venceu grandes batalhas tornou-se mais famoso do que a maioria dos nomes inseparavelmente ligados a batalhas vitoriosas. Seus escritos, porém, tiveram menor influência fora dos círculos militares. Ele era considerado um analista rigoroso que acreditava na ideia de que a guerra deveria, às vezes, "ser travada com toda a força do poder nacional". Assim, a maior parte dos civis considerava seus pontos de vista tendenciosos; ele parecia ser o sinistro propagandista do militarismo. Aqueles que estudavam as causas e o curso da guerra como matérias distintas o ignoravam. No entanto, um dos enganos mais perigosos desse estudo é a crença de que a origem e o desenrolar de uma guerra pertencem a categorias diversas e refletem princípios completamente diferentes. Traduzida para o campo da medicina, essa ideia equivocada corresponderia a exigir que as causas e o curso de uma doença também fossem diagnosticados com base em princípios diferentes.

Os escritos de Clausewitz tratavam quase exclusivamente da guerra e, na lista de capítulos da edição inglesa dos três volumes de sua obra, apenas um inclui a palavra "paz". No entanto, alguns de seus pontos de vista sobre a paz podem ser inferidos a partir de frases isoladas. Ele acreditava que uma clara ascensão do poder internacional tendia a promover a paz e escreveu: "Um vencedor é sempre um amante da paz". Sua declaração, à primeira vista, parece absurda, mas uma segunda leitura mostra que merece consideração.

Como avaliar o equilíbrio da paz?

O poder é o ponto principal de muitas explicações sobre a guerra e a paz, mas não há consenso quanto a seus efeitos. A maioria dos observadores argumenta que uma nação poderosa demais ameaça a paz. Diferentemente, alguns sugerem, como Clausewitz, que uma nação dominante pode preservar a paz apenas por sua capacidade de manter as nações inferiores em ordem. Deve haver uma resposta para a discordância. Os três últimos séculos estão repletos de exemplos de como as nações se comportaram em face de cada extremo do poderio militar e econômico.

Que um desequilíbrio de poder pode promover a guerra é provavelmente a teoria mais popular das relações internacionais. Essa teoria tem um mérito: se tomada ao contrário, serve como explicação para a paz. Além disso, aplica-se aos conflitos ocorridos em muitos séculos, desde as guerras cartaginesas à Segunda Guerra Mundial. A expressão "equilíbrio de poder" tem uma carga positiva, pois remete ao equilíbrio da natureza, ao saldo da balança comercial e a outros conceitos desejáveis. Por conseguinte, sugere que um equilíbrio de poder é algo desejável.

As vantagens de um equilíbrio do poder na Europa foram destacadas por dezenas de historiadores e especialistas em estratégia, produzindo uma teoria das relações internacionais ainda hoje respeitada, embora menos popular. De acordo com Hedley Bull, que foi diretor de uma unidade de pesquisa sobre controle de armas no Ministério das Relações Exteriores da Grã-Bretanha, antes de tornar-se professor de relações internacionais da Australian National University, "a alternativa ao equilíbrio do poderio militar é a preponderância do poder, muito mais perigosa". Da mesma forma, Alastair Buchan, diretor do London's Institute for Strategic Studies, sugeriu em seu excelente livro "War in Modern Society" ("a guerra na sociedade moderna", em tradução literal): "Pela nossa experiência da década de 30, sabemos com certeza que a falta de tal equilíbrio representa uma tendência clara à agressão". Muitos historiadores colheram lição semelhante de guerras passadas.

> O PODER É O CERNE DE MUITAS EXPLICAÇÕES SOBRE A GUERRA E A PAZ, MAS NÃO HÁ CONSENSO QUANTO A SEUS EFEITOS.

Em sua maioria, os que defendem o equilíbrio de poder acreditam que um mundo de muitos estados poderosos tende a ser mais tranquilo. Assim, vários estados fortes podem se unir para conter um estado agressivo. Quincy Wright, em seu importante livro "A Study of War" ("um estudo da guerra", em tradução literal), sugeriu com algumas reservas que "a probabilidade de uma guerra diminui na proporção em que aumenta o número de estados do sistema." Arnold Toynbee, ao observar que no mundo havia oito grandes potências às vésperas da Primeira Guerra Mundial e apenas duas – os Estados Unidos e a União Soviética – ao fim da Segunda Guerra Mundial, considerou esse declínio um mau presságio. Segundo ele, uma cadeira com apenas duas pernas tem menos equilíbrio. Com o passar dos anos, como as duas grandes potências evitaram uma grande guerra, alguns especialistas em assuntos internacionais concluíram que um equilíbrio de terror tinha substituído o equilíbrio de poder e que, na era nuclear, duas grandes potências eram preferíveis a oito.

Que eu saiba, nenhum historiador ou cientista político produziu evidências capazes de confirmar que um sistema de poder com sete estados fortes era mais propício à paz do que outro com apenas dois. A teoria se compara à ideia de que, no mundo dos negócios, havendo muitos concorrentes, nenhum consegue preponderância de poder; se um começa a destacar-se, os outros se reúnem por algum tempo para dominá-lo. É possivelmente significativo que essa doutrina da concorrência flexível nos assuntos econômicos tenha sido tão bem sistematizada quando uma doutrina semelhante era desenvolvida nas questões internacionais. Enquanto Adam Smith elogiava as virtudes do livre mercado na economia, o jurista suíço Emerich de Vattel exaltava as mesmas virtudes nas relações entre os países. Em certo sentido, ambas as teorias foram reações contra uma Europa em que os monarcas poderosos dificultavam a vida econômica com leis "invasivas" e perturbavam a vida política com guerras frequentes.

É evidente que um mundo com sete nações de poder comparável, cada qual valorizando a própria independência, será uma proteção substancial contra a ascensão de uma potência mundial dominante. Mesmo duas nações de força comparável serão úteis para a segurança. Com tudo isso, não se tem um princípio estabelecido para a paz, mas para a independência nacional. Edward Gulick, historiador de Massachusetts, afirmou taxativamente que os mais brilhantes teóricos e seguidores desse princípio – os Metternichs e Castlereaghs – "consideravam a guerra um instrumento de preservação ou restauração do equilíbrio de poder". Em essência, um equilíbrio de poder era simplesmente uma fórmula elaborada para evitar o surgimento de uma nação que dominasse o mundo – disfarçada como fórmula para a paz.

O COLAPSO E A GUERRA

A ideia de que uma distribuição equilibrada de poder promove a paz ganhou força sem evidências palpáveis. Como um fantasma, não encontrou quem a capturasse e examinasse, para conferir-lhe a vitalidade e lhe verificar a pulsação. No entanto, existe um momento no qual o fantasma pode ser apanhado: ao fim da guerra, é possível avaliar a verdadeira distribuição do poder.

Na Europa, guerras decisivas deixavam o poderio militar das alianças rivais desequilibrado, mal distribuído. Esse tipo de conflito apresentava a tendência a produzir longos períodos de paz internacional. Guerras de final duvidoso, ao contrário, tendiam a produzir períodos mais curtos de paz. Durante combates prolongados, uma aliança tinha grande dificuldade em derrotar a outra, e muitas terminaram praticamente em impasse: o poderio militar estava obviamente equilibrado. A guerra de sucessão da Polônia, basicamente uma guerra inútil entre a França e a Áustria, foi seguida, em cinco anos, pela da sucessão austríaca. Esta, depois de oito anos, foi tão inconclusiva na maior parte das frentes de batalha que o tratado de paz assinado em 1748 praticamente confirmou a situação anterior ao conflito. Essa guerra vã foi seguida, apenas oito anos mais tarde, por outra, geral: a Guerra dos Sete Anos, que terminou com uma clara vitória da Grã-Bretanha no mar e além-mar, embora em solo europeu o resultado tenha sido duvidoso. Mesmo a paz entre ingleses e franceses, que se seguiu ao Tratado de Paris em 1763, não durou muito; terminou após 15 anos, quando a revolta das colônias americanas acabou com o predomínio da Grã-Bretanha sobre a França.

Por mais de um século, não houve grandes conflitos tão decisivos quanto as guerras revolucionárias francesas, que a partir de 1792 alastraram-se durante uma década por toda a Europa e além-mar.

Os conflitos daquela época terminaram com a França dominante no continente e a Inglaterra dominante no mar, na América e no Oriente. Assim, falharam em resolver uma questão crucial: qual era a nação mais poderosa, França ou Inglaterra? O Tratado de Amiens, que Inglaterra e França assinaram em 1802, durou pouco mais de um ano, quando começaram as Guerras Napoleônicas, que finalmente produziram vencedores incontestáveis e um agradável período de paz na Europa.

Esse levantamento das principais guerras do período de 1700 a 1815 sugere que a teoria tradicional de equiparação do equilíbrio de poder à paz deve ser revertida. Em vez disso, uma clara supremacia de poder tendia a promover a paz. Das guerras gerais travadas na Europa nos últimos três séculos, as que tiveram resultado mais decisivo foram as Napoleônicas (1815), Franco-Prussiana (1871), Primeira Guerra Mundial (1918) e Segunda Guerra Mundial (1945). Ao fim delas, a balança do poder pendia tão nitidamente para os vencedores que Napoleão Bonaparte foi enviado como prisioneiro para uma ilha no Atlântico Sul, Napoleão III foi preso e exilado para a Inglaterra, o Kaiser Guilherme II foi banido para a Holanda, e Adolf Hitler cometeu suicídio. Anos depois, a balança do poder continuava na mesma posição, e aquela época de extremo desequilíbrio revelava-se o mais marcante período de paz internacional vivido na Europa nos últimos três ou mais séculos.

> GUERRAS INCONCLUSIVAS TENDIAM A PRODUZIR PERÍODOS MAIS CURTOS DE PAZ.

Os defensores das vantagens de uma distribuição uniforme do poderio militar concentraram-se inteiramente no início da guerra. Desconsideraram, porém, as condições que cercavam o início da paz. Com isso, parecem ter ignorado o período em que a distribuição do poderio militar entre as nações envolvidas pode ser medida com precisão. A guerra é o único meio convincente de medir a distribuição do poder: seu fim produz um registro preciso, devidamente analisado e assinado.

De acordo com esse registro, uma supremacia reconhecida tende a promover a paz. Em contraste, os defensores da teoria ortodoxa examinam cuidadosamente o prelúdio da guerra, um período em que o poder fica difuso e muito mais difícil de avaliar. Uma característica do tempo que antecede a guerra são as estimativas contrárias acerca do poderio de cada nação ou aliança. Na verdade, quase se pode sugerir que a guerra é geralmente o resultado de uma crise diplomática não resolvida, porque ambos os lados têm estimativas conflitantes de sua capacidade de negociação.

A ligação entre uma crise diplomática e a eclosão de uma guerra parece crucial para a compreensão dos fatos. Essa ligação, no entanto, revela-se mal interpretada. Muitos historiadores, para explicar um conflito, argumentam que "o colapso da diplomacia levou à guerra". Tal explicação lembra um pouco a afirmação de que o fim do inverno levou à primavera: não passa de uma descrição disfarçada de explicação.

Na verdade, essa forte influência que levou ao colapso da diplomacia – impressões contrárias sobre o poder de negociação – também levou as nações a lutar. Ao fim da guerra, a situação se inverteu. Embora eu não tenha encontrado uma declaração equivalente – "o colapso da guerra levou à diplomacia" – pode haver explicação semelhante. Em essência, o fator que fez os inimigos hesitarem em continuar a luta os persuadiu a negociar. Esse fator foi a concordância sobre sua posição relativa de negociação.

O ponto de vital importância não é a real distribuição ou equilíbrio de poder, e sim a maneira pela qual os líderes nacionais acham que ele está distribuído. Diferentemente, a teoria ortodoxa pressupõe que o poder das nações pode ser medido com alguma objetividade. Segundo essa teoria, na era pré-nuclear, o conhecimento de um estadista acerca da distribuição do poderio internacional baseava-se principalmente em uma "comparação objetiva das capacidades militares". Considero difícil, no entanto, aceitar a ideia de que o poder fosse medido com tanta objetividade. A clara exceção era o fim das guerras – ocasião ignorada pelos teóricos. De fato, é o problema da avaliação precisa da potência relativa de nações que mais influencia a decisão pelo conflito. A guerra é uma disputa sobre a extensão da soberania e marca a escolha de novos pesos e medidas.

O PREÇO DA GUERRA E O PREÇO DA PAZ

Em tempos de paz, as relações entre dois diplomatas são como as relações entre dois comerciantes. Enquanto os comerciantes negociam cobre ou transistores, as transações dos diplomatas envolvem fronteiras, esferas de influência, concessões comerciais e várias outras questões comuns aos dois envolvidos. Um chanceler ou diplomata é um comerciante que negocia em nome de seu país. Ele é comprador e vendedor, embora compre e venda privilégios e obrigações, em vez de mercadorias. Os tratados são simplesmente versões mais sutis de contratos comerciais.

Tanto na diplomacia quanto no comércio, a dificuldade é encontrar um preço aceitável para a transação. Assim como o preço das mercadorias – o cobre, por exemplo – representa aproximadamente o ponto de equilíbrio entre oferta e demanda, o preço de uma transação diplomática corresponde aproximadamente ao que uma nação se dispõe a pagar e a outra concorda em receber. O mercado diplomático, porém, não é tão sofisticado quanto o mercado comercial. A moeda política não é tão facilmente avaliada quanto a moeda econômica. No mercado diplomático, a atividade de compra e venda é muito mais próxima do escambo, por isso se assemelha a um antigo bazar, onde os comerciantes não têm um meio de troca estabelecido. Na diplomacia, cada nação tem o equivalente aproximado de um preço de venda – um preço que aceita ao vender uma concessão – e o equivalente aproximado de um preço que está disposto a pagar ao fazer uma compra. Às vezes, esses preços são tão díspares que uma transação vital para as duas partes não pode ser concluída de forma pacífica; não há acordo quanto ao preço. A história da diplomacia está cheia dessas crises. Os ministros e diplomatas da Rússia e do Japão não chegaram a um acordo em 1904, às vésperas da Guerra Russo-Japonesa; e os alemães não conseguiram chegar a termos aceitáveis com os ministros britânicos e franceses, antes da Segunda Guerra Mundial.

Uma crise diplomática é como uma crise em pagamentos internacionais, na libra esterlina ou no franco francês. Em uma crise diplomática, a moeda de uma nação ou aliança – a avaliação de seu relativo poder de negociação – fica desalinhada em relação às moedas dos outros. Não é fácil, para quem está de fora, fazer esse tipo de avaliação. No entanto, ela existe com clareza na mente dos ministros e diplomatas que negociam.

> EM UMA CRISE DIPLOMÁTICA, A MOEDA DE UM PAÍS OU ALIANÇA ESTÁ DESALINHADA COM A DOS OUTROS.

Para uma crise nos pagamentos internacionais, existem soluções definitivas que todas as nações reconhecem. Se a libra é o objeto da crise, com a valorização em perigo, porque a Inglaterra importa demais, o governo inglês precisa admitir que está vivendo acima de suas possibilidades no momento. Como solução, pode tentar desencorajar as importações e incentivar as exportações. Pode até mesmo ter de declarar que o valor da libra é muito alto em relação ao franco francês, ao marco alemão e a todas as outras moedas e, consequentemente, reduzir a cotação da libra. Qualquer que seja a solução, não faz bem ao orgulho nacional e ao bolso das pessoas.

Felizmente, é menos vergonhoso e humilhante para uma nação ter de confessar que seu dinheiro está supervalorizado que ser obrigada a reconhecer a supervalorização de sua moeda diplomática. As estatísticas detalhadas que registram a crise cambial parecem anônimas e sem emoção. Diferentemente, uma crise diplomática dá a impressão de ser pessoal e emocional. O adversário não é uma estatística que representa a balança de pagamentos de todos os países; o adversário é passível de ser odiado, uma nação armada à qual podem ser atribuídas intenções agressivas.

Diante de uma crise financeira, um país tem como medir em que extensão está vivendo acima de seus meios e, com o passar dos meses, avaliar se as soluções adotadas vêm sendo eficazes. As estatísticas da balança de pagamentos são um guia preciso para a abordagem de uma crise futura ou presente. Por outro lado, um déficit de poder internacional não é tão fácil de ser detectado. Uma nação talvez nem perceba quando começa a perdê-lo, confundindo assim seu poder de negociação e iniciando uma guerra. Nesse caso, aprenderá por meio da derrota a aceitar uma avaliação mais modesta de sua posição.

As guerras do século 18, seguidas à morte de um governante, exemplificam tal crise. Um reino temporariamente abalado pela ascensão de um novo monarca ou pela eclosão de um conflito civil recusava-se a acreditar na própria fraqueza e geralmente comportava-se como se seu poder de barganha fosse o mesmo. Aos olhos das nações rivais, porém, sua posição com frequência era drasticamente mais fraca. Assim, frustravam-se as negociações, porque cada nação exigia muito mais do que a outra estava disposta a dar. Além disso, intensificava-se o apelo à guerra, porque os dois lados acreditavam na vitória.

No campo da diplomacia, às vezes alguns países vivem por um longo período muito além de seus meios, ou seja, concedendo menos do que teriam de conceder, se a questão fosse resolvida pela força. Um governo pode ser inflexível nas negociações por vários motivos: acreditar que o adversário não quer a guerra; exagerar o próprio poderio militar; ou porque, submetendo-se a um inimigo, teria enfraquecidos o domínio e a posição no próprio território. Enquanto uma nação ameaçada pela crise financeira não consegue fugir a algum tipo de punição, é possível escapar de uma crise diplomática, desde que a nação ou aliança rival não esteja disposta a fazer a guerra. Com isso, a diplomacia foge à realidade, as crises se tornam mais frequentes, e a tensão e a incerteza podem acabar em guerra.

Disputas sobre poder de negociação não são necessariamente importantes, se as duas nações mantêm apenas contatos eventuais. No século 19, é provável que Prússia e Afeganistão tivessem estimativas completamente opostas sobre sua capacidade de negociação, mas isso não fez diferença. No entanto, se essas estimativas contraditórias se referissem a duas nações vizinhas, como Prússia e França, a situação poderia ser perigosa. Isso aconteceu, por exemplo, em 1870. Cada nação foi à guerra relativamente confiante de que venceria a outra. Quanto mais intenso o contato, mais importante que as nações envolvidas concordem sobre seu relativo poder de negociação. Há muito se tem observado que nações vizinhas guerreiam com mais frequência do que as nações geograficamente distantes.

> NAÇÕES RIVAIS ESPERAVAM QUE CADA UMA PUDESSE GANHAR MAIS PELO COMBATE DO QUE PELA NEGOCIAÇÃO.

A fórmula de Simmel

Em uma palestra sobre filosofia no ano de 1904, em Berlim, Georg Simmel, um pioneiro da sociologia, expôs uma triste verdade sobre relações internacionais. Segundo ele, o modo mais efetivo de prevenir uma guerra era ter o exato conhecimento da força comparativa de duas nações ou alianças rivais: "Esse exato conhecimento é frequentemente atingível apenas pelo próprio conflito". Ironicamente, Simmel se mudou, em 1914, de Berlim para Estrasburgo, uma cidade que a Alemanha anexou a seu território no fim da Guerra Franco-Prussiana, em 1871, e morava lá quando franceses e alemães mais uma vez foram ao campo de batalha para comparar e avaliar exatamente suas forças. Se ele tivesse vivido o suficiente para testemunhar a crise da cidade de Munique em

1938, sob o governo de Hitler, talvez previsse que a guerra seria o modo mais provável de resolver a situação.

O enfrentamento oferece a prova mais confiável de que uma nação ou aliança é superior a outra. Assim, a um conflito decisivo costumava seguir-se uma negociação ordeira do poder político – em outras palavras, a paz. De fato, uma diferença vital entre os séculos 18 e 19 é que, neste último, os conflitos tenderam a ser mais decisivos, o que explica em parte um período repleto de guerras seguido por outro de relativa tranquilidade. Enquanto no século 18 houve guerras longas e inconclusivas, seguidas por curtos períodos de paz, a partir de 1815, notam-se guerras curtas e decisivas a intervalos maiores.

Contudo, durante os séculos 18 e 19, a concordância quanto ao poder de negociação das nações raramente durava uma geração. Mesmo quando a guerra terminava de maneira decisiva, a hierarquia de poder estabelecida não se mantinha para sempre; enfraquecia-se pelo apagar das lembranças do conflito, pela ascensão de novos líderes, que culpavam os anteriores pela derrota, e pelas lendas e histórias cujo brilho fazia esquecer os fracassos; enfraquecia-se pela redução das revoltas internas ou pelo fortalecimento dos efeitos da reorganização militar, pelas mudanças técnicas e econômicas, pelas alterações nas alianças e por várias outras influências. Aos poucos, a nação derrotada recuperava a confiança. Quando surgiam questões controversas, a guerra se tornava uma possibilidade. As duas nações passavam a acreditar que ganhariam mais pelo combate do que pela negociação. Essas esperanças contraditórias caracterizavam o início de uma guerra.

Essa teoria carrega uma dúvida. Uma guerra geral com um desfecho decisivo criava uma hierarquia de poder entre vencedores e perdedores. Havia também uma hierarquia entre os participantes da aliança vitoriosa? Por que dois ou três vencedores não lutavam entre si, logo que a paz era estabelecida, para definir claramente a hierarquia de poder? Por muitos meses essa pergunta desafiou minhas investigações, mas aos poucos algumas respostas começaram a se desenhar. Depois de várias guerras decisivas, os vitoriosos tinham medo de que a principal nação derrotada se levantasse novamente. Embora a França estivesse ocupada e devastada pelos últimos reveses das Guerras Napoleônicas, a Inglaterra ainda temia que o país vizinho pudesse reerguer-se. Apenas cinco anos depois da derrota de Napoleão, lorde Castlereagh comentou confidencialmente "a importância de evitar que os Países Baixos, a barreira militar da Europa, caíssem em mãos francesas". Nos anos 20, todos os líderes franceses e alguns ingleses se preocupavam com a possibilidade de que dois dos vencidos na Primeira Guerra Mundial, Alemanha e Rússia, se reerguessem. Depois da Segunda Guerra, a União Soviética parece ter ficado apreensiva quanto à perspectiva de recuperação da Alemanha. Essa preocupação ajuda a manter certa união entre os vitoriosos da guerra anterior.

A probabilidade de vitoriosos se desentenderem logo depois de um grande conflito era frequentemente reduzida por outras influências: alianças formadas durante a guerra, pressões internas temporariamente mascaradas durante o conflito, e a vívida consciência de que uma guerra é extremamente dispendiosa e um meio imprevisível de solucionar disputas. O perigo de um conflito pós-guerra entre os vitoriosos também era reduzido por negociações que selavam os termos e as condições de paz. No término de um conflito decisivo, o pacto de paz não só exigia consenso entre vitoriosos e derrotados, mas alguma concordância entre os principais vencedores. E eles, na busca de um entendimento, geralmente estabeleciam um tipo de disputa que, se não resolvida, ameaçaria a paz recém-conquistada.

Por trás de todas essas influências, que variam de guerra para guerra, esconde-se outro fator. Como a guerra é a última corte de apelação e o teste definitivo para descobrir quais são as nações mais fortes, um conflito generalizado não influencia apenas o poder relativo de dois envolvidos, mas também o poder relativo das nações que atuam como aliadas. Esse poder dos aliados individuais talvez seja influenciado com menos precisão, mas ao menos encontra-se aí um guia mais útil do que um longo período de paz proporcionaria. A Rússia e os Estados Unidos se aliaram temporariamente durante a Segunda Guerra

Mundial, quando seu desempenho relativo ofereceu a medida de pontos fortes e fracos no que se refere ao poderio militar. De fato, na fase final da guerra na Europa, quando avançaram sobre a Alemanha partindo de localizações opostas, os dois países eram tanto aliados quanto oponentes. Com o fim do conflito, as duas potências tiveram de dividir, com certo desconforto, o lugar mais alto no pedestal de poder; pelo menos cada um recebeu informações realistas sobre a força do outro. Essas informações provavelmente ajudam a explicar por que, nas décadas seguintes, sua hostilidade não se traduziu em uma nova guerra.

Hiroshima e o equilíbio do terror

Talvez se diga que essas conclusões não são relevantes para a era nuclear. Muitos teóricos internacionais acreditam que antigos padrões não têm mais importância. Para eles, a primeira bomba atômica jogada sobre as cidades japonesas em 1945 e o lançamento dos mísseis de longo alcance em 1957 transformaram o modo como o poderio militar influencia a guerra e a paz. De acordo com tais teóricos, o antigo conceito de equilíbrio de poder foi substituído por um equilíbrio de terror. Ainda assim, muitas evidências sugerem que o ano da bomba de Hiroshima não representou um intervalo tão longo na continuidade das relações internacionais e que a sequência é mais relevante do que a interrupção. A maior parte das nações atualmente possui apenas armas convencionais. Em todas as guerras, a partir de 1945, foi utilizado esse tipo de armamento. Pelo que se sabe, algumas nações poderosas mantêm mísseis nucleares capazes de varrer do mapa cidades inteiras. A possibilidade de retaliação, porém, desencoraja o emprego de tais armas. É claro que os riscos existiam antes. Em 1914, a perspectiva de um grande conflito era mais assustadora do que nunca, e o ministro britânico das Relações Exteriores, sir Edward Grey, acreditava que uma grande guerra na Europa poderia destruir a civilização. Em 1938, a perspectiva de uma grande guerra era igualmente aterrorizante.

Naquele ano, Neville Chamberlain, primeiro-ministro do Reino Unido, advertiu Hitler de que "uma guerra pode acabar com a civilização".

A ideia de um equilíbrio de terror é altamente apropriada para os dias de hoje, mas também era apropriada há um século. Em muitas décadas, ao pensar na possibilidade de uma guerra geral na Europa, estadistas chegaram à conclusão de que as perdas seriam muito superiores aos ganhos. Talvez a principal razão pela qual França e Alemanha não se enfrentaram, pelos 40 ou mais anos que precederam a Primeira Guerra Mundial, tenha sido o fato de concordarem quanto à distribuição relativa de seu poderio militar. Pelo mesmo motivo, Estados Unidos e Rússia não entraram em guerra no início dos anos 60, durante a crise dos mísseis de Cuba. A concordância não depende de negociação, mas de uma previsão dos custos e benefícios de um conflito, de uma avaliação da capacidade do inimigo e da conclusão sobre as vantagens e desvantagens do emprego de forças militares para redistribuir o poder.

A medida do poder internacional é um dado crucialmente relevante para o estudo das causas de uma guerra. O conflito resulta de uma disputa silenciosa sobre a extensão dos respectivos poderes. A paz, por outro lado, corresponde à concordância sobre a medida aproximada desses poderes. Se isso for verdade, é de vital importância distinguir essas influências, que provocam a necessidade de uma calculadora para medir o poder internacional e podem impedir a leitura do medidor.

As guerras geralmente terminam quando as nações envolvidas concordam sobre sua força relativa e geralmente começam quando elas discordam sobre essa questão. Concordância e discordância são determinadas pelo mesmo conjunto de fatores. Assim, cada fator que é causa importante da guerra é, às vezes, causa importante da paz, e todos podem oscilar entre uma e outra. Esse movimento é mais nítido na história de nações que decidiram fazer a guerra porque praticamente tudo estava a seu favor e terminaram o conflito porque tudo estava contra elas.

Aquelas nações se convenceram a lutar porque o inimigo pareceu enfraquecido pela agitação interna; convenceram-se a buscar a paz porque estavam enfraquecidas pela agitação interna. Convenceram-se a lutar por estarem prósperas e confiantes; convenceram-se a buscar a paz porque tinham a prosperidade e confiança abaladas. Convenceram-se a lutar porque sabiam que um rival poderoso se dedicava a outra guerra e não poderia interferir; convenceram-se a buscar a paz porque temiam que o rival poderoso estivesse disposto a voltar-se contra elas. Convenceram-se a lutar porque perceberam o despreparo das tropas ou da esquadra do inimigo; convenceram-se a buscar a paz porque as próprias tropas estavam vulneráveis ao cerco inimigo. Convenceram-se a lutar porque a primavera favorecia uma invasão rápida; convenceram-se a buscar a paz porque a estação seguinte favoreceria sua derrota. Convenceram-se a lutar porque seus principais objetivos pareciam realizáveis por meio da guerra; convenceram-se a buscar a paz porque seus objetivos originais, por se mostrarem inalcançáveis, deviam ser abandonados.

> CADA FATOR QUE É UMA CAUSA PROEMINENTE DE GUERRA PODE, ÀS VEZES, SER UMA CAUSA IMPORTANTE PARA A PAZ.

E mais: aquelas nações decidiram lutar porque seu nacionalismo ou ideologia não poderiam conceber a derrota e encerraram a luta porque sua ideologia não mais conseguia esconder a realidade da derrota. Decidiram lutar porque a maioria de seus líderes era excessivamente otimista e impaciente e encerraram a luta porque eles, tendo falhado, foram substituídos por outros mais cautelosos. Decidiram lutar porque tinham esquecido a dor e o sangue causados pela guerra, e encerraram a luta porque estavam banhadas em sangue.

Pode-se sugerir que as nações, na avaliação de sua força relativa, foram influenciadas por sete fatores principais: 1) poderio militar e capacidade de aplicá-lo de modo eficiente à zona de guerra escolhida; 2) previsões sobre o comportamento de nações não diretamente envolvidas, no caso de um conflito; 3) ideias sobre a união interna e sobre a união e desunião do inimigo; 4) extensão da lembrança das realidades e dos sofrimentos de um combate; 5) opinião sobre a própria prosperidade e capacidade de sustentar economicamente o tipo de guerra previsto; 6) nacionalismo e ideologia; 7) personalidade e qualidades mentais dos líderes que analisaram as evidências e decidiram pela paz ou pela guerra.

Nenhuma dessas influências atuou de maneira persistente para uma guerra, e nenhuma delas trabalha de maneira contínua pela paz. Cada uma pode promover a paz ou a guerra. A combinação de influências é que determina a chance de haver ou não um conflito. Se elas se combinam para convencer ao mesmo tempo duas nações rivais de que são mais poderosas, o perigo de guerra é alto. Contrariamente, se nenhuma delas se sente segura da própria capacidade de derrotar a outra, fica fortalecida a perspectiva de paz.

Essas sete fortes influências interagem. Embora seja possível separá-las, para um exame mais apurado, elas tradicionalmente se mostram contagiosas. O contágio era mais intenso durante a última etapa da guerra ou, em outras palavras, às vésperas da paz. Derrotas militares minavam o moral do país, o que por sua vez provocava a redução do fornecimento de material militar, aumentando a chance de novas derrotas. Os insucessos podiam forçar a retirada de um aliado mais cauteloso e espalhar o descontentamento na própria frente de batalha. Essa situação muitas vezes apressou a derrubada de líderes por grupos há muito tempo descontentes com a guerra, e então ansiosos pela paz, ainda que sob termos desfavoráveis.

O mesmo tipo de interação, promovendo o otimismo em lugar do pessimismo, com frequência atuava lenta e discretamente nos anos anteriores à decisão de fazer a guerra. De fato, o otimismo extremo que tantas vezes caracterizou o início de um conflito foi a essência das causas da guerra.

PARTE 3: BELICISMO DUVIDOSO

CAPÍTULO 9
A GUERRA COMO ACIDENTE

As fortes esperanças às vésperas de conflitos sugerem a triste conclusão de que eles ocorriam apenas quando os dois rivais acreditavam que poderiam obter mais pela força do que pela paz. Essa conclusão, no entanto, contraria a ideia de alguns historiadores de que muitas guerras não foram intencionais. Segundo se diz, a situação era a seguinte: uma nação interpretava erradamente os objetivos de sua rival, forçando um confronto que nenhuma das duas desejava. Conforme a enciclopédia "New Cambridge Modern History", a Guerra da Orelha de Jenkins, em 1739, "representou a culminância de um estado crônico de atrito entre Inglaterra e Espanha, contra os desejos de estadistas responsáveis dos dois países". A Guerra da Sucessão Bávara, entre Áustria e Prússia, 40 anos depois, foi ainda menos deliberada. Na época, comentou-se que "nenhuma das duas nações queria lutar". Até a Primeira Guerra Mundial é ocasionalmente vista como não intencional.

Talvez muitas guerras sejam como acidentes de trânsito: resultado de direção perigosa, e não uma colisão proposital. Essa analogia foi feita em 1965 por um renomado professor de Direito Internacional, o holandês Bernard Victor Aloysius Roling. Segundo ele, havia dois tipos de guerra: as intencionais, muito estudadas, e as não intencionais, muito negligenciadas. É possível que estas fossem mais frequentes, mas Rolling as considerava mais difíceis de evitar.

O trem da guerra pelo túnel do canal

A ideia de guerra acidental ganhou força na era das armas nucleares. Como bastava apertar um botão ou enviar um sinal em código para disparar mísseis nucleares de um lado a outro do oceano, a perspectiva se tornou aterradora. A imaginação popular foi tomada por pesadelos em que uma guerra nuclear começava devido a um mal-entendido ou um erro eletrônico, desencadeando as mais variadas especulações entre os teóricos do assunto. Um reflexo do pessimismo que inspirava o debate era a ênfase na guerra acidental, e não na paz acidental. Se não houve intenção de fazer algumas guerras, pode-se supor que outras chegaram ao fim ou nem aconteceram por uma situação semelhante. Contudo, ninguém mencionou a ideia de paz não intencional.

No começo dos anos 60, o impasse de Berlim e a ameaça dos mísseis de Cuba intensificaram o temor de uma guerra acidental. Como a nação que atacasse primeiro em um conflito nuclear teria uma enorme vantagem, era fácil imaginar uma crise na qual uma nação, pensando erroneamente que o inimigo estivesse prestes a atacar, tomasse a iniciativa disparando primeiro. Podemos teorizar sobre o perigo de uma guerra acidental, mas até agora não há precedentes de como os governos vão agir, caso se inicie um conflito com um ataque nuclear.

Por outro lado, a história oferece muitos exemplos de como os governos se comportaram às vésperas de uma guerra convencional. Assim como os líderes de potências nucleares, os líderes da época da cavalaria e da infantaria reconheciam a vantagem de atacar primeiro. A Prússia tentou fazer isso ao invadir a Silésia no inverno de 1740.

> Talvez muitas guerras sejam como acidentes de trânsito: mais o resultado de movimentos arriscados das nações do que de um desejo de acabar com um rival.

Essa foi a intenção da Inglaterra ao mandar o almirante Boscawen interceptar uma pequena esquadra francesa que navegava rumo ao Canadá, em 1755, e foi também o intuito dos Estados Unidos, que se prepararam secretamente para enfrentar a Inglaterra, em 1812.

No século 19, a rapidez com que se formavam alianças entre as nações aumentava o receio de um ataque surpresa. O plano para a construção de um túnel entre França e Inglaterra impulsionou o tipo de medo mais tarde provocado pelos mísseis nucleares. Em Londres, no ano de 1881, o secretário da Câmara de Comércio, sir Thomas Farrer, assim respondeu a alguém que lhe perguntou se o túnel proposto entre os dois países poderia ser usado para uma invasão francesa repentina: "É possível que a guerra seja declarada contra nós, digamos, do nada, sem aviso de um conflito iminente". (O que ele realmente queria dizer com "do nada" era "do túnel escuro".)

O medo de um exército francês sair subitamente do túnel era tão forte em 1882 que a revista "The Nineteenth Century" organizou um abaixo-assinado protestando contra o projeto. Assinaram o documento: o arcebispo de Canterbury, o cardeal Newman, os poetas Tennyson e Browning, 17 almirantes e 59 generais. Sir Garnet Wolseley, herói de campanhas então recentes contra o rei Koffee, na África Ocidental, e contra o rei Cetywayo, no reino Zulu, escreveu em junho de 1882 uma nota enérgica: "Milhares de homens armados podem facilmente atravessar o túnel à noite, de trem, vestidos em roupas comuns para evitar suspeitas ou uniformizados, com as janelas fechadas, a toda velocidade". As opiniões quanto ao túnel exemplificavam a crença de que um ataque repentino poderia dar uma enorme vantagem ao atacante. Os japoneses provavelmente pensavam de maneira semelhante quando atacaram a Rússia, em 1904.

A GRANDE GUERRA FOI UM ACIDENTE?

Robert C. North e Ole Rudolf Holsti, dois cientistas políticos da Stanford University, na Califórnia, fizeram no início da década de 60 uma profunda investigação sobre as causas da guerra. Escolheram a Primeira Guerra Mundial, o terreno preferido para testar teorias, já que a consideravam "muito próxima de um protótipo de crise". Para descobrir o que pensavam os líderes das cinco principais nações envolvidas na guerra em 1914, os dois estudiosos afirmaram ter analisado os indícios mais variados, consultando "documentos fiéis, de inquestionável autenticidade, produzidos pelos principais tomadores de decisões". Encerrado o estudo, eles sugeriram que a decisão de fazer a guerra talvez se tivesse baseado menos na preparação militar ou na certeza da vitória do que na convicção da hostilidade dos adversários e de sua disposição de atacar. Um despretensioso experimento feito na Northwestern University aparentemente forneceu algum fundamento à hipótese dos cientistas de Stanford.

Em uma análise cuidadosa de cartas e memorandos escritos em meados do verão de 1914, North e Holsti registraram o número de vezes e com que intensidade os líderes europeus demonstraram perceber ameaça ou cordialidade nas posições dos países rivais. As mais de 5 mil impressões recolhidas foram passadas para o computador, que imediatamente lhes forneceu uma visão dos sentimentos daqueles líderes durante as cinco semanas que separam o assassinato em Sarajevo do começo da Grande Guerra. Uma conclusão desse estudo foi que os líderes de todas as cinco potências – Alemanha, Áustria, França, Rússia e Inglaterra – percebiam em seus rivais uma crescente hostilidade. Consideravam benevolentes as próprias atitudes, mas não viam reciprocidade.

Para explicar a afirmativa de que a Primeira Guerra Mundial não foi intencional, os estudiosos de Stanford argumentavam que a Alemanha iniciou o ataque sem confiança na própria força militar. Na época, comentou-se: "As evidências históricas revelam que, em 1914, a Alemanha se considerava seriamente despreparada e essencialmente incapaz de sustentar um conflito armado contra outras lideranças poderosas sem correr o risco de um desastre nacional". Essa afirmativa, no entanto, é imprecisa. Há fortes indícios de que os líderes alemães, em sua maioria, não somente confiavam na vitória, como acreditavam que venceriam rapidamente. Algumas sólidas indicações foram registradas na volumosa obra de Fritz Fischer, "Germany's Aim in the First World War" ("o objetivo da Alemanha na Primeira Guerra Mundial", em tradução literal), publicada em Düsseldorf no ano de 1961, infelizmente ainda não traduzida para o inglês na época em que Holsti e North completaram a pesquisa. Não foi inteiramente culpa deles a fragilidade de uma parte de sua argumentação.

De acordo com as sugestões de Holsti e North, a Primeira Guerra Mundial não foi planejada, mas um acidente talvez resultante de uma suposta hostilidade. Eles afirmaram que "as maiores potências da Europa foram tragadas em um conflito geral que nenhuma delas desejava, e poucas tinham previsto, pelo menos conscientemente".

> DEPOIS DE EXAMINAR CENTENAS DE DOCUMENTOS, PERGUNTARAM-SE SE A GUERRA NÃO FORA INTENCIONAL.

Estudantes de relações internacionais apreciaram esse estudo. O projeto interessante do experimento de Holsti e North, a pesquisa incansável de detalhes e o uso do computador conquistaram justa admiração. Talvez as conclusões tenham sido aceitas, também, porque combinavam com a ideia cada vez mais difundida de que a guerra acidental era um fenômeno negligenciado, merecedor de um estudo cuidadoso. Uma das principais características dos teóricos, na última década, é a crença de que algumas guerras são acidentais.

O PREÇO DA PAZ

Enquanto os cientistas políticos tendem a aceitar que algumas guerras foram acidentais, os historiadores se mantêm cautelosos. Nos livros de História, a teoria não aparece com frequência. Em 1968, porém, um historiador de Harvard expôs de maneira convincente a ideia de que a Guerra dos Sete Anos, entre Inglaterra e França, tinha sido até então mal interpretada. Segundo o palestrante, nenhuma das nações a desejava; o longo conflito que expulsou a França do Canadá e preparou o caminho para a independência dos Estados Unidos teria sido, aparentemente, não intencional.

Na primavera de 1754, as colônias inglesas e francesas na América do Norte retomavam a luta pela soberania. De acordo com a nova interpretação de Patrice Higonnet, aquelas escaramuças de fronteira não deveriam levar a um conflito mais amplo e duradouro entre Inglaterra e França. "Ninguém queria aquela guerra", ele disse. Tanto Londres quanto Paris estavam dispostas a negociar; seus líderes eram bem-intencionados e fizeram sinceros apelos em favor da paz. "França e Inglaterra queriam resolver pacificamente a questão." Como então a paz escapou daquelas mãos amigas? A procura de uma resposta a essa pergunta revela uma contradição. Inglaterra e França queriam a paz, mas também queriam mandar na América do Norte. Para os governos francês e inglês, o controle das colônias vinha em primeiro lugar; e a paz, em segundo. Se houve um conflito entre as duas prioridades, as colônias ganharam. As declarações em favor da paz que enchiam as malas diplomáticas eram sinceras, mas foram sufocadas pela certeza, nas duas nações, de que ganhariam mais por meio da luta do que pela negociação.

A teoria de que algumas guerras – seja a dos Sete Anos ou a da Sucessão Bávara – foram indesejadas sempre pode apoiar-se em evidências superficiais. Até Hitler rogou pela paz, nos termos dele. Mas a noção de guerra não intencional frequentemente se fundamenta em uma escolha simples: um país desejava a paz ou desejava a guerra. Assim, se duas nações demonstravam querer a paz, mas entravam em guerra, isso devia ser resultado de um mal-entendido ou de impulsos irracionais na parte sombria da mente. Contudo, não parece prudente tratar a paz e a guerra como alternativas rígidas. Na mente dos líderes, em face de uma crise internacional, guerra e paz têm múltiplas possibilidades.

Tanto Inglaterra e França às vésperas da Guerra dos Sete Anos quanto os gigantes da Europa no limiar da Grande Guerra de 1914 viram-se diante de tantas alternativas – todas envolvendo a preferência pela guerra ou pela paz – que é uma atitude simplista reduzi-las a nove

e seria ainda pior deixar apenas duas. Em uma crise, para a maioria das nações a lista de prioridades deve seguir esta ordem:
1. Alcançar os objetivos por meios pacíficos.
2. Alcançar parte dos objetivos por meios pacíficos.
3. Alcançar os objetivos por meio da força, criando certo risco, mas não exatamente uma guerra.
4. Alcançar os objetivos por meio de uma guerra curta e em pequena escala.
5. Alcançar os objetivos por meio de uma guerra longa e em larga escala.
6. Abrir mão de alguns dos objetivos por métodos pacíficos.
7. Não conseguir nada por meio da guerra.
8. Abrir mão da maior parte dos objetivos por métodos pacíficos.
9. Abrir mão da maior parte dos objetivos por meio da guerra.

Qualquer nação com essas prioridades poderia afirmar honestamente que seu primeiro objetivo é a paz. No entanto, a paz tem um preço. De fato, cada preferência pela paz ou pela guerra vem acompanhada de um preço. Provavelmente faz sentido sugerir que nenhuma das cinco nações em conflito no ano de 1914 queria a guerra, mas encerrar aí a frase, sem um adendo, é retratar apenas parte da situação. As grandes potências desejavam a paz, mas sob as próprias condições. No começo do mês de agosto, Alemanha e Rússia estavam absolutamente convencidas de que suas primeiras alternativas ou prioridades de paz eram inatingíveis. Assim, por eliminação, a guerra passou a ser a prioridade máxima.

O desejo de paz ou de guerra parece sempre condicional. Em várias ocasiões, nos últimos 300 anos, algumas nações escolheram a paz praticamente a qualquer preço. Diante das alternativas finais – derrota pela guerra ou derrota pela paz –, preferiram ser derrotadas pacificamente. Nesse pequeno grupo, estava Luxemburgo em 1914 e 1940, Áustria em 1938 e Tchecoslováquia em 1938 e 1968. Talvez até o desejo de paz dessas nações pudesse ser classificado como condicional. Talvez não tivessem preferido a rendição pacífica, se acreditassem que o inimigo todo-poderoso pretendia deportar ou matar dezenas de milhares de seus cidadãos. Em vista da situação, decidiram que o preço da paz era mais favorável do que o preço da guerra. Na realidade, a lista de prioridades seria mais longa e menos definida, além de nem sempre manter a mesma ordem: as prioridades 5 e 6 são, obviamente, intercambiáveis. Seria razoável dizer que a minha prioridade máxima pode nem sempre ser a primeira. Se a deixei no topo da lista foi, em parte, para ajustá-la às hipóteses de "guerra acidental" e assim testá-las com imparcialidade.

O MEDO E A CORRIDA ARMAMENTISTA

Uma guerra como ponto culminante de uma corrida armamentista é, às vezes, vista como um tipo de conflito não intencional. Segundo se comenta, originalmente nações expandiam seus armamentos simplesmente para se equipararem a uma nação rival, mas a competição aos poucos estimulou o medo e o ódio. Uma corrida em passadas lentas transformou-se em um círculo vicioso de morte, do qual nenhum competidor ousava retirar-se. Foi provavelmente na década de 70 do século 19 que o perigo de uma corrida armamentista chamou a atenção pública pela primeira vez. Em 1879, a revista inglesa "The Economist" lamentou: "O continente foi convertido em uma série de fortalezas gigantescas. Em cada uma delas há uma nação armada". A alta constante dos orçamentos de defesa foi condenada por centenas de jornalistas e políticos, e até pelo czar Nicolau da Rússia, que viu na Conferência Internacional de Haia em 1899 uma esperança de limitação das armas.

A Primeira Guerra Mundial permanece como o exemplo preferido de conflito resultante de uma corrida armamentista. O professor Michael Howard, da University of London, expôs uma cuidadosa versão dessa ideia: "Como as providências tomadas por uma nação para sua defesa eram consideradas pelos vizinhos uma ameaça à segurança deles, as grandes potências se viram envolvidas em uma competição aparentemente sem saída, que pesava cada vez mais sobre as finanças públicas e alimentava o medo e a suspeita mútua, desempenhando um papel considerável – muitos historiadores diriam o papel principal – na preparação da catástrofe da Primeira Guerra Mundial". Hoje sabemos que uma corrida armamentista semelhante, porém mais assustadora, tomou conta dos Estados Unidos e da Rússia, de 1945 a 1990, mas não terminou em guerra.

É fácil ver as corridas armamentistas como prenúncio da guerra, mas as evidências sugerem que elas também coincidem com épocas bem extensas de paz. Embora tenso e marcado pela proliferação das armas na Europa, o período sem guerras, de 1870 a 1914, foi notavelmente longo. De maneira semelhante, a ausência de conflitos entre grandes potências desde 1945 coincidiu com uma intensa disputa armamentista entre Rússia e Estados Unidos. Realmente, a Segunda Guerra Mundial começou em 1939, depois de um surto de rearmamento, o que não aconteceu na Europa Ocidental antes de 1936. Esses fatos não derrubam a teoria das corridas armamentistas, sempre inconvenientes e inesperadas.

> A PRIMEIRA GUERRA MUNDIAL PERMANECE COMO O EXEMPLO FAVORITO DE UMA GUERRA QUE FOI PROMOVIDA POR UMA CORRIDA ARMAMENTISTA.

Em 1914, todos os leitores de jornais europeus sabiam que havia décadas as grandes potências investiam cada vez mais em armas. No entanto, a educação e outros serviços também recebiam investimentos. Com o aumento da população e da receita, seria surpreendente se a defesa não fosse contemplada. De fato, sucessivos governantes britânicos, ao preparar o orçamento, descontado o inevitável pagamento de juros, destinaram à defesa verbas proporcionalmente reduzidas, mesmo durante as décadas de intensa rivalidade com as Marinhas da França e da Alemanha. O setor de defesa recebeu 50% do orçamento em 1885 e apenas 44% em 1913. À luz dessas porcentagens, a corrida armamentista naquela época torna-se menos dramática.

O aumento dos gastos com defesa no período de 1870 e 1914

também não refletiu apenas a rivalidade e as represálias das grandes potências. A curta duração das guerras europeias entre 1859 e 1871 ensinou as nações a se prepararem rapidamente para a guerra. Esperar que um país despreparado pudesse lançar mão de seus recursos durante o calor de uma longa luta tinha deixado de ser uma atitude realista. Como guerras recentes tinham sido travadas principalmente em terra, uma guarda nacional bem treinada e grandes exércitos regulares pareciam necessários. De maneira semelhante, a expansão das forças navais no fim do século 19 refletiu parcialmente o crescimento das colônias alemãs na África e no oceano Pacífico, a expansão do colonialismo russo em direção ao Pacífico e a ampliação, no estrangeiro, dos impérios japonês, americano e italiano. Talvez seja significativa a coincidência do assassinato de missionários alemães na China e da anexação pela Alemanha, em caráter punitivo, de uma região da província de Shandong em 1897 com a decisão de ampliar drasticamente a Marinha alemã. É enganoso considerar a disputa de armamentos como um simples jogo de peteca, no qual cada movimento depende do anterior.

Essa foi também uma época de rápida inovação mecânica nos armamentos e em vários setores. Reformas drásticas são duplamente dispendiosas, porque tornam obsoletos os equipamentos existentes, obrigando à aquisição de novos. Para a indiscutível melhoria de seu poderio naval, a Grã-Bretanha construiu navios de guerra caríssimos, que fizeram os anteriores parecerem impotentes. "A melhor embarcação existente em 1867 corresponderia a toda a esquadra britânica de 1857, e a melhor de 1877 teria o poder de fogo igual – se não superior – à combinação de todos os navios de guerra, dez anos antes." Isso foi escrito pelo historiador naval sir William Clowes, em 1903. Clowes, que seguia as manobras navais tão entusiasticamente quanto alguns de seus compatriotas seguiam os cães de caça, não viveu o bastante para ver em Portsmouth, no ano de 1905, o lançamento ao mar do H. M. S. Dreadnought, um navio de guerra de 18 mil toneladas que superou todos os anteriores, virtualmente obrigando a Grã-Bretanha e a Alemanha a reformar inteiramente a esquadra.

Tanto no mar quanto em terra o ritmo de inovação era rápido, em parte estimulado pelas pequenas guerras travadas fora do continente europeu. Assim, testou-se a pólvora sem fumaça em combates no Chile, no começo dos anos 90 do século 19; a artilharia pesada foi reintroduzida nos exércitos durante a Guerra de Bôeres; e a batalha naval entre Rússia e Japão em Tsushima, em 1905, ilustrou as vantagens de armas pesadas de longo alcance, influenciando assim o projeto do Dreadnought. O aumento dos gastos com defesa foi, portanto, resultado de três fatores: lições aprendidas em uma série de pequenos conflitos longe da Europa, rápida inovação, aumento das populações e dos orçamentos, e intensificação da rivalidade entre nações. Reflexo de uma civilização em processo de rápida mecanização, esses fatores não representaram necessariamente causas da guerra ou da paz.

> É ENGANOSO CONSIDERAR A DISPUTA DE ARMAMENTOS COMO UM SIMPLES JOGO DE PETECA, NO QUAL CADA MOVIMENTO DEPENDE DO ANTERIOR.

A verdadeira corrida armamentista é, de certo modo, um substitutivo para a guerra, o que pode parecer uma troca bem dispendiosa. No entanto, se comparada ao conflito, o resultado é outro. Vista frequentemente como preparação intencional, uma competição que favorece o conflito, a corrida armamentista pode ser um modo deliberado de adiar o combate, uma tentativa de usar fortes ameaças em vez de começar a guerra. Se isso vai levar ao enfrentamento não depende do acaso nem de mal-entendidos; depende, em última análise, da ideia que as nações rivais têm acerca da possibilidade de derrotar umas às outras.

A DERROTA COMO ACIDENTE

As ideias de "guerra não intencional" e "guerra acidental" parecem ilusórias. A repentina popularidade desses conceitos na era nuclear reflete não apenas uma ansiedade justificável a respeito da guerra, mas também noções ultrapassadas sobre as causas dos conflitos. Pode-se sugerir, porém, que em uma guerra, o que há de não intencional é frequentemente o resultado, e não a decisão de lutar. As guerras costumam durar e custar mais do que pretendiam os envolvidos. Acima de tudo, a maior parte delas termina com a derrota de pelo menos uma nação que esperava a vitória. Além disso, no mínimo uma das nações que entraram em guerra avaliou mal o próprio poder de barganha. Nesse sentido, toda guerra nasce de um mal-entendido. E é um acidente.

CAPÍTULO 10
OBJETIVOS E ARMAS

No centro da maior parte das explicações mais difundidas sobre a guerra, há sempre um culpado. Pode até haver dúvida quanto ao nome dele, mas é quase unânime a certeza de sua existência.

No século 18, muitos filósofos acreditavam que os monarcas absolutistas fossem a principal causa das guerras: afastem-se os potentados e haverá menos conflitos. Outra teoria sustentava que várias guerras surgiram em virtude da disputa entre franceses e ingleses, que seriam as colônias e o comércio. Então, bastava eliminar a rivalidade, e a paz seria preservada mais facilmente. As guerras posteriores à Revolução Francesa estimularam a ideia de que as revoltas populares eram a principal causa de conflitos entre nações. No século 19, os líderes que tentavam promover a união interna por meio de gloriosas campanhas no exterior passaram a ser vistos como culpados. No fim daquele século, a ganância dos capitalistas, ávidos por novos mercados ou investimentos, tornou-se um vilão popular. A Primeira Guerra Mundial convenceu vários escritores de que a responsabilidade cabia à corrida armamentista e aos vendedores de armas, e as duas guerras mundiais alimentaram a ideia de que regimes militares eram os principais perturbadores da paz. A maior parte dessas teorias cresceu e desapareceu, reaparecendo mais tarde com nova roupagem.

A popularidade desse tipo de explicação provavelmente está no fato de apontar a solução. Com a identificação do culpado, basta acabar com ele para acabar com a guerra. A eliminação de ditadores, capitalistas, militaristas, fabricantes de armas ou um dos outros vilões preservaria a paz. Na verdade, o que populariza essas teorias é frequentemente a paixão pelo antídoto – seja a democracia, o socialismo ou o livre-comércio – e não uma análise da doença.

A CHALEIRA FERVENTE

A maior parte das controvérsias sobre as causas de determinadas guerras gira em torno dos objetivos dos países envolvidos. Quais eram as ambições de Bismarck e Napoleão III às vésperas da Guerra Franco-Prussiana de 1870? A quem cabe a maior parte da culpa pela Guerra do Vietnã? A pergunta recorrente em todos os exames de escolas e universidades – "As principais causas da guerra tal foram políticas, econômicas ou religiosas?" – reflete a forte tradição de que compreender as ambições é a chave para a compreensão da guerra. A discussão sobre as causas das guerras travadas no Oriente Médio, desde a década de 50, pertence, portanto, a uma rica tradição. A julgar pela quantidade de palavras utilizadas, esse deve ser um dos debates mais volumosos provocados por uma sequência de guerras, mas basicamente trata-se da mesma discussão tradicional sobre ideologias, ambições e motivos.

> A MAIORIA DAS CONTROVÉRSIAS SOBRE AS CAUSAS DAS GUERRAS PARTICULARES DEPENDE DAS METAS DAS NAÇÕES.

A ideia de que a guerra é causada simplesmente pelo choque de ambições e objetivos é intrinsecamente satisfatória. Quase todas essas interpretações compartilham uma característica: descrevem a ambição – por prestígio, ideologia, mercados ou impérios – como causa fundamental, básica, arraigada, subjacente ou de longo prazo. Bastaria que eventos menores despertassem a ambição para surgir um conflito.

Esses eventos menores, porém, são comumente citados como ocasiões para a guerra, diferentemente de suas causas propriamente ditas. Algumas vezes, os incidentes imediatamente anteriores ao conflito são denominados causas de curto prazo, sugerindo que as de longo prazo são mais poderosas.

Essa ideia de causalidade tem uma forma peculiar. Seus expoentes veem o conflito como um vulcão que, embora pareça adormecido, na verdade prepara a erupção do terror, como a água que lentamente se aquece até chegar ao ponto de ebulição. Os eventos que ocorrem às vésperas da guerra são responsáveis pelos poucos graus de calor que faltam para fazer ferver a água da chaleira. Trata-se de um tipo de argumento linear: as causas da guerra lembram um gráfico de temperatura, em que o último movimento ascendente marca a transição entre paz e guerra. Se de fato tal gráfico fosse uma forma válida de ilustrar a chegada da guerra, seria de esperar uma curva descendente da temperatura nos últimos dias de combate. Também se poderia esperar que, caso incidentes de pouca importância imediatamente anteriores ao conflito convertessem em guerra as causas de longo prazo, incidentes semelhantes favorecessem a transição para a paz. Não existem, porém, explicações desse tipo. Para quem acredita que a estrutura de uma explicação sobre a guerra também deve valer nas explicações acerca da paz, as teorias da chaleira ou do vulcão são suspeitas.

Essas interpretações que enfatizam os objetivos são teorias sobre competição e animosidade, e não sobre a guerra. Elas ajudam a explicar a crescente rivalidade entre nações, mas não esclarecem por que a rivalidade levou à guerra. Nem todas as rixas sérias acabam assim e podem tomar outras formas: rompimento de relações diplomáticas; intervenção apaziguadora de uma potência não envolvida; bloqueio econômico; investimento pesado em armas; imposição de tarifas; invasão sem derramamento de sangue; conquista de aliados; ou relaxamento das tensões por meio de uma conferência bem-sucedida. Claro que esses vários tipos de desentendimento podem meramente adiar o início do conflito, mas às vezes a competição e a animosidade se estendem por um século, sem chegar ao confronto direto. A França e a Grã-Bretanha experimentaram forte rivalidade e se envolveram em graves crises entre 1815 e 1900, mas nem assim a tão temida guerra aconteceu.

Esse tipo de interpretação é vaga, tanto no que diz respeito às causas da paz quanto às da guerra. Seus defensores normalmente ignoram os fatos que cercam o término do conflito. Vejamos, por exemplo, a popular mas duvidosa crença de que a causa principal da Primeira Guerra Mundial foi a tentativa, feita pelo governo de Berlim, de dominar a Europa. Se tal explicação é válida, quais foram as principais causas da paz que se seguiu em 1918? Seria coerente com essa interpretação responder que a destruição das ambições alemãs levou à paz. E por que aquelas ambições foram destruídas? Porque, em outubro de 1918, o poderio militar da Alemanha – e o moral é um componente vital do poder – deixara de ser adequado. Uma vez que a ênfase nos objetivos não pode explicar o desejo de paz por parte da Alemanha, em 1918, seria surpreendente se essa mesma ênfase explicasse a decisão de fazer a guerra, quatro anos antes. Na verdade, os objetivos da Alemanha não teriam sido tão ambiciosos em 1914 se seus líderes de então tivessem percebido que o país não possuía poder suficiente. Bethmann-Hollweg, chanceler da Alemanha na época da eclosão do conflito, confessou mais tarde que a Alemanha havia superestimado a própria força: "Nosso povo se desenvolveu tão incrivelmente nos últimos 20 anos que vastos círculos cederam à tentação de superestimar nossas forças colossais em relação às do resto do mundo".

Uma conclusão parece óbvia. É perigoso aceitar qualquer explicação para a guerra que se concentre em ambições e ignore os meios de satisfazer tais ambições. As metas de um governo são fortemente influenciadas pela avaliação da própria capacidade de alcançá-las. Na verdade os dois fatores interagem rápida e silenciosamente. Quando Hitler chegou ao poder, em 1933, com esperanças antigas de reviver a grandeza alemã, essas ambições, apenas, não poderiam produzir uma política externa vigorosa. Hitler considerava sua política externa, em 1933, tão vigorosa quanto lhe permitiam os recursos de que dispunha. Segundo ele, as armas militares e diplomáticas alemãs a princípio não garantiam o sucesso de uma política externa mais ousada.

O magistral livro "The Origins of the Second World War", de A. J. P. Taylor, publicado em português sob o título "A Segunda Guerra Mundial", mostra Hitler como um oportunista atento, que adaptava seus objetivos aos meios disponíveis. Quando começou o rearmamento da Alemanha, Hitler era guiado não apenas por ambições, mas pela própria opinião sobre o poder de barganha dos alemães na Europa naquele momento. Ele não teria feito isso caso acreditasse que a França ou a Rússia o impediriam, por meio da força, de construir aeronaves, submarinos e tanques. Nas decisões mais importantes tomadas entre 1933 e o começo da guerra, em 1939, seus objetivos de curto prazo e sua noção do poderio alemão marchavam com tal sincronia que seria impossível dizer se o ritmo era marcado por uns ou pela outra. Por causa da interação constante, oportunidade e ambição – ou objetivos e armas – eram virtualmente inseparáveis. Essa interação, porém, não ficou restrita a Berlim; ocorreu, na década de 30, em Londres, Paris, Varsóvia, Moscou, Roma, Praga e em todas as outras cidades poderosas.

Os objetivos de curto prazo de um governo e sua avaliação da própria capacidade para implementá-los costumam conservar alguma harmonia. Essa ideia a princípio pode parecer absurda, em vista das muitas nações que, ao longo dos séculos, agiram irracionalmente e acabaram derrotadas na guerra. Essas nações se acreditavam fortes o suficiente para vencer; do contrário, estariam menos dispostas a lutar. Assim, no começo dos anos 60, os objetivos bélicos dos Estados Unidos no Vietnã não pareciam ultrapassar sua força total calculada pela maioria dos líderes e conselheiros. O mesmo se aplica ao Vietnã do Norte. Essa harmonia não surpreende; afinal, as políticas de um país e as impressões sobre o próprio poder são produtos das mesmas mentes. Os responsáveis pelas decisões quanto ao que deve ser alcançado são os mesmos que decidem o que pode ser alcançado.

Generalizações úteis acerca das causas da guerra são simplesmente uma incursão pela mente dos que exercem influência sobre as decisões tomadas. Nos últimos três séculos, as decisões de centenas de monarcas, presidentes, primeiros-ministros e chefes de gabinete tinham muito em comum quando diante de situações similares. Não fosse assim, não haveria padrões no surgimento da guerra e da paz.

Essa similaridade de comportamento devia-se ao fato de todos serem especialistas em poder. Sabe-se que alguns monarcas que governavam por direito de sucessão, em especial os jovens ou deficientes, podem ter sido apáticos em relação a algumas facetas do poder, mas em geral entregavam, definitiva ou temporariamente, sua autoridade a ministros e conselheiros que, instruídos por um tribunal de arbitragem, tornavam-se verdadeiros especialistas. É compreensível, portanto, que as opiniões dos líderes quanto à força relativa de sua nação tivesse fortes e persistentes efeitos sobre a política externa. Se eles considerassem a nação fraca, organizavam seus objetivos de acordo; com uma nação poderosa, os objetivos seriam outros.

> OPORTUNIDADE E AMBIÇÃO – OU OBJETIVOS E ARMAS – AGIAM TÃO DE ACORDO QUE ERAM VIRTUALMENTE INDISTINGUÍVEIS.

O LENIN POLÍTICO *VERSUS* O LENIN HISTORIADOR

Os escritos de Lenin sintetizam as falhas das teorias da guerra baseadas em ambições. Enquanto vivia exilado na cidade suíça de Berna, Lenin escreveu o que deve ser a mais lida de todas as explicações sobre a Primeira Guerra Mundial, então nos primeiros meses. Impressos em panfletos, escritos em linguagem vigorosa, seus artigos foram contrabandeados para a Rússia, onde acabaram exaltados como dogma em muitas regiões. Lenin perguntava: o que cada país e cada classe esperavam ganhar com a guerra? Os países capitalistas desenvolvidos combatiam para conquistar mercados, colônias, monopólios, lucros e riquezas. A Rússia, economicamente atrasada, havia sido levada à guerra menos pelas pressões do capitalismo do que pela fome de territórios e poder. Segundo ele, "o czarismo vê a guerra como forma de desviar a atenção do crescente descontentamento no país e de sufocar o florescente movimento revolucionário".

O homem tão consciente da força, tão convicto de que somente a força poderia criar um paraíso sem classes sociais, disse pouco sobre as razões pelas quais a Europa, em 1914, escolheu esse caminho. Apesar de expor o que acreditava serem os objetivos dos governos europeus e dos grupos de pressão, ele não explicou a origem da crença de que esses objetivos poderiam ser alcançados por meio da guerra. Em seu panfleto de 1915, "Socialism and War" ("socialismo e guerra", em tradução literal), Lenin chega a repetir o lugar-comum empregado por Clausewitz de que a guerra é a continuação da política por meios violentos, mas praticamente se esquece de explicar o porquê dessa opção. A maior parte de seus artigos não dedica mais de um parágrafo ao assunto. Lenin, porém, diz muito em poucas palavras. Ele afirmava que em 1914 a burguesia alemã escolheu uma época favorável à vitória: seus equipamentos militares eram superiores aos do inimigo. No entanto, com os planos da Rússia de um armamento maciço as forças da Alemanha talvez não permanecessem superiores por muito tempo.

Como Lenin tentava persuadir trabalhadores, camponeses e soldados nas trincheiras de que nada tinham a ganhar com a guerra, não é surpresa que enfatizasse os objetivos egoístas das classes dominantes da Europa. Ele estava menos interessado em explicar por que a guerra começara do que em explicar por que era injusta.

A famosa teoria de Lenin dizia poder ver o que se passava nas mentes dos governantes europeus diante das alternativas de guerra ou paz, em 1914. Mais tarde, a precipitação dos acontecimentos na frente oriental e nas cidades russas daria ao próprio Lenin a oportunidade de decidir entre guerra e paz. Quando eclodiu a primeira revolução russa, em março de 1917, o governo alemão percebeu que a agitação interna poderia rapidamente forçar a Rússia a desistir da guerra. Para intensificar a agitação, foi arranjado para que Lenin e um pequeno grupo de camaradas bolcheviques viajassem em um trem protegido da Suíça até o mar Báltico, de onde prosseguiram secretamente, atravessando a Suécia e a Finlândia, até São Petersburgo. Renomeada Petrogrado durante a onda de ódio contra a Alemanha em 1914, a cidade logo mudaria novamente de nome, desta vez para Leningrado, pois foi lá, em novembro de 1917, que Lenin e os bolcheviques tomaram o poder, com o slogan "Paz e pão". Uma de suas primeiras decisões foi passar pelo rádio uma mensagem ao supremo comando alemão, propondo um cessar-fogo na frente oriental. O armistício temporário foi assinado em 5 de dezembro. Na fortaleza da cidade ferroviária de Brest-Litovsk, os delegados alemães, austríacos, turcos e búlgaros começaram a negociar com os russos os termos de um acordo de paz.

Lenin e a comissão de governo precisavam então decidir se fariam as severas concessões exigidas pelos alemães na mesa de negociações ou se voltariam à batalha. Em Petrogrado, Lenin foi pessoalmente confrontado

> A FAMOSA TEORIA DE LENIN AFIRMAVA PODER VER O QUE SE PASSAVA DENTRO DAS MENTES DOS GOVERNANTES EUROPEUS QUANDO POSTOS FRENTE A FRENTE COM AS ALTERNATIVAS DE GUERRA E PAZ.

com o dilema sobre o qual havia escrito em Berna, três anos antes. Em 21 de janeiro de 1918, ele expôs seus pontos de vista em um encontro de cerca de 60 correligionários do Partido Bolchevique. Lenin não queria ceder o território nem pagar a indenização que os delegados alemães haviam exigido de Trotsky na fortaleza de Brest-Litovsk. Ele preferia começar uma nova guerra revolucionária contra a Alemanha na esperança de incitar revoluções socialistas nas cidades industriais do país. Esses objetivos, no entanto, eram impraticáveis. Conforme Lenin explicou, o exército russo "não está de modo algum em condições" de rebater uma ofensiva alemã. Na verdade, dezenas de milhares de soldados, recolhidos no campo e levados para a frente de batalha, voltavam em direção ao leste; lotavam as estações ferroviárias ou viajavam até mesmo agachados sobre o teto de carruagens, onde muitos morriam congelados. Lenin enfatizou que os soldados, em sua maioria, estavam exaustos e talvez desnutridos. Os cavalos do exército não conseguiam carregar as peças de artilharia, presumivelmente por falta de forragem. O alimento era escasso, e as linhas de suprimento, caóticas. Na costa do Báltico, a leste de Riga, as defesas russas eram tão frágeis que, se a guerra recomeçasse, uma ofensiva alemã possivelmente tomaria Petrogrado.

Na opinião de Lenin, portanto, seria loucura a nova Rússia começar uma guerra revolucionária com tão frágeis chances de vitória. Os bolcheviques fariam melhor se buscassem a paz, para reorganizar a economia e o exército, esmagar a "frenética resistência das classes ricas" e tornar o socialismo invencível na Rússia.

A visão de Lenin sobre as fraquezas da Rússia era lúcida e realista. Refletia a ideia de que a opção pela guerra ou pela paz dependia, em última análise, de considerações sobre o poder. Assim como muitos líderes ao longo da História, forçados a decidir entre a paz e a guerra, Lenin concluiu que o ponto central era verificar se a nação tinha força suficiente para impor sua vontade ao inimigo. Assim, talvez sem saber, desmontou a estrutura sobre a qual repousava a celebrada interpretação das causas da Primeira Guerra Mundial, que ele mesmo desenvolvera.

Sua defesa da paz foi a princípio rejeitada pelos ardorosos representantes de Moscou. Lenin lamentou o fato, dizendo "eles não compreendem a nova situação socioeconômica e política". Os bolcheviques tentaram, como paliativo, retardar as negociações em Brest-Litovsk. Ali, em 10 de fevereiro de 1918, o Comissário do Povo para Assuntos Externos, Leon Trotsky, retirou sua delegação e retornou à Rússia. Dali a oito dias, como o armistício expirou e nenhum delegado russo estava presente para assinar a renovação por mais um mês, os alemães retomaram a guerra contra a Rússia: com a precisão de uma manobra em tempos de paz, avançaram pela costa báltica e pelas planícies ucranianas, encontrando pouca resistência. A avaliação de Lenin estava correta. Os líderes bolcheviques foram obrigados a aceitar as novas condições estabelecidas pelos alemães, ainda mais rígidas do que os termos rejeitados anteriormente. Em março, os russos assinaram um tratado de paz e cederam uma vasta área de suas províncias do Noroeste, além de uma faixa do Cáucaso.

É raro que o autor de uma famosa análise da guerra seja alçado ao poder e compelido a testar as próprias teorias. Curiosamente, foi o que aconteceu com Lenin, e sua interpretação teórica das causas da guerra de 1914 ainda é lembrada. No entanto, a interpretação prática que ele deu às causas da guerra e da paz ficou esquecida.

O conflito entre capitalismo e comunismo não apenas absorveu Lenin, mas também dominou boa parte do século 20. As duas ideologias eram vistas pelos respectivos opositores como a causa principal da guerra. Essa visão refletia a tradicional ênfase em propósitos e motivos, como a forma mais convincente de explicar as guerras. Depois de 1991, com o fim da Guerra Fria, questões como alterações do clima e aquecimento global passaram a ser os mais graves medos internacionais, e a antiga teoria da guerra reapareceu. O que aconteceria, se água e comida se tornassem escassas em algumas das regiões mais populosas do mundo? Cientistas e economistas responderam prontamente: "As próximas guerras seriam travadas por causa de água. Ou de comida". Segundo se diz, o conflito na região de Darfur, no Sudão, em 2003, que causou um número de mortos estimado em 200 mil a 300 mil, por ferimentos ou fome, começou com uma disputa pela água, insuficiente na região. Da mesma forma, sir Nicholas Stern, economista britânico que em 2006 elaborou para o governo inglês um longo relatório intitulado "The Economics of Climate Change" ("a economia da mudança climática", em tradução literal), também já tinha advertido que o aquecimento global aumentaria as chances de guerra. Como quatro de cada dez pessoas no mundo vivem em nações que dividem com outras o rio ou a bacia hidrográfica, essa teoria parecia fazer sentido.

Se o aquecimento global realmente tiver efeitos graves sobre a oferta de comida, é provável que aumente o número de disputas ou conflitos internacionais. Dizer se isso vai fazer com que ocorram muitas guerras não é tarefa simples. Em termos gerais, a questão deve ser classificada como uma teoria sobre conflito e rivalidade, e não sobre guerra.

Essas teorias podem ser facilmente testadas, pois o mundo acumulou larga experiência em períodos de fome e seca. Se é verdade que a fome, a pobreza e a escassez de alimentos e outras matérias-primas foram as causas principais de guerras, conclui-se que muitas delas, ao longo dos últimos 600 anos, aproximadamente, envolveram nações pobres e ricas, sendo o primeiro tiro ou a primeira flechada disparados pelas pobres. A História, porém, não fornece muitos indícios de que tenha sido assim. As teorias – sejam elas de autoria de Lenin ou Stern – que enfatizam objetivos e ambições, desconsiderando a maioria das outras causas da guerra, têm muito mais apelo popular do que merecem.

CAPÍTULO 11
Um dia que vive na infâmia

A maioria das explicações para as guerras presume que uma nação deve ser, total ou majoritariamente, culpada. Na verdade, o debate acerca da culpa costuma começar antes do primeiro disparo; cada nação garante estar apenas resistindo à ameaça do inimigo. À medida que a guerra prossegue, o debate se intensifica. Quando a guerra termina, o vencedor frequentemente tenta deixar claro que o derrotado provocou o conflito, mas isso não encerra a discussão.

A ideia de que determinado país deve ter causado uma guerra nos satisfaz intrinsecamente. É difícil examinar o início do conflito sem procurar o culpado. Também é difícil resistir à conclusão de que, se uma nação começou a guerra, ela foi a causadora. Além disso, na maior parte das vezes parece fácil identificar quem agiu primeiro. Assim, pode-se sugerir que em 1914 a Áustria deflagrou a campanha contra a Sérvia, em 1950 a Coreia do Norte deu início à luta contra a Coreia do Sul e, em 1991, o Iraque começou a Primeira Guerra do Golfo.

No entanto, quando se examinam com mais atenção esses confrontos em que determinado país é claramente apontado como responsável,

> A MAIORIA DAS EXPLICAÇÕES PARA AS GUERRAS PRESUME QUE UMA NAÇÃO DEVE SER, TOTAL OU PRINCIPALMENTE, CULPADA.

a certeza com frequência se desfaz. A pergunta "Por que aquela, e não a nação inimiga, disparou o primeiro tiro?" multiplica as circunstâncias atenuantes. O ataque dos Estados Unidos à Grã-Bretanha em 1812 foi, em parte, uma resposta a muitos ataques britânicos contra os neutros navios mercantes americanos; assim, a guerra declarada apenas substituiu os conflitos intermitentes. Quando a França enviou suas legiões invasoras à Argélia, em 1830, revidava incontáveis episódios de pirataria praticados em alto-mar pelos argelinos. E quando a França declarou guerra à Prússia, em 1870, respondia a provocações, em uma situação bastante comum. Não basta examinar a retaliação ou a provocação, voltando atrás apenas um passo, uma vez que as guerras geralmente são precedidas por uma série de ameaças ou incidentes.

Afirmar que uma única nação quis e causou a guerra é presumir que o inimigo não tinha alternativa, a não ser lutar em defesa própria. No entanto, a verdade é que o inimigo tinha várias opções: retirar pacificamente suas exigências ou oferecer concessões; convocar um aliado poderoso, embora isso também envolvesse concessões; ou atacar de surpresa. Caso essas alternativas não despertassem interesse e houvesse uma agressão, a nação atacada poderia oferecer as concessões que não oferecera antes. Existiria ainda a possibilidade de recusar-se a resistir militarmente e se render de forma pacífica – estratégia adotada por muitas pequenas nações e grandes tribos nos últimos três séculos. Se uma nação rejeitasse todas essas alternativas, pode-se apenas dizer que preferiu o conflito. As guerras só acontecem quando os dois lados acreditam ter mais a ganhar por meio do enfrentamento que da negociação. A guerra só começa e só continua quando pelo menos duas nações consentem isso.

QUANDO A GUERRA VAI TERMINAR?

O salto da paz para a guerra é normalmente visto como o evento mais revelador nas variáveis relações entre países. No entanto, o salto da guerra para a paz é igualmente revelador. Se fosse lógico responsabilizar uma nação pelo começo, também seria lógico enaltecer outra pelo fim. Se a guerra é imoral, e a paz é virtuosa, deve-se louvar a nação que termina o conflito, assim como se culpa a que o inicia. Mas não é isso que acontece. Os que começam a guerra recebem uma saraivada de acusações, mas os que iniciam a paz não são identificados nem aplaudidos. Entre as centenas de livros e artigos que li sobre a guerra, apenas uma vez – só uma! – encontrei uma frase elogiosa a esse respeito. O professor John U. Nef, em seu "War and Human Progress" ("a guerra e o progresso humano", em tradução literal), louvou Napoleão III por sua decisão de encerrar a guerra contra a Áustria, em 1859. O motivo do imperador francês, segundo Nef, foi a tristeza de ver os cadáveres de homens e cavalos no campo de batalha de Magenta, no norte da Itália – um motivo, aliás, aberto a especulações.

Normalmente, o que põe fim às guerras? A partir de 1700, a maior parte delas não se encerrou simplesmente porque o vitorioso havia mostrado superioridade esmagadora; nesses casos, os envolvidos poderiam estender o combate. Na Europa e na América do Norte, no mesmo período, talvez poucas guerras tenham alcançado aquele estágio decisivo em que os vencedores, ao tomarem boa parte do território inimigo, acreditam-se aptos a ocupar o restante. Entre as mais decisivas estão a Napoleônica, a Civil Americana, a Franco-Prussiana e a Segunda Guerra Mundial. Outras – a Primeira Guerra Mundial, por exemplo – terminaram quando o vencedor era superior no campo de batalha, mas seria um erro sugerir que apenas a superioridade militar tenha determinado seu fim. Houve diversas influências, inclusive conflitos internos do país derrotado ou o medo por parte do vencedor de uma intervenção externa.

Quando analisamos essas guerras mais decisivas, a quem devemos louvar como promotores da paz? Se o poder das armas finalmente levou à trégua, aplaudimos o forte ou o fraco? Na guerra Franco-Prussiana, em 1870, elogiamos a França por sua fragilidade ou a Prússia por seus feitos militares? Uma vez que o resultado decisivo tanto pode vir das falhas do vencido quanto dos sucessos do vencedor, parece justo estender ao derrotado as homenagens prestadas ao pacificador.

Talvez fosse o caso de exaltarmos a nação que, a fim de encerrar uma guerra, fizesse concessões bem mais amplas do que sua força militar justificaria. Se aceitássemos, porém, tal definição, deveríamos também aplicá-la ao começo da guerra. A Alemanha, por exemplo, poderia ser absolvida por ter invadido a Polônia em 1939, porque às vésperas do conflito procurou obter concessões mais modestas do que seu poderio militar permitia. A Polônia, então, seria culpada por ter-se recusado a fazer tais concessões. Qualquer tentativa de aplaudir apenas uma nação pelo término de uma guerra encontra obstáculos. Fortes evidências indicam que as guerras chegam ao fim por consenso. Uma nação não pode receber sozinha os louvores pela restauração da paz.

Uma guerra termina quando as nações envolvidas concordam que ela é um instrumento insatisfatório para resolver sua questão; uma guerra começa quando as nações envolvidas concordam que a diplomacia pacífica é insatisfatória para resolver sua questão. Tem de haver consenso na transição da paz para a guerra e da guerra para a paz, pois as duas são apenas fases alternadas do relacionamento entre nações. Não é fácil reconhecer a existência desse relacionamento, pois, como cidadãos, desde a infância aprendemos a nos concentrar apenas na pátria. Além disso, a concordância mútua que marca os pontos de transição dramáticos nesse relacionamento – a mudança da paz para a guerra e da guerra para a paz – é difícil de detectar, por causa da intensa hostilidade que caracteriza, em especial, o começo da guerra. O fato de duas nações, ao entrarem em guerra, por meio desse ato concordarem em empregar meios violentos para resolver sua disputa fica obscurecido por outro mais evidente: elas discordam quanto à justiça das respectivas causas.

> UMA NAÇÃO NÃO PODE SER LOUVADA COMO AQUELA QUE, SOZINHA, RESTAURA A PAZ.

O jogo da culpa: Bonaparte e o Kaiser

A guerra é tão devastadora e cruel que nos faz rejeitar a ideia de ter muitas semelhanças com a paz; assim, a rejeição nos impede de entender mais sobre paz e guerra. Criticamos a ostentação do poderio militar quando ele rompe a paz, mas elogiamos sua atuação silenciosa quando mantém a paz. Esquecemos que, se a guerra é imoral, os prêmios da vitória – territórios, reparações, prestígio ou poder internacional – também são imorais. Como o mais alto prêmio pela vitória é o aumento do poder internacional e como tal poder é frequentemente utilizado pelo vitorioso para proteger os próprios interesses ao longo do período de paz subsequente, a paz não pode ser considerada virtuosa.

O caráter e as condições da paz, infelizmente, escondem-se sob a retórica e uma fachada de correção. Ainda que os métodos e a moralidade que iniciaram a guerra sejam virtualmente os mesmos que puseram fim a ela, os primeiros são declarados imorais, e os segundos, morais. Assim o Congresso de Viena, guardião da moralidade internacional em 1815, julgou Napoleão Bonaparte: "Como inimigo e perturbador da tranquilidade do mundo, ele se expôs a uma possível vingança pública". Os vitoriosos também se valeram da moralidade no fim da Primeira Guerra Mundial. No Tratado de Versalhes, a Alemanha e seus aliados foram formalmente condenados como agressores.

Os líderes alemães tiveram de concordar que as duras condições impostas eram uma punição a seu país, pela agressão praticada, e um ato de defesa da moralidade internacional. As colônias ultramarinas confiscadas, o território distribuído entre cinco vizinhos europeus, as reparações exigidas, os navios destruídos, as tropas dispensadas e a ocupação por forças estrangeiras de uma longa faixa do território pareceram uma justa compensação pelo que os vitoriosos descreveram no Tratado de Versalhes como "a guerra imposta a eles pela agressão da Alemanha e seus aliados". Na verdade, essas penalidades foram aplicadas por causa da derrota, e não da agressão. Se a Alemanha tivesse vencido, teria imposto penalidades similares ou até mais severas aos derrotados, em nome da moralidade internacional.

Como os vencedores eram os guardiões da moralidade internacional em Versalhes e como tal moralidade dependia da superioridade militar, tornava-se vital a manutenção dessa superioridade. Eles esqueceram que a vitória é um bem perecível. Falharam como guardiões porque, embalados pela própria retórica, continuaram a afirmar sua moralidade enquanto negligenciavam as armas. A ressurreição do militarismo alemão nos anos 30 deveu-se tanto a eventos ocorridos na França e Inglaterra quanto na Alemanha. Talvez tenha devido mais ainda à opinião americana, que fez os Estados Unidos – o mais poderoso dos vitoriosos de 1918 – voltarem as costas à Europa. Como o dr. Arthur Berriedale Keith, da Edinburgh University, disse em 1937: "Não pode haver dúvida sobre o peso da responsabilidade dos Estados Unidos na evolução dos acontecimentos em território europeu". Em essência, os últimos meses da Primeira Guerra Mundial estabeleceram uma clara relação entre vencedores e vencidos, aceita por ambos os lados. A maioria dos alemães deve ter detestado isso, mas não teve alternativa a não ser aceitar os fatos. A paz reinou enquanto a relação se manteve. O enfraquecimento e a subsequente confusão desse relacionamento foram causados pelo declínio ou afastamento dos vitoriosos e pela recuperação de duas das nações derrotadas: Alemanha e Rússia. No pano de fundo da Segunda Guerra Mundial, os isolacionistas de Washington se destacaram tanto quanto os expansionistas de Berlim; os pacificadores defensivos da Casa Branca foram tão influentes quanto os pacificadores assertivos do Kremlin; e os oportunistas em Paris, tão influentes quanto os oportunistas em Roma. Ainda assim, quando terminou a Segunda Guerra Mundial, os tribunais em Nuremberg e Tóquio concluíram categoricamente que a agressão alemã havia causado a guerra na Europa e que a agressão japonesa causara a guerra no Pacífico. As Nações Unidas endossaram a ideia e, mais tarde, a aplicaram a outras guerras.

A fachada de moralidade internacional – e a crença de que determinada nação é a culpada – torna-se quase hipnótica nos últimos dias de paz e nos primeiros dias de guerra. Os beneficiários da ordem internacional vigente enfatizam a respeitabilidade dos tratados e a solenidade das obrigações entre as nações. Esquecendo que alguns dos tratados que lhes são mais caros foram concebidos sob a força das armas, eles condenam os que usam a força das armas para romper tratados. Segundo eles, se alguém rompe um tratado, pelo menos deve reconhecer isso formalmente; se vai começar uma guerra, deve emitir um comunicado oficial. A vantagem de uma advertência clara é que se oferece uma última oportunidade para um acordo pacífico sobre as divergências em questão. Uma advertência é importantíssima para os beneficiários da ordem vigente, pois elimina o perigo de um ataque militar de surpresa, normalmente a arma das nações que pretendem alterar o desenho das fronteiras.

No século 20, as nações que começaram guerras com ataques surpresa foram muito criticadas, mesmo quando o calor da disputa e o partidarismo já estavam em declínio. Quase sempre se interpretavam os ataques como provas de que o atacante era culpado pela guerra. O Japão foi identificado como expoente máximo da agressão não anunciada. A "Encyclopaedia Britannica" se refere a Pearl Harbor como "o furtivo ataque japonês". Até a publicação "The New Cambridge Modern History", cujo quadro de autores é francamente moderado e admiravelmente imparcial em questão de nacionalismo, apontou as vantagens militares conquistadas pelo Japão em Port Arthur, no ano de 1904, e em Pearl Harbor, no ano de 1941, por meio do "elemento surpresa, sem uma declaração de guerra". Um trio de professores de academias militares norte-americanas, ao escrever sobre o ataque aéreo japonês em Pearl Harbor, sugeriu que um ataque surpresa, sem uma declaração de guerra, fazia parte da "tradição militar japonesa". Outro estudioso levantou a hipótese de motivação mais profunda, sugerindo que talvez o caráter nacional dos japoneses favorecesse essa forma de começar uma guerra.

> SE A GUERRA PRECISA MESMO COMEÇAR, UMA NOTA OFICIAL DEVE SER FEITA.

Enquanto Pearl Harbor dormia

O ataque japonês a Pearl Harbor, em 1941, não foi uma completa surpresa. Meses antes, as negociações diplomáticas entre Tóquio e Washington haviam quase chegado a um impasse. Como resultado da emissão de decretos hostis de ambas as partes, fundos japoneses nos Estados Unidos e fundos americanos no Japão foram congelados, acabando assim com o comércio entre as duas nações. Enquanto o Japão exigia total liberdade de ação na China, os Estados Unidos queriam que o Japão retirasse suas tropas do território chinês. Nenhum dos dois governos parecia disposto a ceder. Em tais circunstâncias, a guerra não foi surpresa.

O método de ataque também não foi nem um pouco surpreendente. Em janeiro de 1941, o embaixador americano em Tóquio, Joseph C. Grew, havia avisado que, segundo comentários, em caso de guerra, haveria um "ataque surpresa em massa sobre Pearl Harbor". Em Washington, no entanto, o Gabinete de Inteligência Naval desconsiderou a possibilidade e em Pearl Harbor os jogos de guerra sugeriam que uma ofensiva bem-sucedida era improvável. A explicação para isso reside no fato de que Pearl Harbor ficava longe da base naval japonesa mais próxima, era fortemente protegida e, aos olhos de seus administradores, contava com ótimos recursos humanos e materiais. Os americanos tinham um radar no Havaí para vigiar a aproximação de aeronaves, conheciam o código secreto diplomático japonês e podiam até acompanhar os movimentos de esquadras japonesas no oceano Pacífico.

Em torno das 3h45 de 7 de dezembro de 1941, o oficial de guarda em um caça-minas americano pensou ter visto o periscópio de um submarino perto da entrada de Pearl Harbor. Não muito longe dali, às 6h30, foi avistada a torre de comando de um submarino estranho. Um destróier americano seguiu a toda velocidade em sua direção e fez os primeiros disparos, dando início à longa guerra entre Japão e Estados Unidos. Os tiros do destróier atingiram a torre de comando, e bombas de profundidade foram detonadas perto do ponto onde o submarino havia submergido. Uma mensagem de rádio em código, descrevendo o incidente, foi transmitida para o continente, mas o aviso vital não foi levado em conta. Segundo o escritor, historiador e cineasta Gavan Daws, em seu minucioso livro "Shoal of Time" ("cardume de tempo", em tradução literal), "Sete horas da manhã de domingo era o momento menos movimentado do fim de semana havaiano." Poucos minutos depois, a estação de radar da ilha localizou uma grande quantidade de aeronaves, a cerca de 220 quilômetros de distância, aproximando-se. Era o ataque aéreo dos japoneses. Eles haviam levantado voo de seis porta-aviões, aproximadamente meia hora antes, e em 50 minutos estariam sobre Pearl Harbor.

O alerta do radar foi ignorado. Claro que não era esperada uma investida japonesa contra Pearl Harbor; apesar de provável, o conflito certamente não aconteceria naquele lugar. Às 7h55, no entanto, a guerra chegou a Pearl Harbor. Os Estados Unidos perderam oito encouraçados, três cruzadores e três destróieres, afundados ou gravemente danificados, além de 188 aeronaves, a maioria destruída no solo. O presidente Roosevelt chamou a ocasião de "o dia que vai viver na infâmia".

A forma espetacular pela qual o Japão começou suas guerras contra a Rússia e os Estados Unidos levanta duas questões: por que seus ataques iniciais foram ao mesmo tempo tão bem-sucedidos e tão condenados? As questões se relacionam, pois, se não fossem bem-sucedidos, sua "infâmia" seria menos óbvia. O sucesso dos ataques às esquadras inimigas em Port Arthur e Pearl Harbor deveu-se, sobretudo, à complacência do inimigo. Ambas as bases navais pareciam relativamente seguras na paz e na guerra, pois eram extremamente fortificadas e muito distantes dos portos japoneses. Como tanto os Estados Unidos quanto a Rússia se consideravam militarmente superiores ao Japão e estavam inclinados a subestimar a capacidade bélica dos asiáticos, a sensação de segurança cresceu e foi intensamente explorada pelos estrategistas japoneses. O incentivo também foi grande, uma vez que o Japão enfrentava nações militarmente mais poderosas. Acima de tudo, a oportunidade para a surpresa era maior no mar do que em terra e, nas guerras de 1904 e 1941, o poderio marítimo mostrou-se extraordinariamente vital.

Ainda que o Japão declarasse guerra antes de atacar – mesmo que a declaração chegasse, por exemplo, às 7 horas de uma manhã de domingo no Havaí – a investida quase certamente teria êxito. Na verdade, devido ao aspecto psicológico, o sucesso seria ainda mais significativo, pois uma declaração prévia de guerra privaria os inimigos de uma desculpa para a falha em suas defesas. Quanto à crença de que o Japão conquistara, pela falta de aviso, uma vantagem injusta sobre o inimigo, deve-se notar que vantagens injustas são uma característica das guerras. Em todo conflito, pelo menos um dos lados vai à luta porque se acredita mais forte que o inimigo, ou seja, crê possuir uma "vantagem injusta", a qual pretende aproveitar não apenas no primeiro dia, mas enquanto durar a guerra. Da mesma forma, durante os períodos de paz, as nações mais fortes exercem o poder para preservar os próprios interesses, simplesmente porque contam com a tal "vantagem injusta".

> APARENTEMENTE EM CADA GUERRA, PELO MENOS UM DOS LADOS CONCORDA EM LUTAR PORQUE ACREDITA SER MAIS FORTE QUE O INIMIGO.

Aqueles que consideram anormal a conduta japonesa em Port Arthur e em Pearl Harbor – talvez explicável pelo caráter nacionalista e pela tradição militar dos japoneses – têm uma última flecha para atirar. Eles podem simplesmente argumentar que o Japão deliberadamente desprezou o código internacional de ética, ao começar aquelas guerras. No entanto, deve-se duvidar da existência de tal código.

UMA VISÃO EM UM LIVRO COR DE SANGUE

Em 1882, um tenente-coronel do Departamento de Inteligência do Gabinete de Guerra britânico investigou esse suposto código de luta justa. John Frederick Maurice, filho do fundador do movimento socialista cristão, tinha servido durante os anos 70 do século 19 na Guerra de Ashanti, quando foi secretário particular de lorde Wolseley, e na Guerra dos Zulus, na qual ajudou a capturar o chefe zulu Cetywayo. Lorde Wolseley disse em certa ocasião que Maurice era o homem mais valente que ele conhecia, em combate ou diante de situações hostis. Quando se planejou um túnel sob o Canal da Mancha, e as autoridades de Whitehall temeram que ele viesse a ser usado para uma invasão repentina, Maurice foi encarregado por lorde Wolseley de decidir "se um país em paz com os vizinhos tem qualquer motivo para ver-se subitamente envolvido em uma guerra".

Em vez de teorizar sobre uma resposta, Maurice pesquisou as guerras do passado, tanto nos países da Europa quanto nos da América do Norte, e percebeu que a maioria delas havia começado com lutas, e não com declarações de guerra. Ele encontrou 47 guerras desse tipo no século 18, e outras 60 no período entre 1800 e 1870, e mais encontraria ainda, se tivesse incluído o que chamava de guerras europeias contra "tribos selvagens". Maurice também descobriu que, em 41 das guerras estudadas, uma potência parecia ter grandes esperanças de pegar o inimigo de surpresa. Pearl Harbor, portanto, seguiu um antigo padrão. Em contraste, menos de dez conflitos desde 1700 foram precedidos por declarações de guerra, e muitas dessas declarações não tinham o propósito de avisar o inimigo, mas anunciar uma situação já existente. Pelo que Maurice conseguiu apurar, apenas a declaração de guerra da França, em 1870, chegou realmente à Prússia como advertência, antes do início do combate.

Pronto o relatório, Maurice foi para a guerra do Egito. Seu livro "Hostilities Without Declaration of War" ("hostilidades sem declaração de guerra", em tradução literal) foi publicado em 1883. De número reduzido de páginas e capa cor de sangue, vendida por dois xelins o exemplar, a obra representou uma das mais valiosas investigações sobre um dos aspectos da guerra. Teve, no entanto, um curto período de influência, deixando aos poucos a corrente de conhecimento em voga.

Não encontrei as conclusões de Maurice citadas em nenhum livro publicado entre 1922 e 1972.

Quando os japoneses torpedearam Port Arthur, em 1904, sua recusa em fazer uma declaração prévia de guerra não violou as regras nem as práticas das nações. O ataque causou sensação sobretudo pelo sucesso. Houve protestos, acusando a investida de desrespeitar as regras de guerra, mas essas regras não existiam. Houve prova disso em 1907, na Segunda Conferência Internacional de Paz em Haia, quando o delegado militar russo solicitou a inclusão de uma norma que determinasse como as guerras deveriam começar. Ele foi apoiado pela delegação francesa, uma vez que a França era o aliado mais próximo da Rússia. Nessa conferência, finalmente convencionou-se que as guerras só deveriam começar depois que uma nação emitisse uma declaração bem fundamentada ou um ultimato contendo uma declaração de guerra condicional. A regra parece ter sido criada mais para tentar redimir a Rússia da então recente humilhação sofrida nas mãos do Japão que para garantir que futuras guerras só começassem depois que o inimigo fosse avisado. É provável que sua inclusão tivesse a intenção, em especial, de proteger os interesses das nações neutras, quando outras subitamente iniciassem um conflito.

Como prevenção contra uma guerra repentina, a convenção de 1907 em Haia não foi revolucionária. Um país que declarasse guerra um minuto antes de atacar o inimigo estaria de acordo com a regra. Um país que atacasse sem avisar ainda poderia estar em conformidade com a regra, se afirmasse a intenção de repelir um ataque ou pacificar uma região conturbada. Para surpresa do representante militar da China, a conferência recusou-se a definir as ações que constituíam uma guerra. A nova regra só valia para as nações que assinaram o acordo e nem para estas, caso declarassem guerra a uma nação que não tivesse assinado. Quando aderiram à Primeira Guerra Mundial, quase todas as nações cumpriam o estabelecido. À primeira vista, isso pareceu uma vitória do novo código, mas a vitória foi parcial. A determinação de Haia não passou de uma advertência leve. Além disso, em julho de 1914, na Europa, a tensão e a expectativa de um possível conflito eram tão intensas que seriam poucas as vantagens de um ataque surpresa. Como até a eclosão da guerra estrangeiros viajavam livremente pelas principais nações europeias e como a mobilização e o ataque em 1914 dependiam da concentração de homens e suprimentos em estações ferroviárias públicas, havia pouca oportunidade para o emprego de estratégias surpreendentes. No mar, as chances de ataques inesperados eram maiores; mas, como a guerra começou entre forças terrestres, as forças navais estavam suficientemente alertadas do perigo.

Depois da Primeira Guerra Mundial, os vencedores se interessavam mais em eliminar a possibilidade de guerras do que em regulamentar seu início. O 12º artigo do Tratado de Versalhes estabelecia que os membros da nova Liga das Nações deveriam submeter suas disputas à arbitragem do conselho e não recorrer à guerra antes de decorridos três meses do julgamento do caso. O intervalo de três meses perdeu o sentido, pois a maioria das nações não dava importância à arbitragem e muito menos a um período de trégua. Mesmo a convenção de Haia, no que dizia respeito a uma declaração prévia de guerra, foi basicamente ignorada nas décadas de 20 e 30. A maior parte dos conflitos nem foi declarada. Antes de invadir a Polônia, Hitler seguiu a tradição de não declarar guerra; fez simplesmente uma proclamação pelo rádio, de Berlim, 55 minutos depois do início da invasão. Como os poloneses haviam começado a mobilizar seu exército dois dias antes disso, e a Alemanha já tinha feito ameaças à Polônia, Hitler provavelmente não obteve vantagem alguma ao ignorar a convenção de Haia. A surpresa em terra firme, na Europa de 1939, era tão improvável quanto em 1914.

O choque sentido por dezenas de milhões de americanos quando os japoneses, sem declaração prévia, atacaram Pearl Harbor, ainda se reflete nos textos de muitos historiadores e cientistas políticos competentes. Eles frequentemente desviam-se do assunto para lamentar a forma pela qual o Japão iniciou suas guerras, e muitos fizeram isso em meio ao período no qual os Estados Unidos estavam envolvidos em guerras marcadas pela ausência de qualquer declaração formal, antes ou durante o conflito.

Em 1908, Ellery C. Stowell, especialista americano em direito internacional, fez uma importante observação ao discutir a nova convenção de Haia sobre as declarações de guerra: "Devemos lembrar que a opinião pública nunca abandonou as antigas ideias de uma luta justa homem a homem". A guerra, porém, não é como uma luta por um prêmio; nenhum gongo soa no começo, não há regras para impedir que um lado utilize um maior número de soldados ou armas melhores e também nenhum gongo anuncia o fim do combate. Guerra e paz não são compartimentos estanques. A paz depende de ameaças e da força e resulta com frequência da força aplicada anteriormente. A crença popular de que o primeiro golpe deve ser precedido por um aviso explícito está ligada à benevolência, mas se apoia em um sério mal-entendido acerca da natureza e das causas tanto da paz quanto da guerra.

> GUERRA E PAZ SÃO FASES FLUTUANTES DE UMA RELAÇÃO ENTRE NAÇÕES, E O OPORTUNISMO PERMEIA TODO ESSE RELACIONAMENTO.

Oportunismo e uso velado ou evidente da força atravessam cada fase da sequência de guerra e paz: início, meio e fim da guerra; início, meio e fim da paz. Guerra e paz são fases alternadas do relacionamento entre nações, entremeado de oportunismo. Da mesma forma, os populares contrastes entre belicista e pacifista, agressor e vítima, culpa e elogio não se aplicam a esse relacionamento. Raramente parece válido afirmar que uma nação causou a guerra ou foi responsável por ela. Podemos dizer apenas que uma nação iniciou o conflito ou deu o primeiro passo. Mas essa é uma descrição, e não uma explicação, do começo da guerra.

PARTE 4: TIPOS DE GUERRA

CAPÍTULO 12
GUERRAS LONGAS

Ao longo dos últimos três séculos, as guerras internacionais tenderam a ficar mais curtas. E mais mortais. Esse padrão, porém, não é exato nem previsível. As armas nucleares ressuscitaram a ideia de que os conflitos internacionais seriam curtos, terrivelmente curtos. No entanto, a maior potência nuclear viria a sustentar no Vietnã uma guerra que durou cerca de nove anos. No século 21, a mesma grande potência – os Estados Unidos – travou, no Iraque, uma guerra mais longa do que aquela e no Afeganistão, com aliados, outra mais longa ainda. Ironicamente, esperava-se que todos esses conflitos fossem curtos. Assim, fica bem claro que não é fácil prever a duração de uma guerra.

> OS MESES DE GUERRA PASSARAM A SER MENOS NUMEROSOS, PORÉM MAIS LETAIS.

QUANDO O CONFLITO CHEGA A UM IMPASSE

Longos períodos de combate eram típicos do século 18. Entre 1700 e 1815, a Europa experimentou sete guerras que duraram sete anos ou mais cada uma, mas desde então nenhum conflito na Europa prolongou-se tanto. O calendário de combates do século 18 registra muitos eventos. Tanto no primeiro quanto no último quarto do século, apenas cerca de três anos foram pacíficos na Europa toda. É pouco provável que os anos de paz no período entre 1700 e 1875 tenham chegado a 20.

A duração é apenas uma das formas de avaliar uma guerra. Algumas foram longas, em parte, porque as batalhas não eram intensas o suficiente para levar a um resultado. No século 18, as guerras tendiam a formar um ciclo: começar e parar; pegar fogo e ficar em brasa. O ritmo também oscilava com as estações do ano. Com a chegada do inverno, a maioria das esquadras se recolhia aos portos de origem, e as tropas costumavam buscar os alojamentos. Houve, no entanto, exceções dramáticas. Uma delas aconteceu nos anos 90 do século 18, quando uma esquadra holandesa, aparentemente a salvo em um porto congelado, foi capturada por um pelotão da cavalaria francesa. Nos meses mais quentes, o ritmo das lutas era reduzido, ainda, pelo paciente processo de sitiar e bloquear, tão comum no século 18. No entanto, as guerras tinham batalhas cruéis e longos períodos de lutas ferozes. Até durante os anos de paz havia escaramuças intermitentes – sobretudo em alto-mar, o que torna mais difícil a imposição de regras. Mesmo que levemos em conta a intermitência das hostilidades, podemos afirmar que as guerras do século 18 foram bastante longas.

Há muito se sabe que aquelas guerras longas coincidiram com uma época em que a defesa estava forte. Era extraordinariamente difícil vencer. As situações de total impasse ocorridas várias vezes no século 18 repetiram-se na frente ocidental da Primeira Guerra Mundial. Durante a maior parte daquele século, um exército não podia depender da ação de seus recrutas nem contar com seu entusiasmo, caso eles vissem a pátria invadida. Até os pequenos agricultores sabiam que, se a região fosse anexada por um inimigo, teriam preservada a propriedade de suas terras. Assim, trocavam o patriotismo pela neutralidade; grãos, ovos e carne produzidos por eles eram igualmente comprados ou confiscados pelos exércitos de um lado e de outro. A guerra costumava respeitar a propriedade privada. Em 1793, na Holanda, o exército austríaco chegou a pagar aluguel pelo espaço onde seus soldados acampavam. No ano seguinte em Mainz, as tropas austríacas, que fugiam dos franceses, supostamente sem dinheiro para alugar as balsas que as levariam em segurança ao outro lado do rio Reno, renderam-se – com calma e de bolsos vazios.

Talvez os austríacos às margens do Reno tenham usado a honestidade para encobrir sua rendição voluntária. Tropas desanimadas ficavam bastante felizes em desertar ou render-se. A deserção era tão comum que influenciou táticas militares e contribuiu para que algumas guerras não tivessem um fim conclusivo. Em 1704, quando Tallard guiou através da Floresta Negra uma força francesa formada principalmente por homens recém-recrutados, viu a maior parte deles desertar. Meio século mais tarde, na Guerra dos Sete Anos, os exércitos da França, Áustria e Prússia perderam mais de 200 mil homens que simplesmente desertaram. Pouco depois daquela guerra, um general britânico, sir John Burgoyne, em um relatório secreto sobre o Exército prussiano – na época considerado "a estupenda máquina da Europa" – afirmou que as deserções em tempos de paz correspondiam a um quinto das forças. Ainda segundo ele, em caso de derrota prussiana no campo de batalha, o número de soldados desertores normalmente era o triplo dos mortos ou capturados. A frase "soldados perdidos em ação" obviamente tinha um significado diferente no século 18.

Muitos regimentos não se mostravam confiáveis, quando se tratava de percorrer o campo em busca de alimentos – poderiam pegar o que fosse recolhido e desaparecer. Assim, dispunham de linhas de comunicação e vagões de suprimentos próprios, que avançavam lentamente por estradas ruins. O professor Harold Temperley, historiador de Cambridge e autor de um livro magistral sobre a Guerra da Sucessão da Baviera, comparou um soldado da era de Frederico, o Grande, a "um mergulhador, cujos movimentos ficam estritamente limitados e tolhidos pelo longo e fino tubo que o mantém vivo".

A existência de soldados pouco dignos de confiança também levou à adoção de táticas cautelosas. Generais cujo maior problema era manter a disciplina favoreciam naturalmente os ataques em bloco, e não em pequenos grupos. Os escaramuçadores e atiradores de precisão, recursos que a França utilizaria com muita eficiência a partir da década de 90 do século 18 no prelúdio de muitas batalhas, eram considerados até então perigosos, arriscados demais e pouco dignos de confiança pela maioria dos comandantes. As táticas rígidas provavelmente restringiam as chances de uma vitória decisiva no campo de batalha formal e de exploração dessa possível vitória. Uma razão pela qual um exército raramente perseguia um inimigo em retirada era o medo de que parte das tropas vitoriosas não apenas alcançassem o inimigo, mas lhe passassem à frente, fugindo. O duque de Marlborough ofereceu um raro exemplo de perseguição bem-sucedida em 1706 quando, logo depois da Batalha de Ramillies, retomou dos franceses em retirada a maior parte da região de Flandres e de Brabante em menos de duas semanas. No entanto, talvez tenha contribuído para isso o fato de Marlborough já haver demonstrado, em sua longa marcha da Holanda até a Baváris, ser um daqueles raros comandantes que perdiam surpreendentemente poucos homens para a deserção.

> OS COMANDANTES ERAM INSTRUÍDOS A VENCER SEM CORRER O RISCO DE PERDER.

Mercenários estrangeiros, por sua disposição e lealdade, eram com frequência preferidos às tropas nacionais. A pequena cidade independente de Hesse-Cassel, nas montanhas da Alemanha central, era famosa pelos mercenários que seu "landgrave" – título correspondente ao de príncipe – oferecia a monarcas estrangeiros. Ele exportava soldados, assim como a Itália e a Grécia atualmente exportam trabalhadores. Na verdade, o aluguel de soldados era provavelmente a fonte principal de recursos daquela região nas épocas de conflitos. Na Guerra da Sucessão Austríaca, um contingente hessiano de 6 mil homens, pago pela Grã-Bretanha, lutou contra a Áustria. Somente a Grã-Bretanha assinou 17 contratos com Hesse-Cassel para o fornecimento de tropas. Em uma dessas transações – esta envolveu 3 milhões de libras – foram contratados 20 mil soldados na tentativa de esmagar a revolta das colônias americanas, nos anos de 70 do século 18. Diz-se que a mosca de Hesse, uma praga que atacou os cinturões de trigo da América do Norte, lá chegou dentro dos colchões de palha daqueles mercenários. Até a Rússia oferecia soldados, e a Grã-Bretanha quase enviou navios com tropas de mercenários russos para Boston e Nova York, nos anos 70 do século 18, para dominar a rebelião.

Os impasses militares tendiam a ser mais sérios em regiões da Europa Ocidental densamente povoadas, com cidades mais ricas e fortificadas. As táticas cautelosas da época indiretamente contribuíam para a construção de fortes mais bem protegidos, dificilmente capturados. Além disso, um inimigo cuidadoso normalmente preferia passar longe dos fortes, para não expor ao perigo as próprias linhas de comunicação.

Os combates no leste ou norte da Europa tendiam a ser mais agitados. Nas planícies que frequentemente serviam como teatro de guerra para a Prússia, Suécia, Polônia, Rússia e Turquia, a cavalaria tinha o espaço no qual sua mobilidade podia mostrar-se decisiva. Frederico, o Grande, possuía, na opinião de um especialista em questões militares, "os dois melhores oficiais de cavalaria que um exército já conheceu"; ele venceu pelo menos 15 batalhas graças ao poder de sua cavalaria, apoiada pelos mosquetes e pela artilharia. Em planícies pouco habitadas, os combates raramente chegavam a um impasse. Em cidades populosas, a situação era outra: nas guerras do período 1700-1790, a única capital de grande importância a ser capturada por um inimigo foi Berlim, situada nas planícies do norte. A invasão de Berlim aconteceu durante a Guerra dos Sete Anos, quando a Prússia lutava contra a forte aliança formada por França, Rússia, Áustria e várias outras potências menores. Deve-se lembrar que Berlim era particularmente vulnerável porque ficava a pouco mais de 32 quilômetros da fronteira sul da Prússia.

Na segunda metade do século 18, a guerra no mar também tendia ao impasse. Quando grandes esquadras inglesas e francesas se enfrentavam na linha de batalha, a luta normalmente terminava "sem um fato memorável, um navio destruído ou capturado por um dos lados". John Clerk e muitos outros estudiosos atribuíram essas batalhas vãs à rigidez das táticas navais de então. Um embate no mar tinha se tornado quase tão formal e ritualístico quanto uma dança coreografada, em que as esquadras rivais formavam duas linhas paralelas e evoluíam em direção ao centro do salão. A diferença era que, em vez de se darem as mãos, os dois lados disparavam imprecisos tiros de canhão. Na Marinha britânica, uma descrição popular para as linhas paralelas de batalha era "uma garota para cada homem". Isso soa mais como uma frase entreouvida em uma boate enfumaçada do que a descrição de uma batalha marítima, mas o significado é similar.

Na opinião do professor e historiador naval Christopher Lloyd, das 15 batalhas que a Grã-Bretanha travou no mar em 90 anos a partir de 1692, apenas 6 podem ser consideradas decisivas, sobretudo porque a linha de batalha formal foi fragmentada em uma série de embates individuais. Mesmo nessas batalhas conclusivas houve limite na extensão da vitória, uma vez que alguns navios da esquadra derrotada frequentemente escapavam.

Guerras em terra e no mar foram prolongadas, em parte, pelas táticas pouco elaboradas – um dos efeitos das dificuldades financeiras. Décadas de guerra deixaram quase vazios muitos cofres reais. Várias nações condicionavam a permanência na luta à ajuda de aliados ricos. O patrocinador mais generoso era a Grã-Bretanha, e nas Guerras Revolucionárias e Napoleônicas seu círculo de aliados arrecadou 65 milhões de libras. Em 1813, por exemplo, Áustria, Prússia, Portugal, Rússia, Sicília e Suécia receberam ouro britânico ou suprimentos; no ano seguinte, Dinamarca e Hanover se juntaram ao grupo. As nações que recebiam subsídios geralmente tinham também de tirar polpudas somas do próprio orçamento, para manter os exércitos em campo e as esquadras no mar. Quando os tributos cobrados aos cidadãos do país não bastavam para gerar receita, era preciso fazer empréstimos, tanto em instituições internas quanto no estrangeiro.

A Prússia era famosa no século 18 por sua habilidade em fazer guerra sem assumir débitos astronômicos. Quando Frederico, o Grande, se tornou rei, em 1740, herdou um tesouro de 9 milhões de táleres. Ao morrer, em 1786, deixou um tesouro de mais de 50 milhões de táleres. Mesmo assim, esse modelo da economia doméstica provavelmente teria perdido a Guerra dos Sete Anos, não fossem os subsídios britânicos.

As outras nações que participaram de longos conflitos no século 18, em sua maioria, acumularam pesadas dívidas públicas. Adam Smith, brilhante observador da economia de guerra, lamentou "os altíssimos débitos que hoje oprimem e, a longo prazo, provavelmente levarão à ruína todas as grandes nações europeias". Muito antes das lojas de departamentos e das revendedoras de carros, os monarcas da Europa tinham aprendido o valor da compra a prestação ou dos empréstimos, mas seu hábito de "lutar agora e pagar depois" custou caro. As revoluções nos Estados Unidos na década de 70 do século 18, e na França na década de 90 do século 18, foram em parte incitadas pela revolta do povo em relação aos altos impostos que as guerras anteriores tornaram necessários.

O custo de manter esquadras e exércitos enormes, sem falar no preço da substituição de homens e equipamentos perdidos em batalha, tornara-se um fardo. Os monarcas tinham em suas forças armadas uma gigantesca coleção de equipamentos importantíssimos que não conseguiriam substituir, caso fossem destruídos. Acontece que, para cumprir sua função, os equipamentos militares correm o risco de sofrer danos. O resultado foi a formação de uma classe de comandantes que frequentemente recebiam a ordem de vencer sem correr o risco de perder.

O militar prussiano Carl von Clausewitz escreveu : "Não existe relacionamento humano que mantenha tão constante e ampla conexão com o acaso como a guerra. De todos os setores da atividade humana, a guerra é o mais parecido com um jogo de azar". Se assim for, o jogo de azar da guerra no século 18 caracterizou-se por um desejo generalizado de minimizar o risco.

GUERRA GERAL É GUERRA DURADOURA

A guerra no mar e em terra foi enfraquecida, em parte, pelos tipos de armas e táticas empregadas no século 18, estas por sua vez influenciadas pela estrutura social e econômica das monarquias. A partir de então, uma série de eventos e inovações revigoraram o poder de ofensiva.

Na França revolucionária dos anos 90 do século 18, assim como nas colônias americanas rebeladas duas décadas antes, os soldados agiam com um entusiasmo raramente demonstrado naquele século. Livres da cautela e da disciplina rígida necessárias aos exércitos mercenários, eles ganharam em flexibilidade e força de combate. As tropas francesas costumavam recolher alimentos nas terras por onde passavam; assim, avançavam a uma velocidade que pareceria avassaladora aos soldados de épocas anteriores. Os exércitos de Napoleão também empregavam atiradores de alta precisão que iam na dianteira das tropas. Esse primeiro pelotão e os encarregados de recolher alimentos teriam representado um risco para os antigos exércitos, porque os soldados provavelmente aproveitariam a oportunidade para desertar.

As Guerras Napoleônicas marcaram uma mudança, da defensiva para a ofensiva. Táticas e estratégias tornaram-se, de modo geral, mais ousadas; o entusiasmo muitas vezes suplantava a cautela, e as campanhas lentas que caracterizaram a guerra durante os 50 anos anteriores foram substituídas pela agilidade de movimentação que rapidamente cobria longas distâncias. O vigor da abordagem levou a uma média anual de combates superior ao tempo dos mercenários. O novo espírito, porém, não pareceu reduzir a duração dos conflitos. A Revolução Francesa se prolongou por 10 anos, e as Guerras Napoleônicas se estenderam por 12. Fica claro, então, como são complicadas as condições que influenciam na duração de uma guerra.

Existem outras influências capazes de encurtar ou prolongar uma guerra, e uma dessas influências, apesar de evidente, parece ter escapado à observação. Dos conflitos entre 1700 e 1815, os sete que duraram pelo menos sete anos foram guerras gerais, travadas por muitas nações. Diferentemente, durante os 99 anos que separam a derrota de Napoleão e o começo da Primeira Guerra Mundial, houve apenas uma guerra geral no hemisfério Norte: a da Crimeia, significativamente a mais longa na Europa naquele período.

A expressão "guerra geral" é vaga e não tem uma definição reconhecida. Considero guerra geral um conflito de que participam no mínimo cinco potências, sendo pelo menos três grandes. Segundo essa explicação, houve nove guerras gerais entre 1700 e 1815, duas entre 1815 e 1930. Com uma definição mais rigorosa de "guerra geral" (digamos uma que envolva oito nações, das quais pelo menos quatro grandes), fica mais nítida a diferença entre os séculos 19 e 18. Assim, o período 1700-1815 passa a ter seis guerras gerais, o período 1815-1930 apenas uma, a Primeira Guerra Mundial. Para os que julgam difícil definir as "grandes potências", sugerindo que o único dado seja o número de nações participantes, o período de 1700 a 1815 teve seis guerras, cada uma envolvendo oito ou mais nações; por sua vez, o período seguinte, entre 1815 e 1930, teve duas guerras desse tipo, a Austro-Prussiana e a Primeira Guerra Mundial.

Por que, em determinada época, as guerras gerais eram frequentemente mais longas do que as guerras das quais participavam apenas duas ou três nações? Pelo menos quatro razões podem ser apresentadas. Primeiro, em um conflito com várias nações envolvidas, a força militar tendia a ser distribuída com mais equilíbrio entre os dois lados e, quanto mais equilibrada a força, mais improvável uma conclusão rápida. Segundo, em uma guerra geral, costumava haver várias frentes, tanto no mar quanto em terra. Com isso, dificilmente uma aliança vencia em todos os palcos da guerra, que então se prolongava. Terceiro, uma aliança entre várias nações em geral não coordenava suas campanhas com eficiência; assim, tornava-se complicado atrair seus representantes para uma conferência de paz ou chegar a um consenso sobre os termos do acordo.

Um quarto fator tendia a prolongar as guerras gerais e encurtar as guerras entre duas nações. Neste último caso, o vencedor frequentemente desejava que a paz viesse logo, pois temia que outra nação interviesse, tomando-lhe a vantagem conquistada a duras penas. Compreensivelmente, os países que estavam vencendo uma guerra geral não sentiam o mesmo medo; afinal, praticamente todos os países adjacentes já se haviam envolvido no conflito. Na Europa, desde a década de 90 do século 18, objetivos ambiciosos eram típicos de guerras gerais, enquanto objetivos modestos eram mais característicos daquelas travadas entre duas nações. Toda guerra geral, da época de Napoleão e Pitt até os tempos de Churchill e Hitler, provavelmente teve seu fim adiado pela recusa do lado vencedor em satisfazer-se com uma vitória restrita.

A Batalha de Waterloo marcou o fim de uma era de guerras gerais na Europa. A longa duração dos conflitos entre 1700 e 1815 deu-se em parte pelo ritmo intermitente das batalhas e em parte, talvez, pelas técnicas de combate então empregadas, assim como pela estrutura social e econômica das nações. Mas o principal fator do prolongamento das guerras foi a tendência de envolver muitos participantes.*

Argélia e Indochina: o exército francês vacila

No século seguinte a Waterloo, as guerras mais longas foram travadas fora do continente europeu. Os conflitos nas colônias começaram a dominar o calendário. Embora o número de vítimas e o custo anual de um desses embates fossem frequentemente inferiores a um mês de guerra na Europa, muitos deles se tornaram sérios e surpreendentemente difíceis de serem dominados. Assim, faz sentido perguntar se esses longos conflitos nas colônias sofreram a influência dos mesmos fatores que prolongaram a guerra na Europa.

Talvez a mais longa guerra internacional do século 19 tenha sido entre França e Argélia. De certa forma, houve ali uma prévia das guerras de longa duração que a França viria a travar em meados desse século, na Argélia e na Indochina. A Argélia, às vésperas da invasão francesa de 1830, era uma república independente cujo território ia dos limites do Saara à acidentada costa do Mediterrâneo. Por gerações, piratas argelinos partiam de seus portos pedregosos para atacar navios e portos

---

* As causas das guerras gerais, em contraposição àquelas entre duas ou três nações, são discutidas no capítulo 14, O Mistério das Grandes Guerras.

europeus na extremidade ocidental do Mediterrâneo, resistindo a várias expedições navais europeias.

Em maio de 1830, o governo francês enviou 9 navios de linha, 56 fragatas, corvetas e brigues, 8 barcos a vapor e uma flotilha de pequenas embarcações. Compunham a esquadra 37 mil homens e 4 mil cavalos, sob o comando do ministro da Guerra francês, marechal de Bourmont. Sem dúvida, a Argélia e os portos piratas seriam logo conquistados. Entretanto, a conquista só se completou depois de 17 anos e muitas campanhas.

A explicação para a demora da França em conquistar a Argélia deve lançar luz sobre outras longas guerras coloniais. Um território pequeno com população esparsa era mais facilmente conquistado que um território extenso com milhões de habitantes. Com mais de 965 quilômetros de extensão, de leste a oeste, metade dessa medida de norte a sul junto dos limites do Saara, e uma população de aproximadamente 3 milhões de pessoas, a Argélia não era presa fácil para um invasor. Os verões quentíssimos e o solo rochoso do país também favoreciam a defesa, contribuindo em muito para prolongar a guerra. Assim também, uma terra relativamente unida – a Argélia se unia pela fé no islamismo – tinha mais esperança de resistir a um governo europeu do que outra seriamente dividida por questões raciais e religiosas.

O poder de um exército invasor não dependia da superioridade em diversas técnicas de guerra, mas do domínio de um pequeno conjunto de técnicas aplicáveis com eficiência às lutas nas colônias. A relutância em aceitar essa lição ajudou a prolongar vários conflitos. Assim, a força da artilharia francesa – vital em tantas guerras na Europa – foi menos devastadora na Argélia, onde o transporte de armas pesadas para o interior do país não era apenas árduo, mas um prenúncio em alto e bom som, para os nativos, do plano de ataque francês. Além disso, o mais rápido meio de transporte na Argélia era o cavalo, e os argelinos ultrapassavam com frequência a cavalaria francesa no terreno acidentado. Situação análoga aconteceu no Vietnã, nos anos 60: o poderio aéreo não deu aos Estados Unidos as esperadas vantagens avassaladoras contra um inimigo que concentrava o sistema de transporte em pouquíssimas ferrovias, e o esforço de guerra em vulneráveis centros de indústria pesada. (Os maiores centros de indústria pesada do norte do Vietnã estavam na União Soviética, Europa Oriental e China – protegidos, portanto.) Armas nucleares, o símbolo ostensivo do poderio militar, de nada adiantavam no campo de operações americano no Vietnã, assim como de nada adiantou aos ingleses possuírem a Marinha mais poderosa do mundo na perseguição aos bôeres no interior da África do Sul, na virada do século 19 para o século 20. O maior valor desse símbolo inútil de poderio militar era advertir outras nações de que não deveriam interferir no conflito.

Portanto, um fato que tendia a prolongar as guerras coloniais era a incapacidade, do lado mais forte, de empregar algumas de suas armas superiores. Na verdade, essas guerras às vezes se assemelhavam a uma guerra europeia entre uma potência marítima e uma terrestre: os dois participantes não conseguiam se entender. O "jogo de gato e rato" se intensificou quando a tática de guerrilha foi colocada em prática pelos argelinos em 1830; pelos cubanos contra a Espanha nos anos 1870 e 1890; pelos bôeres contra a Grã-Bretanha na virada do século; pelos vietnamitas contra franceses e americanos desde 1945; e por forças nacionais em outras guerras de colonização ou libertação. A resposta ocidental à guerrilha era, invariavelmente, mandar reforços, mas a expedição de navios com tropas e suprimentos era sempre dispendiosa e lenta.

> O PODER DE UM EXÉRCITO INVASOR DEPENDE DE TÉCNICAS QUE PODEM SER APLICADAS DE MANEIRA EFICIENTE EM UMA LUTA COLONIAL.

A guerra se prolongou porque uma sucessão de ministros franceses custou a entender que a vitória exigia mais dinheiro e mais homens. É compreensível que uma potência europeia em luta contra uma colônia – um conflito cujo prêmio pela vitória, embora atraente, não costumava ser bonito – esperasse empregar apenas parte dos esforços que normalmente dedicaria a uma guerra contra uma grande potência. No entanto, a derrota por uma grande potência seria potencialmente desastrosa, mas a derrota por uma colônia era simplesmente humilhante.

As nações "avançadas" frequentemente tinham suas conquistas retardadas pelo liberalismo e pelo respeito à vida humana, professados por elas. Quando em 1830 a França capturou a cidade de Argel, divulgou um manifesto pela tolerância: "O exercício da fé maometana deve permanecer livre. A liberdade, a religião, a propriedade, o comércio e a indústria de todos os cidadãos de todas as classes devem permanecer intocados; suas mulheres devem ser respeitadas. Palavra de honra do general em chefe".

Embora nem sempre os honre inteiramente, a nação adepta desses princípios muitas vezes, por causa deles, deixa de empreender campanhas contra adversários. A relativa tolerância da França em relação aos cidadãos argelinos que se ligaram a atividades terroristas favoreceu a resistência nas cidades ocupadas. A situação se repetiu na Indochina, no século seguinte. Se franceses e americanos tivessem aplicado métodos menos misericordiosos nas áreas ocupadas, como fizeram Alemanha e Japão na Segunda Guerra Mundial, a guerra no Vietnã teria sido mais decisiva. No Vietnã do Sul, nos anos 60, as forças inferiores da Coreia do Sul foram mais eficientes – em outras palavras, mais impiedosas – que as dos americanos na eliminação de inimigos das zonas ocupadas. O sucesso dos sul-coreanos aponta indiretamente uma razão pela qual os Estados Unidos tiveram dificuldade em restabelecer a ordem no Vietnã do Sul.

> A CAPACIDADE DE UMA "NAÇÃO AVANÇADA" CONQUISTAR ERA RETARDADA POR SEU LIBERALISMO E RESPEITO PELA VIDA HUMANA.

Várias guerras coloniais ou imperialistas foram prolongadas por críticas internas que desejavam encurtar um conflito travado no exterior. Na França, um partido pacifista ganhou voz nos anos 30 do século 19, e quando a campanha na Argélia foi frustrada esses críticos agiram com mais veemência, questionando se a guerra valia os gastos que acarretava. Essa controvérsia, tão patente em Paris nos anos 30 e 40, ressurgiu daí a um século, quando da malsucedida campanha na Indochina, e foi ainda mais expressiva em Washington, quando os americanos sofreram reveses similares no mesmo território. Ao que parece, muito da oposição interna a guerras em locais distantes baseia-se mais em aversão ao insucesso das estratégias militares do que à guerra propriamente dita. Por ironia, essa oposição, ao reduzir a perspectiva de reforços, às vezes prolongava a guerra.

É fácil apontar outro fator imprevisível para a longa duração de alguns conflitos. Eram guerras de três estágios. No primeiro, um lado conseguia uma série de vitórias que levavam à ocupação de extensas áreas do território inimigo. Então, no estágio 2, o inimigo lentamente se recuperava, começando a obter vantagem no campo de batalha e a tomar de volta o território perdido. Em seguida, vinha o terceiro estágio, quando o inimigo, já recuperado, invadia o país que o atacara. As Guerras Napoleônicas e a Segunda Guerra Mundial foram prolongadas por tais eventos, pois o perdedor final havia alcançado amplas vitórias no primeiro estágio. De fato, na Segunda Guerra Mundial, os japoneses tiveram conquistas tão abrangentes e impressionantes na terra e no mar, na zona do Pacífico nos três meses anteriores a março de 1942, que ainda dominavam boa parte daquele território, incluindo Singapura, Hong Kong, Xangai e Pequim, quando a guerra terminou repentinamente em agosto de 1945.

Há outro indício quanto às forças que prolongam determinados conflitos. As guerras estrangeiras ou coloniais mais duradouras foram travadas quando a paz prevalecia no continente europeu. Pode-se perguntar se a paz na Europa ajudou a prolongar as guerras coloniais ou se as guerras coloniais ajudaram a prolongar a paz na Europa. As duas hipóteses são plausíveis. A França, por exemplo, passou alguns anos tão comprometida com a guerra na Argélia que talvez não quisesse arriscar-se na diplomacia europeia. Ao mesmo tempo, a paz na Europa permitiu à França continuar lutando na Argélia. Se uma guerra maior começasse na Europa enquanto uma nação ocidental estivesse envolvida em uma dispendiosa campanha colonial, essa campanha quase certamente se encerraria. Assim, o que prolongava as guerras nas colônias tendia a encurtar as guerras na Europa.

As longas guerras coloniais, bem como as guerras gerais na Europa, ficaram livres de interferências externas. Isso aconteceu em parte pela distância do campo de batalha, mas sobretudo pela força das potências ocidentais que se envolveram nesses longos conflitos. Quando a França lutou na Argélia, entre 1830 e 1847, tinha um exército considerado o melhor do mundo; quando a Grã-Bretanha enfrentou os bôeres, possuía uma força naval todo-poderosa; e, quando os Estados Unidos intervieram no Vietnã, não havia poderio aéreo que se comparasse ao deles. Assim, quando uma nação ocidental lutava em uma guerra colonial, raramente enfrentava outra nação ocidental. Uma das raras exceções foi em 1898, quando os Estados Unidos lutaram contra a Espanha, a favor dos cubanos. De modo significativo, essa intervenção foi extraordinariamente fácil, pois a Espanha não era exatamente uma grande potência, e o "teatro de operações" ficava mais perto dos Estados Unidos. Assim, a guerra cubana não teve o isolamento que ajudou a prolongar outras guerras coloniais. Na Europa, lutas armadas que envolviam duas nações eram frequentemente encurtadas pelo medo de que uma potência mais forte interferisse. Fora da Europa, algumas guerras coloniais se estenderam parcialmente em razão de não haver tal medo.

CAPÍTULO 13
GUERRAS MAIS CURTAS

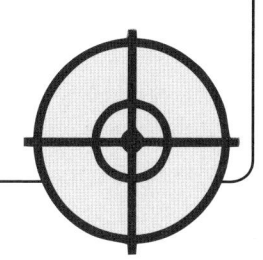

Na Europa, nos 19 anos que separam a Batalha de Waterloo da Primeira Guerra Mundial, houve guerras curtas, em sua maioria. A Guerra das Sete Semanas, um dos eventos mais notáveis daquele século, foi apenas um da farta lista de conflitos curtos. Nos anos 1880, ocorreu outro ainda mais breve, uma batalha feroz com duração de duas semanas, entre a Sérvia e a Bulgária. Uma década depois, Grécia e Turquia lutaram perto de sua fronteira montanhosa. Muitos correspondentes estrangeiros mal tiveram tempo de chegar à frente de batalha, logo enviavam a seus veículos de origem a notícia de que o conflito terminara no 30º dia. Se a duração média das guerras europeias do século 19 fosse a mesma do século anterior, poucas pessoas da época de Darwin, Bismarck, Marx e Edison teriam considerado pacífico o tempo em que viveram. Uma parte vital da explicação para a relativa paz dessas afortunadas gerações é simplesmente a curta duração das guerras na Europa.

Para os europeus, uma das facetas mais impressionantes da era das maravilhas mecânicas foi a agilidade das manobras de guerra. A opinião geral considerava essa agilidade um resultado tardio da revolução industrial. Dizia-se que as novas máquinas tinham transformado os combates. Nos navios de guerra, o vapor substituía as velas, e o ferro, a madeira. Em terra, as ferrovias substituíam as carroças, e o telégrafo elétrico tomava o lugar dos mensageiros. A organização dos exércitos ficou mais eficiente, e seus equipamentos foram transformados pelo fuzil de retrocarga, pela metralhadora e pelo canhão. As armas estavam tão avançadas que, em 1900, os observadores europeus acreditavam que as guerras de longa duração pertenciam ao passado, a uma época na qual os soldados carregavam sacos de pólvora e os oficiais usavam punhos de renda.

A VELOCIDADE DA ARMA DE AGULHA

Mesmo antes dos sucessos-relâmpago alcançados pela Prússia nas campanhas de 1864, 1866 e 1870, as inovações da era das máquinas pareciam favorecer as vitórias rápidas. O conflito entre a Áustria e a França, em 1859, fortaleceu a ideia de que as guerras modernas se constituiriam de poucas, mas decisivas batalhas. O coronel Charles Chesney, professor de história militar na academia de Sandhurst e aclamado como o melhor crítico dessa matéria na Inglaterra, acolheu o novo tipo de combate com a admiração de um arqueiro que visse um fuzil pela primeira vez. Chesney enxergou na nova tecnologia um meio de poupar ao mesmo tempo trabalho e vidas. Dos "horrores prolongados" da Guerra dos Trinta Anos, escreveu ele, o mundo pelo menos estava livre. O novo estilo passava a decidir o destino das nações "nos primeiros dias de conflito". Em janeiro de 1866, ele tinha certeza de que "com os avanços da civilização, o aumento da riqueza e a comunicação mais rápida e precisa, as estratégias cresceriam em importância, tornando-se mais ousadas e decisivas". Essa teoria era quase uma versão de Sandhurst da profecia de Manchester; enquanto muitos comerciantes acreditavam que a civilização tecnológica enfraquecia o

> PARA OS EUROPEUS, UMA DAS FACETAS MAIS IMPRESSIONANTES DA ERA DAS MARAVILHAS MECÂNICAS FOI A VELOCIDADE DA GUERRA.

apelo da guerra, muitos soldados viam na novidade um meio de promover batalhas mais rápidas e com menos deslocamentos.

A Guerra das Sete Semanas entre Áustria e Prússia pareceu confirmar o otimismo de Chesney. A invasão prussiana no território austríaco começou em meados de junho de 1866. Em um mapa moderno, seria uma investida em direção ao sul, partindo do leste da Alemanha e da Polônia, e atravessando as planícies da Checoslováquia. Em menos de três semanas, mais de 200 mil prussianos e mais de 200 mil austríacos e saxões se enfrentaram em Sadowa, perto do rio Elba. O confronto entre aqueles que eram provavelmente os dois maiores exércitos já reunidos em um campo de batalha começou em uma manhã chuvosa de julho, e às 16h30 os austríacos já batiam em retirada, deixando para trás um quinto de seus homens, prisioneiros ou mortos. Três semanas depois, Áustria e Prússia aceitaram um acordo de paz.

Enquanto a Guerra da Prússia de 1866 mostrou a eficiência dos novos fuzis de antecarga, em comparação aos fuzis de retrocarga dos austríacos, a Guerra da Prússia de 1870 comprovou que a meticulosa organização do sistema ferroviário era capaz de agilizar o transporte de um grande exército até o campo de batalha. A rapidez do ataque prussiano surpreendeu os franceses e os observadores militares em toda a Europa. Em aproximadamente 17 dias, a Alemanha transportou à linha de frente 440 mil homens, 135 mil cavalos e 14 mil veículos e armas em um comboio bem organizado de 1,2 mil trens. Decorridos dois meses de combate, os prussianos comemoravam o início do cerco a Paris. Essa foi uma das mais decisivas guerras da história moderna e pareceu demonstrar que as novas técnicas militares eram implacáveis.

A sucessão de guerras curtas continuou. Entre 1860 e 1914, praticamente todas as nove guerras na Europa terminaram em um ano. O mesmo período registrou conflitos mais longos, travados nas Américas. Na década de 60 do século 19, três guerras – a Civil Americana, a do Paraguai e a expedição francesa ao México – estenderam-se por pelo menos quatro anos cada. Em 1879, Chile, Bolívia e Peru começaram a Guerra do Pacífico, que entre altos e baixos durou quatro anos. Como aconteceram fora da Europa, porém, e apenas a do México envolveu um exército europeu, não perturbaram a crença cada vez mais difundida de que as guerras estavam encurtando. Em geral menos comentados, por não terem recebido suficiente emprego da nova tecnologia militar, aqueles três conflitos ofereceram, pelo menos, uma lição não percebida na época: isolados de interferências externas pelo oceano ou por circunstâncias políticas, não sofreram as pressões que, na Europa, tendiam a encerrar as guerras.

Em solo europeu, muitos conflitos realmente ilustraram o efeito decisivo de novas armas e novos meios de transporte, mas houve certo exagero. Em pelo menos metade deles, depois de 1815, a nação derrotada ainda seria capaz de continuar lutando com vigor, quando da assinatura do armistício. Entretanto, os vitoriosos ofereciam um acordo em termos moderados, em parte por medo de que outra nação interferisse, tomando o que haviam conquistado. Em 1859, a França se satisfez com uma vitória modesta sobre a Áustria, porque os prussianos pareciam propensos a ficar do lado dos austríacos, caso a luta se estendesse. Mesmo a Prússia e a Áustria, em sua rápida guerra contra a Dinamarca em 1864, conheciam os perigos de uma intervenção francesa ou britânica, em apoio ao país derrotado. E a Prússia, em 1866, estava consciente do perigo de a França vir a ajudar as forças austríacas que se retiravam em direção a Viena. Bismarck assim falou aos membros da Câmara Baixa do Parlamento prussiano: "Ninguém poderia esperar que travássemos duas guerras ao mesmo tempo. A paz com a Áustria ainda não estava decidida. Seria justo que arriscássemos nossa gloriosa campanha, iniciando as hostilidades contra um segundo inimigo?"

Aqueles que tentaram explicar a curta duração das guerras europeias tendiam a esquecer as palavras de Bismarck e lembrar apenas a rapidez das armas de agulha ou os bem organizados comboios das tropas alemãs. Assim, não perceberam a razão mais importante pela qual as guerras curtas se tornaram comuns na Europa.

Ivan Bloch e sua visão de uma grande guerra

A crença de que guerras futuras seriam mais curtas tornou-se comum, mas não unânime. A mais enérgica crítica a essa crença partiu de um banqueiro que vivia na cidade de Varsóvia, administrada pelos russos. Ivan S. Bloch publicou, nos anos de 97 e 98 do século 19, um trabalho em seis volumes sobre a guerra. De início, sua voz parecia o coaxar de um sapo na poça d'água, respondendo ao apito do navio a vapor em um rio próximo. Afinal, tratava-se de um homem de negócios falando de estratégias com estrategistas. Segundo ele, a próxima grande guerra na Europa se resumiria a um cerco longo e sanguinário, com exércitos numerosos espalhados ao longo de uma enorme frente de batalha, atacando com tal velocidade e precisão que os sobreviventes teriam de buscar abrigo nas trincheiras. "Será uma grande guerra de entrincheiramento. A espada será tão indispensável a um soldado quanto um fuzil. Quem tiver apreço pela vida deverá cavar um buraco no chão." Nas palavras de um capitão francês citado por Bloch, a frente de batalha seria um "cinturão de mil passadas, varrido por um fogo cruzado tão intenso que nenhum ser humano conseguiria atravessar". Essa batalha monstruosa não teria vencedores. Enquanto continuasse o impasse nas trincheiras, a população civil sofreria. O alimento se tornaria escasso, os preços subiriam, o moral nas cidades seria abalado. A paz viria, por fim, por meio da fome e de revoltas socialistas ou anarquistas, sem que nenhuma nação saísse vitoriosa.

Como estudioso da guerra, Ivan Bloch era um gênio. Suas previsões devem estar entre as mais notáveis já feitas no campo do comportamento humano. Muitos dos eventos da Grande Guerra confirmaram tais previsões: os milhões de perdas, as revoluções socialistas na Rússia, a queda das monarquias russa, austríaca e alemã, as raras vitórias nos campos de batalha. Acima de tudo, Bloch previu uma guerra longa e terrível; o fato de classificar como "longa" uma guerra a partir de dois anos de duração era um sinal da ideia corrente de que os futuros conflitos não ultrapassariam poucos meses.

Bloch não acreditava que as guerras anteriores servissem como um guia confiável para um futuro conflito entre as maiores potências europeias. Segundo previa, uma grande guerra na Europa provavelmente envolveria Rússia e França de um lado, Alemanha, Áustria e Itália do outro. Como cada aliança tinha cerca de cinco milhões de combatentes, armamentos equivalentes, fronteiras fortemente guardadas e técnicas militares que favoreciam a defesa, nenhuma teria força bastante para ultrapassar as linhas inimigas. "Digam o que disserem, a guerra do futuro será uma luta por posições fortificadas e por isso deve ser longa." Bloch também acreditava que novas influências econômicas dariam fim à guerra. A fome e a inflação surgiriam de maneira mais rápida e devastadora do que em guerras anteriores, pois a economia no continente tinha mudado. Em época dos exércitos numerosos, disse Bloch, "não se pode ao mesmo tempo alimentar o povo e sustentar uma grande guerra".

William Thomas Stead, jornalista londrino que escreveu o prefácio do único volume de Bloch traduzido para o inglês, fez em 1899 um breve esboço do autor. Bloch tinha aparência bondosa, estatura mediana e entre 50 e 60 anos de idade. Se ele caçava cervos, tocava cravo ou consumia rapé, não se sabe. O único e frágil indício que temos do homem cuja cabeça era um catálogo de armamentos é que em Paris ele se hospedou no Grand Hotel e, em São Petersburgo, no Hotel d'Europe.

> A CRENÇA DE QUE GUERRAS FUTURAS SERIAM MAIS CURTAS TORNOU-SE UM DOGMA.

Ivan Bloch morreu em 1902, antes do fim da Guerra dos Boêres. Como era grande debatedor, seus argumentos cresciam na discussão. A guerra entre russos e japoneses entre 1904 e 1905 sugeriu que trincheiras, cercas de arame farpado e o mortal poder de fogo de novas metralhadoras e de armas de tiro rápido tendiam a prejudicar a mobilidade, mas não impediam o fim precoce e decisivo do combate. A guerra entre Itália e Turquia, em 1911 e 1912, e as duas guerras nos Bálcãs, travadas em solo europeu por exércitos enormes com armas poderosas, foram ainda mais curtas. Os conflitos a partir de 1900 ofereceram lições contraditórias, uma das quais confirmou a crença em guerras curtas e uma advertência de Bloch quanto ao crescente reforço das defesas. Às vésperas da Grande Guerra, a confiança na cavalaria sintetizou a opinião então vigente quanto ao futuro da arte de guerrear. Uma investida da cavalaria era mais efetiva quando a defesa usava armas de pequeno alcance, de pouca precisão e métodos lentos de recarregamento. Em 1840, o alcance efetivo do mosquete Brown Bess de cano liso não chegava a 200 metros, distância que poderia ser rapidamente coberta por um ataque da cavalaria. Em 1900, a zona de perigo para um regimento de cavalaria era quatro, cinco vezes maior e, por vários minutos, ele ficava exposto à matança causada por fuzis e metralhadoras. Como o número de disparos possíveis em um minuto tinha subido de cerca de 2, com o Brown Bess, para 700, com a metralhadora Maxim, mais precisa, a cavalaria passava a correr um risco mortal.

Dos generais europeus que tentaram prever o futuro papel da cavalaria, poucos duvidavam de seu valor, mesmo diante de um poder de fogo devastador, e alguns chegavam a considerar aqueles regimentos ainda mais importantes do que em décadas anteriores. O coronel Frederick Natusch Maude, que lecionava história militar na Manchester University e conquistou muitos admiradores com seus trabalhos sobre questões militares, acreditava no sucesso da cavalaria, em uma futura grande guerra. Aos que previam uma carnificina sob o fogo de metralhadoras e fuzis, ele respondia com otimismo: "Por mais que se tenha ampliado o alcance das modernas armas de infantaria, a velocidade e a resistência da cavalaria aumentaram em proporção ainda maior". Conforme Maude explicou, nos dias de Napoleão esperava-se que os cavalos trotassem por pouco mais de 700 metros e galopassem pelos últimos 180 metros, mais ou menos. Na época de Maude, porém, podiam trotar por mais de 7 a 8 quilômetros, aproximadamente, e depois galopar por quase 2 quilômetros na investida final sobre os soldados da infantaria, já enfraquecidos. O coronel Maude previu uma guerra curta e arrojada. Sairia vitoriosa a nação que conseguisse organizar suas armas para derrotar o inimigo, ainda que este tivesse poder de fogo superior. A cavalaria, ao escoltar a própria artilharia ou perseguir os inimigos, determinaria qual dos lados iria posicionar-se da maneira mais favorável. Dos embates da cavalaria no estágio inicial "vai depender o destino da batalha e, em última análise, do país".

Muitos desses argumentos eram familiares, não apenas aos generais, mas também a milhares de soldados que seriam convocados para lutar. As livrarias europeias vendiam cada vez mais um tipo de ficção científica que profetizava uma próxima grande guerra de curta duração. As crises de medo de uma luta armada no continente estimulavam os autores a descreverem sua insegurança em textos vigorosos. Esses livros futuristas sobre a Primeira Guerra Mundial foram analisados por Ian F. Clarke, em "Voices Prophesying War" ("vozes que profetizam a guerra", em tradução literal). Clarke conclui que a maior parte daqueles trabalhos "refletiam a visão geral, baseada nas experiências de 1870 e nas guerras dos Bálcãs, de que uma ou duas batalhas decisivas encerrariam nas hostilidades rapidamente".

O otimismo também foi alimentado por argumentos econômicos. Muitos banqueiros e homens de negócios acreditavam que a escassez de ouro ou de crédito logo poriam fim à guerra. No best-seller de 1910, "The Great Illusion", publicado em português sob o título "A Grande Ilusão", o autor – o jornalista inglês Norman Angell – assim denomina uma guerra em larga escala, que lhe parecia pouco conveniente. Muitos leitores de Angell acreditaram, de maneira otimista, que as nações terminariam a guerra antes que a destruição tomasse maiores proporções. Em setembro de 1914, "The Economist", talvez a mais respeitada publicação inglesa sobre finanças, rebateu a previsão de lorde Kitchener, de uma guerra de longa duração, enfatizando "a impossibilidade econômica e financeira de levar adiante as hostilidades por vários meses na atual escala". A dúvida foi repetida várias vezes nos primeiros meses da guerra. Em 1915, o inglês Francis Wrigley Hirst, em um dos poucos estudos sobre a economia da guerra, desde a previsão feita por Adam Smith mais de um século antes, previu o colapso do sistema financeiro alemão e o fim precoce da guerra.

Hoje, com a experiência de duas guerras mundiais, essas previsões financeiras parecem equivocadas. Em 1914, porém, o pessimismo se justificava. O sistema bancário e as finanças eram vistos como um mecanismo delicado que funcionava melhor com o mínimo de interferência. O governo se arriscaria, caso interferisse demais, fazendo altos empréstimos e aumentando os impostos. No entanto, a guerra provou que a economia era mais resistente e versátil do que se previa.

Outros profetas esperavam que o fim da guerra de 1914 se devesse menos ao caos monetário do que ao colapso da produção e do comércio. Antes da guerra, a interdependência das nações europeias era extraordinária. Além disso, elas precisavam importar do Novo Mundo boa parte do alimento e da matéria-prima que consumiam. A guerra quebraria esses rígidos padrões de comércio e interromperia o transporte regular de produtos pelos oceanos Atlântico, Pacífico e Índico. Esperava-se que algumas das nações envolvidas no conflito logo fossem derrotadas pela falta de comida, munição ou armas.

O otimismo parece ter temperado até mesmo as previsões feitas por cirurgiões. Sir Almroth Wright, médico e cientista, assim escreveu: "É indiscutível que, se antes do começo da guerra os cirurgiões chegassem a um consenso sobre a perspectiva de infecções graves e generalizadas, haveria a afirmação taxativa de que a sepse era coisa do passado". No entanto, as terras adubadas foram substituídas, como campo de batalha, pela lama e pelos excrementos das trincheiras. Esse cenário, combinado com a velocidade das granadas e balas, disparadas por armas poderosas a curta distância, contrariaram tais previsões. "Nesta guerra", Wright escreveu em 1915, "praticamente toda ferida está muito infectada."

A maior parte dessas previsões simplesmente projetava experiências recentes, sob a justificativa de que a história se repete. A maioria das previsões sobre guerra segue esse padrão.

Um impasse: a tragédia de 1914

Em 1914, os líderes militares alemães não eram discípulos de Bloch; não previam um impasse na guerra, portanto. Seu plano de ataque, uma versão mais cautelosa do plano criado pelo conde Alfred von Schlieffen antes de aposentar-se como chefe do estado-maior, em 1906, previa que uma pequena parte das forças alemãs tomaria a Rússia na frente oriental, enquanto o maior contingente promovia um ataque-relâmpago na frente ocidental. De acordo com o plano de Schlieffen, a ponta de lança do ataque pelo ocidente seria uma grande movimentação circular atravessando Luxemburgo, Bélgica e o norte da França até Paris. Enquanto o flanco esquerdo das forças alemãs – apenas 15% do número envolvido no grande movimento circular do flanco direito – empreenderia uma ação de retaguarda contra a França, na Alsácia e Lorena, onde finalmente, conforme se esperava, os franceses seriam surpreendidos por trás, ao completar-se o movimento circular das tropas que vinham pela Bélgica e pelo norte da França. O sucessor de Schlieffen, general Helmuth von Moltke, considerando – talvez com razão – o plano arriscado demais, preferiu fortalecer o flanco esquerdo, enfraquecendo o direito.

Quando a guerra começou e os alemães iniciaram seu movimento circular, atravessando a Bélgica e o norte da França, faltou força para a investida decisiva, prejudicada pela decisão de Moltke, tomada no primeiro mês da combate, de transferir reforços do flanco direito, na França, para a frente oriental, contra os russos. Apesar disso, o avanço alemão, de tão poderoso, só foi interrompido quando já estava quase em Paris.

As tropas logo cavaram trincheiras, conseguindo a proteção que não tinham na luta aberta. Espadas e rolos de arame farpado transformaram a frente ocidental em longos fossos fortificados que se estendiam quase continuamente do Mar do Norte à Suíça. As defesas temporárias tornaram-se permanentes. Entre outubro de 1914 e março de 1918 – um período de três anos e meio –, as bravas tentativas de romper aquelas barreiras só conseguiram deslocar a frente de batalha por poucos quilômetros, em uma direção ou outra. Sempre que as tropas tentavam avançar, ficavam expostas a um intenso fogo cruzado, o que provocou inúmeras baixas. Em 1916, a ofensiva alemã, ao longo dos mais de 30 quilômetros em Verdun, na França, avançou 8 quilômetros – uma pequena porção da longa linha de trincheiras. Essa distância custou à França e à Alemanha uma média de mais de 80 mil vítimas para cada quilômetro percorrido. No mesmo ano a Batalha de Somme, ao longo de quase 50 quilômetros de frente, chegou a avançar mais de 10 quilômetros, mas o preço dessa faixa devastada de terra foi quase 1 milhão de vítimas, entre ingleses, franceses e alemães.

Uma guerra que deveria ilustrar a ação positiva das armas mecânicas – metralhadoras, artilharia, morteiros, fuzis de tiro rápido – logo resvalou para as trincheiras, que representavam a extinta era dos cercos. Ironicamente, uma luta em trincheiras frequentemente pedia armas primitivas; o Imperial War Museum, em Londres, exibe uma estranha coleção de porretes rudimentarmente esculpidos por soldados para o combate corpo a corpo na frente ocidental. Há bastões com pregos ou rebites de ferro cravados na ponta e clavas de madeira que lembram a metade de um taco de beisebol. Se não tivessem etiquetas de identificação, os visitantes provavelmente pensariam estar diante de armas dos exércitos de Carlos Magno ou César.

Na frente oriental, as trincheiras e o arame não surgiram tão subitamente, nem os combates chegavam a sucessivos impasses. A longa extensão da linha de frente – mais de mil quilômetros – que ia do mar Báltico até as fronteiras da neutra Romênia talvez proporcionasse mais espaço para movimentos laterais, tanto do exército russo como dos exércitos austríaco e alemão. Assim, os combates avançavam e recuavam, até o inverno de 1915-1916, quando a maior parte das tropas instalou-se em trincheiras.

Tanto políticos quanto generais foram acusados pela indefinição da guerra travada na frente ocidental. Muito políticos não perceberam a importância do fornecimento de recursos adequados e, depois de um mês de combate, em muitos pontos da frente ocidental faltou munição à artilharia em momentos decisivos. Os políticos revidaram, culpando os líderes militares por sua incapacidade de resolver o impasse. Winston Churchill escreveu: "Confrontada com este impasse, a arte da guerra não se manifestou". Churchill foi uma das vozes que pediram uma solução parcial para o confronto, ao propor um novo palco de guerra. Em abril de 1915, uma tropa britânica e um exército de ingleses e franceses tentaram passar pelo estreito de Dardanelos; o único resultado dessa campanha em Galípoli foi a perda de 252 mil soldados britânicos, franceses, neozelandeses e australianos e talvez o dobro de turcos – presos ou mortos por doença ou ferimento. Em outro ponto dos Bálcãs, uma tentativa de abrir uma nova ponta de lança teve pouco sucesso até os últimos meses de guerra, quando os búlgaros foram repentinamente derrotados, expondo Constantinopla ao perigo de um rápido ataque por terra.

De volta à frente ocidental, os alemães, em uma tentativa de avançar, lançaram gás cloro contra as trincheiras inimigas em 1915, e gás mostarda, em 1917. Das baixas sofridas pelos americanos, uma em cada quatro era causada por gás, mas de cada 50 americanos atingidos pelos gases apenas um morreu por causa da intoxicação. Assim escreveu o general de divisão John Frederick Charles Fuller: "Contrariamente ao senso comum, o gás era a arma mais humana usada na guerra, e uma das mais efetivas". Quando os alemães, em março de 1918, fizeram a primeira grande investida na linha de trincheiras, levando os britânicos a recuar quase 65 quilômetros em uma seção da frente ocidental, apoiavam-se sobretudo na avalanche de bombas de gás lançadas por sua artilharia. E quando os britânicos, mais tarde, recuperaram o terreno, valeram-se, em especial, dos tanques. Com isso, dispunham de uma proteção móvel, que a precisão do poder de fogo tornara essencial. O tanque e as bombas de gás reduziram o impasse, mas, quando a guerra terminou, em novembro de 1918 – talvez menos em razão das graves derrotas nos campos de batalha do que pelo colapso econômico e pelas revoltas políticas na Alemanha e na Áustria – a frente ocidental ainda se estendia por quase 500 quilômetros, apenas alguns em solo alemão.

Análise da Primeira Guerra Mundial

Durante meio século antes da Primeira Guerra Mundial, estudantes discutiram – mais do que antes ou depois – as condições que prolongavam ou encurtavam os conflitos. Depois de 1918, as análises consolidaram as conclusões. Entre os que se perguntavam por que a Primeira Guerra Mundial tinha sido tão longa, a resposta era quase unânime. O impasse nas trincheiras prolongara o combate; basicamente, a mudança da tecnologia voltou o foco para a defesa. Essa foi a opinião de talentosos soldados e historiadores militares que analisaram a guerra em busca das lições que ela pudesse oferecer. Em essência, os marechais de campo Earl Wavell e lorde Montgomery e o general de divisão J. F. C. Fuller acreditavam que, se os soldados europeus tivessem estudado mais profundamente o campo de operações do conflito entre Rússia e Turquia em 1877 ou, mais tarde, a Guerra dos Bôeres ou ainda o combate entre russos e japoneses, talvez esperassem por uma guerra longa, em 1914. E sir Basil Liddell Hart, historiador e estrategista militar, sugeriu que, caso analisassem atentamente as campanhas da Guerra Civil Americana, poderiam ter aprendido "a admitir a possibilidade de uma guerra longa e se preparar para ela, mesmo esperando que fosse curta".

O nome de Ivan Bloch, então quase esquecido, ressurgiu. Entretanto, não está claro por que tantas previsões militares de Bloch se realizaram. Ele não tirou conclusões simplesmente com base em guerras anteriores, embora as tenha usado para sustentar suas afirmativas. Segundo ele, um grande conflito na Europa se estenderia porque os exércitos estavam bem armados e disponíveis, as defesas poderiam instalar trincheiras e havia pouco espaço para as tropas atacadas flanquearem. Essas peculiaridades de uma guerra europeia, combinadas ao poder de fogo das armas modernas, fizeram com que Bloch previsse um impasse.

A sugestão de que o impasse nas trincheiras também pudesse ter sido resultado de eventos que Bloch provavelmente não previra em nada depõe contra sua genialidade. Bloch tinha previsto que Alemanha,

Áustria e Itália formariam uma aliança, Rússia e França formariam outra, mas várias nações – algumas poderosas – acabaram por juntar-se ao conflito. Não se pode afirmar que o impasse nas trincheiras seria tão amplo ou prolongado caso o número de envolvidos se restringisse a cinco. Nesse caso, a guerra passaria por momentos decisivos diferentes, e a força humana se esgotaria mais rapidamente. A distribuição do poderio militar teria então favorecido a aliança alemã, talvez acrescentando mobilidade e tornando a guerra mais definida. Bloch também não poderia prever o crescimento do poderio naval alemão nem os efeitos, sobre a Primeira Guerra Mundial, da superioridade alemã sob a água. A supremacia da Alemanha no Báltico e, por meio da aliança com a Turquia, o domínio do estreito de Dardanelos bloquearam os flancos externos e fizeram crescer a importância das frentes ocidental e oriental, já instaladas, aumentando em muito a perspectiva de impasse. Tudo isso são especulações cuja influência está aberta a debates e ao exame das muitas alternativas possíveis.

A meu ver, uma guerra sem resultado definido, à luz das mais fortes evidências disponíveis em 1º de agosto de 1914, era uma forte possibilidade, mas não uma probabilidade. Além disso, no curso dos quatro anos seguintes, a guerra não foi tão indefinida quanto Bloch previra. Os exércitos alemão e austríaco, a leste, fizeram os russos recuarem quase 500 quilômetros, Polônia e Bielorrússia adentro, e cerca de 160 quilômetros ao longo do Báltico. Esses exércitos também tomaram rapidamente a Sérvia e a Romênia. Na Ásia Menor, os russos conquistaram uma parte da Turquia, de mais de 400 quilômetros a sudeste do Mar Negro, em direção ao Golfo Pérsico, enquanto os britânicos ficaram com terras turcas na Palestina e Mesopotâmia. Vale a pena lembrar que um avanço de 300 quilômetros contra um exército inimigo era um feito incomum nas principais guerras entre 1815 e 1914. Naquele período, as famosas marchas – dos prussianos até Paris em 1870, dos russos em direção a Constantinopla em 1877 ou dos japoneses à Manchúria em 1904 – percorreram uma distância inferior aos lentos avanços da Primeira Guerra Mundial. Não fosse o terrível impasse na frente ocidental, a Primeira

Guerra Mundial seria lembrada por outros aspectos, que não a pouca movimentação.

Mesmo que os chefes de Estado-Maior da Europa estivessem preparados para um tipo diferente de guerra, e os soldados recorressem apenas brevemente às trincheiras e barricadas, a guerra provavelmente seria longa. Pode-se dizer com relativa certeza que haveria possibilidade de mais quatro anos de conflito. De fato, parece ter ficado fora do debate que precedeu e sucedeu a Primeira Guerra Mundial o princípio de que guerras gerais tendem a ser longas. Na Europa, em todas as épocas, guerras envolvendo vários países foram mais longas do que as internacionais, travadas entre dois ou três países, apenas. Mesmo quando havia uma definição ou quando mudanças em técnicas e táticas de combate favoreciam o ataque, as guerras gerais tendiam a estender-se mais. Assim, apesar do foco na ofensiva, as guerras revolucionárias e napoleônicas foram longas; apesar do foco na defensiva, a Primeira Guerra Mundial foi longa; e, apesar do foco na ofensiva, a Segunda Guerra Mundial foi longa. Esta foi uma guerra de movimentos ágeis, dramaticamente ilustrados em 1940, quando divisões alemãs armadas a caminho do Canal da Mancha atravessaram rapidamente as mesmas terras francesas onde tropas ficaram tolhidas por quatro anos durante a guerra anterior. Embora a Segunda Guerra Mundial tenha evitado o impasse, foi ainda mais longa que a primeira.

> UM PRINCÍPIO QUE PARECE TER FICADO FORA DO DEBATE QUE PRECEDEU E SUCEDEU A PRIMEIRA GUERRA MUNDIAL FOI O DE QUE GUERRAS GERAIS TENDEM A SER LONGAS.

Entre 1920 e 1970, a maior parte das guerras internacionais foi curta. Uma lista cuidadosamente compilada por David Wood, do London's Institute for Strategic Studies, sugeriu que pelo menos 30 guerras foram travadas entre nações soberanas naquele período, e a maioria delas terminou em menos de um ano. Muitas, entretanto, não passaram de incidentes violentos. É o caso do conflito entre Honduras e Nicarágua, que dizimou cerca de 40 soldados em 1957. Talvez sua curta duração se deva ao fato de ter sido uma escaramuça isolada, e não uma guerra.

Desde 1920, as guerras restritas a poucas nações foram em sua maioria curtas, com número reduzido de vítimas. Entre 1920 e 1945, houve três exceções claras: a guerra implacável entre Grécia e Turquia, no início da década de 20, que matou cerca de 50 mil soldados e vários civis na Ásia Menor; a Guerra do Chaco, travada nas úmidas planícies do interior da América do Sul de 1932 a 1935, que matou cerca de 130 mil soldados bolivianos e paraguaios durante os três anos de violentos combates; e a guerra entre China e Japão, que começou em 1937 e durou oito anos, com numerosas baixas, entre militares e civis.

Por que a guerra na China foi um eco tardio das longas guerras do século 18? Parte da resposta encontra-se nas condições peculiares de cada conflito, mas outra parte pode ser generalizada. A força de Japão e China e o isolamento geográfico do campo de batalha reduziam a ameaça de interferência externa, mesmo quando, em seu quinto ano, o conflito se integrou à Segunda Guerra Mundial, encerrando-se apenas com a derrota do Japão no estrangeiro, em 1945. De maneira semelhante, o território chinês é tão vasto que exigiria longas linhas de suprimento, inviabilizando assim uma invasão. Além disso, os combates se dividiriam por várias frentes, limitando a possibilidade de um dos lados ganhar simultaneamente em todas. Havia ainda uma frente de batalha adicional: a tática de guerrilha, que sempre tende a estender os conflitos. Na verdade, o tipo de influência que prolonga as guerras gerais estava em ação na Guerra Sino-Japonesa.

A partir de 1920, pouco aconteceu para abalar as conclusões sobre os fatores que prolongam os conflitos. Isso não se aplica só às guerras internacionais ortodoxas, mas também às coloniais. Quase todas as razões oferecidas para a longa duração da guerra francesa na Argélia no século 19 parecem relevantes para a guerra francesa na Indochina (1945-1954); para a guerra da independência da Argélia, contra a França

(1954-1962); e para a intervenção americana no Vietnã, que começou em 1962. Essas quatro têm ingredientes similares aos que se encontram em longas guerras gerais. Entretanto, isso não significa que fosse possível prever com segurança, no início, que se prolongariam tanto.

As influências que levam ao encurtamento das guerras parecem semelhantes por um longo período. A mecanização, um dado novo, não necessariamente encurta um confronto. De fato, o efeito da mecanização é às vezes ilusório; reduzem-se os anos de conflito, mas a intensidade e o número de horas de batalha aumentam, por ser possível combater dia e noite, o ano inteiro. Com a utilização de ferrovias, veículos blindados e aeronaves, uma nação moderna consegue, para ataque ou invasão, reunir um exército em apenas alguns dias, o que nos tempos dos carros de bois poderia levar meses.

Armas modernas também enfrentam momentos cruciais em condições favoráveis. Assim, a Guerra das Sete Semanas, em 1866, foi encerrada rapidamente pela decisiva batalha de Sadowa. Nos últimos meses da Primeira Guerra Mundial, a habilidade do exército britânico em coordenar a artilharia pesada e os tanques recém-inventados contribuiu para a vitória sobre a exausta Alemanha. Em 1967, a Guerra dos Seis Dias entre Israel e os Estados Árabes terminou com vitórias contundentes conseguidas por meio de novas tecnologias. Vista às vezes como exemplo clássico da definição de um conflito mecanizado, essa guerra com uma semana de duração apresentou uma característica igualmente importante: foi um modelo particularmente suscetível à interferência estrangeira. O vencedor considerou vantajoso impor ou negociar uma paz precoce.

DOIS DIAS E MEIO DE GUERRA

Algumas guerras foram curtas porque começaram com expectativas absurdamente elevadas. Em retrospecto, vê-se que era quase certa a derrota das nações que temerariamente iniciaram o conflito. Países pequenos ou alianças fracas, agindo com extrema confiança, iniciaram ataques precipitados contra um país poderoso. Foi o que aconteceu em 7 de agosto de 2008, perto da meia-noite, quando a República da Geórgia, então recentemente separada da União Soviética, tentou tomar pela força a região adjacente da Ossétia do Sul. Incrivelmente otimista quando sua artilharia começou a lançar bombas no solo inimigo, a República da Geórgia ignorou o sério risco de que a Rússia, ainda um gigante militar, interviesse. E interveio mesmo, pronta e decisivamente, por ar, terra e mar. O único consolo para a Geórgia, antes de ser dominada, foi ter derrubado quatro aeronaves russas.

Há discordância a respeito do número de mortes na curta guerra entre Rússia e Geórgia, mas provavelmente não foram mais de 700, civis na maioria. Também não existe consenso sobre a duração da guerra – antes de a Geórgia pedir paz. Os russos chamam o conflito de Guerra dos Cinco Dias, mas se trata de um exagero caridoso. Na verdade, foram dois dias e meio de combate.

No início do século 21, várias guerras foram inesperadamente longas porque os Estados Unidos, justificadamente confiantes em seu poderio militar, tentaram impor à nação conquistada mudanças sociais e políticas de longo prazo, o que seria impossível somente pelas armas. Em 2003, os americanos invadiram e dominaram o Iraque em um tempo impressionantemente reduzido. Em seguida, porém, surgiu a questão: o que fazer com a vitória? A resposta veio na forma da decisão ousada de criar uma nova nação, de apaziguar os conflitos entre grupos étnicos e religiosos que habitavam o solo iraquiano, substituindo a ditadura por um governo democrático. Essa tarefa extraordinária encontrou forte resistência. Enquanto tentavam impor a democracia e uma versão própria de estabilidade social, na chamada "manutenção da paz", Estados Unidos, Grã-Bretanha e outros aliados perderam mais vidas do que na rápida conquista militar em 2003.

Somente decorridos oito anos, as últimas tropas aliadas e americanas se retiraram. De volta aos Estados Unidos em 2011, os soldados ouviram do presidente Barack Obama: "É mais difícil terminar do que começar uma guerra". Apesar de sagaz, a afirmativa não se aplica a um conflito típico. A guerra havia começado com uma confiança justificada. No entanto, a tentativa "pós-guerra" de impor paz, ordem e harmonia foi estimulada por um excesso de confiança que hoje se percebe injustificável.

É surpreendente que guerras similares e longas, no Iraque e no Afeganistão, tenham marcado a primeira década do século 21. Não há dúvida de que esses conflitos podem ser chamados de guerras, porque neles morreram milhares de soldados e pilotos americanos, além de um número ainda mais elevado de terroristas, rebeldes e guerrilheiros dos países invadidos. Essas guerras, porém, foram atípicas, de ritmo lento, com objetivos inusitados ou, talvez, inalcançáveis. Os soldados invasores não confiscavam as colheitas ou as criações de animais nem confinavam dezenas de milhares de pessoas em campos de prisioneiros. Em alguns distritos ocupados, chegaram a construir escolas, hospitais e estradas. Curativos acompanhavam os projéteis.

Somente uma nação extremamente poderosa poderia sustentar uma guerra lenta e dispendiosa desse tipo. Talvez os projéteis e curativos venham a ser considerados símbolos de um raro período da história global – quando havia uma nação dominante. No entanto, essa potência até poderia obter uma vitória decisiva na guerra, mas não seria capaz de impor a paz e a estabilidade sem o consentimento do derrotado.

CAPÍTULO 14
O MISTÉRIO DAS GRANDES GUERRAS

Anuncia-se com certo orgulho que o século 20 viveu as primeiras guerras mundiais. No entanto, durante o século 18, pelo menos cinco conflitos envolveram tantas nações e uma parte tão extensa do globo que também poderiam ser chamados guerras mundiais.

Por que isso aconteceu? Alguns estudiosos acreditam que esses grandes conflitos tiveram grandes causas. Conforme sugerem, os fatores que provocam uma guerra entre duas nações devem estar presentes, em maior intensidade, às vésperas de uma guerra envolvendo várias nações. Assim, quem considera a agitação interna como a principal causa de crises poderá argumentar que esse fator esteve presente em maior grau às vésperas de uma grande guerra. Muitos cientistas políticos, em sintonia com essa linha de pensamento, acreditam que o estudo de uma guerra mundial nos ensina mais do que o estudo de uma guerra localizada. Essa crença é incerta. Os biólogos aprenderam mais sobre as causas da malária estudando uma epidemia ou casos isolados?

Uma explicação para as guerras gerais – na minha opinião, as que envolvem as forças principais de pelo menos cinco países, entre eles três grandes potências – está na rede de alianças que as precede. Assim, quando dois países começassem uma guerra, suas alianças automaticamente atrairiam várias outras. Essa interpretação foi frequentemente aplicada à Primeira Guerra Mundial, mas talvez não sirva a muitas guerras gerais. Não se aplica às Guerras Revolucionárias e Napoleônicas, aplica-se apenas razoavelmente à Segunda Guerra Mundial e vagamente a algumas – mas não a outras – guerras do século 18. Além disso, a aliança entre grandes nações, celebrada em tempos de paz, não significava necessariamente que um conflito envolvendo uma delas envolveria as demais. Certas alianças aparentemente sólidas mostravam-se frágeis, quando postas à prova. E algumas, iniciado o confronto, não tinham mais força do que uma folha de papel ao vento.

Por muito tempo, não consegui perceber qualquer outra influência, além das alianças, para explicar por que algumas guerras se tornaram gerais. Ainda assim, as alianças pareciam oferecer apenas uma parte da explicação. Tratava-se de uma pista importante, mas não do esclarecimento. Uma análise da eclosão de guerras gerais não parecia acrescentar muita coisa. Afinal, tive a ideia de inverter o sentido do estudo, analisando as guerras que não se ampliaram. Se fosse possível identificar as barreiras que restringiam certos conflitos a duas nações, seria justo esperar que elas estivessem ausentes nas guerras gerais.

Guerras na periferia

Uma análise das guerras restritas a dois participantes revela imediatamente uma pista. Quase todas foram travadas na periferia geográfica – e não no centro – do poder internacional. Nos séculos 18 e 19 a Europa era, indiscutivelmente, o centro do poder. Naquele período, guerras entre apenas duas nações eram raras no centro do continente, mais frequentes na periferia e comuns em lugares distantes.

Os Estados Unidos ilustravam esse padrão. Nos 125 anos seguintes à independência do país, os americanos não se envolveram em guerras nas quais houvesse mais de dois participantes. Em ordem cronológica, foram elas: contra a França (1798-1799), de Trípoli (1801-1805), contra a Grã-Bretanha (1812-1814), da Argélia (1815), contra o México (1846--1848), de Secessão (1861-1865) e contra a Espanha (1898). Embora as curtas campanhas contra a França e depois a Grã-Bretanha fossem, em certo sentido, episódios das guerras revolucionárias e napoleônicas, os Estados Unidos não atacaram os aliados daqueles dois países nem formaram alianças com os inimigos deles. Assim, essas duas guerras curtas foram conflitos isolados, à margem de outros mais sérios então travados na Europa.

Por que as guerras envolvendo os Estados Unidos no exterior ficaram tão isoladas? Não apenas por causa da barreira imposta pelo oceano Atlântico, mas pela própria influência do país, forte o bastante para dispensar aliados. O inimigo, por seu lado, era geralmente tão fraco do ponto de vista bélico, ou tão isolado geograficamente, que não conseguiria atrair aliados. O tradicional afastamento dos americanos em relação às guerras gerais também ficou visível com sua entrada tardia nas duas guerras mundiais do século 20.

> QUASE TODAS AS GUERRAS FORAM LUTADAS EM FRONTEIRAS GEOGRÁFICAS, EM VEZ DE NO CENTRO DO PODER INTERNACIONAL.

No distante flanco oriental da Europa, assim como no distante lado ocidental, a maior parte das guerras de que o Japão participou restringiu-se a duas nações. Depois da Restauração Meiji – série de transformações do regime teocrático do governo do imperador Meiji – o país enfrentou três vezes a China e duas vezes a Rússia. Com exceção da segunda metade da terceira Guerra Sino-Japonesa, todos os conflitos envolveram apenas duas nações. Além disso, na Primeira Guerra Mundial os japoneses lutaram apenas em um palco menor do Pacífico e anos depois custaram a entrar na Segunda Guerra Mundial.

No século 19, as guerras mais comuns entre duas nações eram as coloniais, que salpicavam os mapas da África e da Ásia. A possibilidade de outras potências europeias interferirem era obviamente restringida pela distância do palco de batalha. Note-se ainda que França e Grã-Bretanha sentiam-se pouco inclinadas a intervir em uma guerra colonial da Espanha ou da Itália, respectivamente, porque o resultado dificilmente afetaria a distribuição do poder na Europa. De maneira semelhante, era pouco provável que um estado asiático ou tribo africana atraíssem aliados entre os vizinhos. Quando os zulus lutaram contra os britânicos nos anos 70 do século 19, e os etíopes lutaram contra os italianos nos anos 90 do século 19, não havia vizinhos poderosos ou dispostos o bastante a fazer uma aliança.

No continente europeu, geralmente as guerras entre Rússia e Turquia não incluíam aliados. Os dois países lutaram entre si quatro vezes, praticamente sem ajuda ou interferência externa, no período entre 1750 e 1900, e se enfrentaram em duas outras guerras, das quais participaram apenas uma ou duas nações de fora. Nessas ocasiões, o Mar Morto e suas proximidades foram provavelmente uma barreira contra intervenções. Na maior parte do tempo, apenas a Turquia e a Rússia ocuparam o litoral do Mar Morto; além disso, a passagem estreita do mar em Constantinopla impedia as potências marítimas da Europa Ocidental de interferir, a menos que a Turquia consentisse. Outra faceta do isolamento geográfico das guerras entre russos e turcos é o fato de os dois países serem grandes potências ocupando vastos territórios, com vizinhos fracos na maioria. Os únicos vizinhos fortes estavam na Europa Central. Um deles era a Polônia, dividida e apagada do mapa no fim do século 18; e o outro, a Áustria, que por diversas vezes participou dos conflitos entre Rússia e Turquia. Assim, as guerras travadas por esses dois países foram relativamente isoladas. Na verdade, mesmo que a natureza drenasse o Mar Negro e o leito seco se tornasse um campo de batalha, suas guerras ainda seriam parcialmente isoladas, pela ausência de vizinhos fortes em sete dos oito pontos da bússola.

Se forem marcados no mapa da Europa os pontos específicos nos quais houve guerras entre duas nações durante os últimos 150 anos, a localização vai confirmar as observações anteriores. Das 14 guerras, 11 foram travadas perto do mar e, em apenas três, o palco principal ficava mais de 150 quilômetros terra adentro. Das mesmas 14 guerras, 10 foram travadas no sudeste europeu ou no litoral oposto à Ásia

Menor. E nenhuma delas envolveu duas potências da Europa Central ou Ocidental.

A semelhança da geografia dos confrontos entre duas nações com a geografia da neutralidade salta aos olhos. Os tipos de influências que restringiram a localização de uma guerra eram parecidos com os que contribuíram para a neutralidade de algumas nações durante guerras mundiais. Os únicos países europeus que permaneceram neutros nas duas guerras mundiais do século 20 – Suécia, Suíça e Espanha – eram geograficamente isolados por montanhas ou mar; menos vulneráveis, portanto. Acrescente-se o fato de serem relativamente pequenos, o que desestimulava uma interferência. Embora essas não tenham sido as únicas razões para os três países permanecerem neutros, foram motivos vitais.

Guerras que se estendem e se ampliam

Para tentar descobrir por que algumas guerras envolveram apenas duas nações, podemos inverter o sentido da investigação, tentando explicar por que outras envolveram muitas nações. Pode-se sugerir que um conflito teria mais probabilidade de crescer se começasse perto do centro da Europa e envolvesse, de início, pelo menos uma grande potência europeia; a partir de 1700, nenhuma guerra geral começou com um combate entre duas potências pequenas ou médias. A guerra tendia a ampliar-se quando uma grande nação conquistava – ou tinha condições de conquistar – uma vitória decisiva e a tendência era ainda mais forte quando ameaçava provocar uma mudança radical na hierarquia do poder das nações. Nessas situações, quem estava de fora via uma necessidade e uma oportunidade de interferir.

As guerras gerais começaram simplesmente entre duas nações; as outras foram atraídas mais tarde. Assim, tudo consistia em uma série de conflitos simultâneos. No decorrer de uma guerra geral, a entrada de novos participantes lembrava muitas vezes o pescador que agia enquanto as aves aquáticas brigavam ou as aves aquáticas que roubavam o peixe enquanto o pescador dormia. Isso é revelado por uma análise das guerras gerais nos últimos 200 anos.

A Guerra da Independência Americana começou como um conflito colonial em 1775 e, provavelmente não envolveria outros países, não fosse a crescente dificuldade da Grã-Bretanha em sufocar a rebelião. Uma série de derrotas, culminando na Batalha de Saratoga, em 1777, encorajou a França a tentar reverter o resultado da guerra anglo-francesa. França e Grã-Bretanha estiveram em guerra a partir de 1778. No ano seguinte, a Espanha resolveu entrar no conflito, provavelmente acreditando que poderia recuperar a Flórida e a ilha mediterrânea de Minorca. Um ano depois, a Holanda se tornou o quarto inimigo da Grã-Bretanha.

A Guerra Revolucionária Francesa começou em abril de 1792, como um simples confronto entre França e Áustria, embora houvesse fortes possibilidades de que a Prússia se aliasse aos austríacos. Após quatro meses de batalha, isso realmente aconteceu, e a invasão à França estava prestes a acontecer. Se essa invasão tivesse sido bem-sucedida, a campanha provavelmente não teria evoluído para uma guerra geral. Mas a invasão falhou e, antes do final do ano, tropas francesas ocupavam os Países Baixos Austríacos ao norte, cruzavam o rio Reno a leste e capturavam Nice e Savoy no sudeste. As vitórias definitivas ampliaram a guerra, em vez de encerrar. A França estabeleceu novos objetivos, mais ousados, decidindo impor as próprias instituições revolucionárias aos países capturados. Os triunfos militares da França ameaçaram a independência de nações vizinhas, até então neutras, pois encorajaram a ação de grupos radicais clandestinos que simpatizavam com ideias subversivas.

Essas nações tiveram forte incentivo para se juntarem na guerra contra a França e, por estarem muito próximas do país inimigo, poderiam intervir facilmente. Nos primeiros três meses de 1793, Inglaterra, República Holandesa, Áustria e Espanha se juntaram na guerra contra a França. O conflito continuou espalhando-se, até incorporar a maior parte dos países europeus. O último tratado de paz foi assinado em 1802, um ano depois as Guerras Napoleônicas começaram com um simples choque entre França e Inglaterra. Pelo mesma reação, as decisivas vitórias francesas em terra se ampliaram para uma guerra geral e depois mundial. Pelos 100 anos seguintes, apenas a Guerra da Crimeia aproximou-se das dimensões de uma guerra geral. Começou entre Rússia e Turquia, mas a destruição da esquadra turca no porto de Sinope, Mar Negro, em novembro de 1853, fez crescer o temor de que a Rússia invadisse a Turquia e por fim chegasse ao Mediterrâneo, tornando-se mais poderosa do que nunca. Grã-Bretanha e França aderiram à guerra contra os russos no início de 1854, o pequeno reino italiano da Sardenha, cuja capital era a cidade de Turim, em janeiro de 1855. O teatro de guerra, no entanto, era distante e a ausência de eventos militares decisivos despertou em outros "pescadores" europeus a vontade de intervir. Por outro lado, se no começo das hostilidades a Turquia tivesse conseguido vitórias decisivas contra a Rússia, a intervenção de outras potências teria sido menos provável. Havia muito tempo a Turquia deixara de ser vista como um perigo na Europa.

> UMA GUERRA TINHA MAIS PROPENSÃO DE SE AMPLIAR QUANDO AS VITÓRIAS DE UM PAÍS MAIS PODEROSO ERAM DECISIVAS.

Entre as guerras europeias no período de 1848 a 1870, três apresentaram algum risco de se tornarem gerais, por envolverem grandes potências do centro da Europa. Duas dessas guerras, a Franco-Austríaca de 1859 e a Austro-Prussiana de 1866, não duraram o bastante para estabelecer uma superioridade decisiva de um lado ou de outro. Embora derrotada em ambas as oportunidades, a Áustria se manteve uma grande potência e sua derrota não foi suficientemente categórica, a ponto de alterar drasticamente a hierarquia do poder na Europa. A terceira guerra, a franco-prussiana, em 1870 e 1871, terminou com uma das derrotas mais devastadoras da história militar da Europa. No entanto, como a França era considerada mais perigosa que a Prússia, a vitória prussiana não despertou imediatamente o receio de que a vencedora pudesse dominar o continente.

Talvez tenha sido por sorte que, em um momento decisivo da guerra, quando era provável o envolvimento de outros países, os vizinhos dispostos a intervir fossem contidos por uma violenta revolução que explodiu em Paris. O medo de uma revolta popular, como se fosse uma doença contagiosa que pudesse contaminar toda a Europa, foi provavelmente um fator de contenção da guerra durante boa parte do século 19.

Agosto de 1914: onde estão nossos aliados?

À primeira vista, a Primeira Guerra Mundial desafia a sugestão de que guerras gerais se ampliam a partir de um conflito entre duas nações. No entanto, no pano de fundo e na primeira semana de combate, o processo de ampliação era visível. As duas Guerras dos Bálcãs de 1912 e 1913 tornaram a Sérvia mais arrojada e duplicaram seu território. Mesmo decorrido um ano entre o fim das Guerras dos Bálcãs e o início da Primeira Guerra Mundial, o primeiro estágio desta foi quase um reflexo dos dois conflitos anteriores. Tudo começou em 28 de julho de 1914, simplesmente como um combate entre Áustria e Sérvia. A Rússia, percebendo que a Sérvia seria derrotada, mobilizou seus exércitos, para ajudar. No primeiro dia de agosto, a Alemanha, acreditando que a Áustria seria derrotada pela aliança de russos e sérvios, declarou guerra à Rússia. Em 3 de agosto, a Alemanha, sabendo que os franceses se aliariam aos russos, declarou guerra à França. Assim, em um período de seis dias, o conflito reuniu Rússia, França e Sérvia de um lado, Áustria e Alemanha do outro; uma guerra geral, praticamente. O curioso é que a declaração de guerra entre Áustria e Rússia só aconteceu em 5 de agosto, e a guerra entre França e Áustria só foi declarada formalmente no dia 10.

Alguns diriam que a lacuna na sequência de eventos pode induzir ao erro; que desde o início, em 1914, era quase certo o conflito se

> O MEDO DE UMA REVOLUÇÃO POPULAR FOI PROVAVELMENTE UM FATOR ISOLADOR DE GUERRA DURANTE MUITOS ANOS NO SÉCULO 19.

transformar em guerra geral, por causa das alianças entre as maiores nações europeias. Isso provavelmente é verdade. Mas o que essas coligações significavam? Alianças sólidas só existiam porque as nações acreditavam que sem aliados seriam mais fracas na diplomacia e na guerra. Em 1914, duas alianças fortes se formaram com base na crença, amplamente difundida, de que a guerra seria curta. Um aliado era útil apenas quando se comprometia a entrar rapidamente na guerra; de pouco ou nada adiantaria chegar semanas depois do início das hostilidades.

Enquanto em muitas guerras gerais a formação de alianças era frequentemente uma reação a eventos militares decisivos nas campanhas iniciais, as alianças de 1914 foram uma reação a eventos militares antes de ocorrerem, baseadas na previsão de que, se a guerra começasse, logo surgiriam os tais eventos militares decisivos. Então, França e Rússia se aliaram por acreditarem que, na eventualidade de um conflito declarado, o poder da Alemanha seria superior ao de todas as outras nações. Alemanha e Áustria se aliaram pelo receio de que, se a guerra eclodisse, França e Rússia juntas ficassem muito fortes. A rapidez com que a guerra entre sérvios e austríacos, iniciada em julho, transformou-se na guerra geral de agosto deveu-se sobretudo ao reflexo dessas crenças. Somente nesse aspecto – a rapidez – a transição para a guerra geral de 1914 difere da transição em guerras gerais anteriores.

A existência de alianças sólidas às vésperas da guerra não foi o único elemento determinante da entrada de alguns países na guerra. A Grã-Bretanha não pertencia abertamente a qualquer aliança em julho de 1914. No entanto, quando os alemães invadiram a Bélgica em 3 de agosto de 1914, no primeiro estágio de sua marcha em curva pelo norte da França, o gabinete britânico decidiu intervir. A violação, pelos alemães, da neutralidade da Bélgica foi apontada pela Grã-Bretanha como a razão da declaração de guerra. Acontece que a Alemanha tinha violado dois dias antes a neutralidade de Luxemburgo, que também contava com a proteção dos britânicos, e nem por isso a guerra foi declarada. Havia uma diferença vital: a Bélgica ficava de frente para o Canal da

Mancha. A violação do ponto geográfico, mais do que da neutralidade, provavelmente foi a questão crucial.

A entrada da Grã-Bretanha na Primeira Guerra Mundial foi, dessa forma, similar à sua entrada na Guerra Revolucionária Francesa em 1793, quando a ocupação da "Bélgica" despertou os temores dos britânicos. A única diferença foi que em 1914 a Grã-Bretanha não esperou o exército inimigo alcançar os portos do Canal, para entrar na guerra. Como se previa uma ação bem rápida, os britânicos acreditavam que não poderiam esperar. Enquanto a Grã-Bretanha, que não fazia efetivamente parte de nenhuma das alianças rivais, entrou logo na Primeira Guerra Mundial, a Itália permaneceu neutra por nove meses, embora fosse o terceiro membro da Tríplice Aliança liderada pela Alemanha. A primeira fase do conflito não ofereceu perigo à Itália, que somente em maio de 1915 declarou guerra contra sua antiga aliada, a Áustria, e em agosto de 1916 tomou a mesma atitude contra a Alemanha.

O conflito foi envolvendo outras nações, repetindo o processo de repercussão de guerras gerais anteriores. Estes países aderiram mais tarde: Japão e Turquia em 1914, Itália e Bulgária em 1915, Romênia e Portugal em 1916, Estados Unidos e China em 1917. Ainda assim, o conflito continuou sendo uma cadeia de várias guerras, unidas por um laço tênue. Como reflexo disso, durante oito meses em 1917, os Estados Unidos estiveram em guerra contra a Alemanha, mas em paz com o principal aliado alemão, a Áustria.

1939-1945: COMO UMA GUERRA SE TRANSFORMOU EM VÁRIAS

A Segunda Guerra Mundial começou simplesmente como um combate entre Alemanha e Polônia, em 1º de setembro de 1939. Como Grã-Bretanha e França eram aliadas da Polônia, entraram na luta contra a Alemanha em 3 de setembro; naquele dia e nos dias seguintes quatro domínios britânicos fizeram o mesmo. A Rússia invadiu o leste da Polônia em 14 de setembro, mas manteve a paz com a Grã-Bretanha e a França. Assim, no final de setembro de 1939, com a Polônia devastada, a guerra estava reduzida a uma simples batalha, na qual a França e o império Britânico lutavam contra a Alemanha com um mínimo de combates.

Enquanto em 1914 a expectativa amplamente difundida de vitórias decisivas ampliou rapidamente a luta para uma guerra geral, em 1939 a espera por uma guerra bem definida estava longe de ser unanimidade entre as nações neutras. As rápidas vitórias de 1940, porém, ampliaram temporariamente a guerra. Em abril, os alemães ocuparam a Dinamarca e a Noruega; em maio, a Bélgica e a Holanda. Em junho, quatro dias antes de o avanço alemão alcançar Paris, a Itália entrou na guerra do lado da Alemanha. No fim do mês, Hitler havia conseguido tamanho triunfo que os únicos adversários restantes eram a Grã-Bretanha e seus domínios ultramarinos. Ironicamente, em meados do ano a guerra era menos abrangente do que em seu primeiro mês.

A crise na Europa Ocidental deu à Rússia liberdade no leste. Entre o fim de 1939 e o início de 1940, o país lutou contra a Finlândia e, na mesma semana em que os alemães ocuparam Paris, os russos tranquilamente invadiram os três pequenos estados bálticos da Letônia, Lituânia e Estônia. No fim daquele mês, eles tomaram ainda algumas partes do território romeno, enquanto outras ficavam com Hungria e Bulgária. Nenhum desses eventos na Europa oriental envolveu a Rússia, em guerra com os principais combatentes do oeste.

A repercussão dos eventos militares era visível mês a mês. Em 1940, a entrada da Itália no que parecia ser o lado vencedor transferiu o centro da guerra para o Mediterrâneo, onde tanto Grã-Bretanha quanto Itália possuíam bases e colônias. Da mesma forma, a derrota da França em 1940 levou a uma disputa pela posse das colônias francesas nas costas mediterrâneas da África e da Ásia. No litoral europeu, Iugoslávia e Grécia, nações neutras, ficaram vulneráveis e, em maio de 1941, foram derrotadas pelas ofensivas alemãs. Assim, as duas potências do Eixo – Alemanha e Itália – controlaram praticamente toda a costa da Europa, que se estendia da fronteira entre Rússia e Noruega aos mares Egeu e Negro; a única lacuna era a Península Ibérica, onde Espanha e Portugal permaneciam neutros.

Às vezes, uma guerra europeia decisiva deixava frente a frente dois países antes afastados. Tal como os sucessos da França nas Guerras Napoleônicas haviam transformado Rússia e França em vizinhos, a primeira fase da Segunda Guerra Mundial deu a Alemanha e Rússia uma fronteira comum. Entre 1919 e 1939, os dois países estavam separados por uma barreira de seis estados, da Estônia, no Báltico, até a Romênia, no Mar Negro. Em 1940, porém, esses seis estados foram incorporados, e os incorporadores – Alemanha e Rússia – passaram a compartilhar uma fronteira, do Báltico ao Mar Negro.

O triunfo na Europa Ocidental e Central proporcionou a Hitler a coragem de atacar a União Soviética. A Alemanha acabava de alcançar a mais brilhante das vitórias, desde os tempos de Napoleão, enquanto o desempenho da União Soviética, em sua breve guerra contra a Finlândia, tinha sido bem menos impressionante. Pouco antes de os russos finalmente chegarem aos lagos, florestas e fortificações da Finlândia, assim falou Winston Churchill: "A guerra expôs ao mundo a incapacidade militar do exército vermelho". A certeza de Hitler – não compartilhada por seus conselheiros militares – da fragilidade dos exércitos da Rússia foi registrada na primeira frase de seu documento secreto, em 18 de dezembro de 1940: "As forças armadas alemãs devem estar preparadas para destruir a Rússia soviética em uma rápida campanha, antes do término da guerra contra a Inglaterra".

A expressão "rápida campanha" é reveladora; reflete as previsões feitas às vésperas de guerras anteriores. Em junho de 1941, os alemães começaram sua rápida campanha contra a União Soviética, e pelotões avançados mecanizados alcançavam as florestas em torno de Moscou, as imediações de Leningrado e o porto fluvial de Rostov, no Mar Negro, antes que o inverno – adiantado, naquele ano – os interrompesse. Os alemães não possuíam equipamentos nem agasalhos adequados a uma batalha sob o frio, no coração da Rússia. O início do inverno começou lentamente a desgastar o poderio da Alemanha.

A conquista da Europa Ocidental e Central, e a invasão da União Soviética, pela Alemanha, foram eventos significativos que se refletiram em todo o mundo. No Leste Asiático, seus efeitos foram logo visíveis. Japão e China estavam em guerra desde 1937 e em 1940, enormes exércitos japoneses tentavam encerrar a guerra, enquanto a aviação lançava bombas sobre a nova capital Chongqing.

O fato de Hitler ter conseguido conquistar Holanda e França, e a Grã-Bretanha enfrentar uma grave situação melhorou subitamente a posição de barganha do Japão. Suas ricas colônias nos trópicos pareciam esperar para serem tomadas. Nos trópicos do Sudeste Asiático, encontravam-se o petróleo das Índias Orientais Holandesas e da Birmânia Britânica, a borracha e o estanho da Malásia Britânica e o arroz da Indochina Francesa. Todos esses bens eram urgentemente necessários ao Japão e a sua voraz máquina de guerra e estavam mal protegidos. Em Tóquio, lenta e secretamente chegou-se à decisão de invadir o sudeste da Ásia, o que requeria simultaneamente um ataque surpresa japonês a Pearl Harbor, para que a marinha americana estacionada no oceano Pacífico fosse destruída, impedindo, pelo menos por algum tempo que os Estados Unidos participassem da guerra no Sudeste Asiático. Em 7 de dezembro de 1941, a força aérea japonesa bombardeou o Havaí, a Malásia Britânica e as Filipinas. Esquadras, esquadrilhas e exércitos japoneses uniram-se em uma das mais impressionantes campanhas jamais empreendidas na história da guerra. Grã-Bretanha e Estados Unidos imediatamente declararam guerra ao Japão; a China declarou guerra a Alemanha e Itália, embora duvide-se que China e Alemanha tenham trocado algum tiro durante a guerra. Quatro dias depois do bombardeio de Pearl Harbor, Estados Unidos e Alemanha tornaram-se inimigos formais. Finalmente desenhava-se uma guerra mundial, embora na realidade ainda se tratasse de um conjunto de conflitos. Japão e Alemanha, por exemplo, eram aliados em uma luta de vida ou morte, mas raramente atuaram juntos. Isso apressaria sua derrota final.

No começo de 1942, o fim da guerra não estava à vista. Um observador neutro, ainda que bem informado, não conseguiria prever qual o lado vitorioso. Em 1943, a guerra mundial anterior já era superada por aquela, em duração.

As seis guerras gerais travadas a partir de 1770 tinham muito em comum: começaram com dois países e se ampliaram depois de vitórias esmagadoras e, às vésperas de cada uma, ninguém poderia prever quantos seriam os participantes. A Primeira Guerra Mundial só se diferenciou porque os eventos decisivos foram claramente previstos, mas o prognóstico de uma guerra geral só se desenhou pouco antes do início, e poucos imaginariam um número tão elevado de participantes.

A entrada de um novo participante em uma guerra em andamento é, na verdade, o começo de outra guerra. Em uma guerra geral, uma série de conflitos interligados ocorrem simultaneamente. O tipo de explicação capaz de esclarecer por que dois países começam a guerrear também explicará a entrada de um terceiro, quarto ou mesmo décimo participante.

> A ENTRADA DE UMA NOVA NAÇÃO EM UMA GUERRA EM ANDAMENTO É, NA VERDADE, O COMEÇO DE OUTRA GUERRA.

Uma guerra tinha início quando dois países tinham ideias contraditórias sobre a própria força militar e posição de barganha, não conseguindo assim resolver pacificamente uma questão de importância vital. A propagação do combate para outros países era o resultado dos mesmos tipos de condições que o haviam iniciado. Com isso, frequentemente levantavam-se questões vitais aos países adjacentes, mas pouco relacionados, colocando em perigo sua independência ou oferecendo a oportunidade de um aumento do território. Lutas decisivas nas primeiras fases de algumas guerras também levavam a percepções contraditórias do poderio militar. Um país que saísse claramente vencedor da primeira fase da guerra – como a França revolucionária em 1792 ou a Alemanha nazista em 1940 – tornava-se mais confiante na vitória e adotava objetivos mais ambiciosos. Novas conquistas eram então planejadas e executadas.

"Devemos nos unir aos vencedores ou sustentar uma guerra contra eles?" Essa pergunta se apresentou a muitos monarcas e generais. Era quase impossível ficar de fora de uma guerra em expansão. A neutralidade era uma possibilidade, mas um país pequeno dependia do consentimento das grandes potências, caso quisesse manter-se neutro. De fato, as primeiras fases de uma guerra que se tornasse geral criavam em nações adjacentes esperanças e medos, novos e contraditórios.

O processo de expansão de um conflito, transformando-se em guerra geral, era na verdade o inverso dos estágios finais de uma guerra. Dois eventos dramáticos de 1917 revelam quanto a ampliação e a redução da guerra tinham em comum. Em abril de 1917, Alemanha e Estados Unidos discordaram sobre suas posições de barganha e assinaram declarações de guerra; em dezembro de 1917, Alemanha e Rússia concordaram sobre suas posições de barganha e assinaram uma trégua. Embora um evento tenha ampliado, e o outro, reduzido a Primeira Guerra Mundial, os dois encaixam-se na mesma estrutura causal. Enquanto os objetivos que levaram os Estados Unidos à guerra pareciam alcançáveis pela força, os objetivos que haviam originalmente levado a Rússia à guerra já não eram alcançáveis pela força. Conclusão: Washington estava confiante de sua força militar, e Petrogrado perdera confiança em sua força militar.

A mesma estrutura e as mesmas causas devem ser aplicadas para explicar cada momento decisivo nas relações entre países. Os mesmos fatores devem ser examinados para explicar: o início da guerra; a ampliação do conflito pela entrada de novos participantes; a redução do conflito pela retirada de participantes; o fim da guerra; a superação de crises durante uma era de paz; e o final dessa era de paz. Os mesmos fatores causais, embora apareçam em diferentes combinações, explicam tanto a guerra quanto a paz.

CAPÍTULO 15
MITOS DA ERA NUCLEAR

Buscar conclusões acerca das causas de guerras travadas por embarcações movidas a vela e artilharia puxada por animais é levantar uma questão: essas conclusões são relevantes para a era nuclear? As causas da guerra na atual era de mísseis intercontinentais são totalmente diferentes das causas da guerra na época das primeiras ferrovias?

Centenas de milhares de artigos discutiram os perigos da era nuclear. Estrategistas, teólogos, biólogos e escritores trataram desta questão vital: Haverá uma guerra nuclear nos próximos 50 anos? A guerra será francamente devastadora ou de algum modo se manterá dentro de certos limites? A maior parte dos livros voltados para a questão vê a atual era nuclear como única, não devendo, portanto, ser interpretada com base em lições tiradas de guerras e períodos de paz passados. Mas a nossa era não é assim tão única.

A BOMBA ATÔMICA TURVA A VISÃO DO FUTURO

As armas nucleares rapidamente povoaram a imaginação das pessoas, não apenas por seu poder de destruição, mas também por causa do cenário dramático no qual foram usadas pela primeira vez. Quando as primeiras bombas atômicas foram lançadas sobre cidades japonesas, em 1945, a ciência da guerra se transformou. As bombas deram a impressão de sucesso extraordinário porque pareciam encerrar a guerra no Pacífico, esmagando o espírito até então desafiador de uma nação e encurtando drasticamente uma guerra que, segundo se esperava, só terminaria em 1946 depois que as forças americanas invadissem as ilhas japonesas. Por outro lado, se as bombas fossem lançadas dois anos antes, quando o Japão ocupava a posição de grande força militar – menos propenso à rendição, portanto – talvez provocassem mais fúria que submissão. Na época, um Japão mais resiliente poderia ter advertido Washington de que, se o episódio se repetisse, mandaria matar metade dos prisioneiros de guerra em seu poder ou empregaria uma arma secreta, sem mencionar de que tipo. Nem precisava dizer, porque o blefe é parte vital de qualquer guerra, em especial se usado por um inimigo que, aos olhos ocidentais, parecia tão imprevisível. Mesmo em 1945 as duas bombas atômicas poderiam não significar o inevitável fim da guerra. O Japão, se assim desejasse, teria condições de conduzir uma feroz guerra de guerrilha depois que o exército de ocupação americano se instalasse.

> O JAPÃO, SE ASSIM DESEJASSE, PODERIA TER CONDUZIDO UMA GUERRA DE GUERRILHA FEROZ DEPOIS QUE O EXÉRCITO DE OCUPAÇÃO AMERICANO SE INSTALASSE.

Na verdade, o mundo poderia nem ter testemunhado o uso de armas nucleares em 1945 se os líderes aliados, em vez de insistir em sua política de rendição incondicional, agissem com mais benevolência, demonstrando aos japoneses o poder da bomba atômica e persuadindo-os a se render. No entanto, os americanos só dispunham de duas bombas, e a ideia de desperdiçar uma delas em um alvo sem importância militar NÃO era atraente. Então as bombas foram lançadas sobre duas cidades, sem aviso prévio, em um estágio delicado da guerra. A não reação dos japoneses deu ao mundo a ideia de que ali estava uma arma para a qual não havia resposta.

A torrente de eventos subsequentes, mais até que a destruição das duas cidades, anunciou o poder da nova arma. Hiroshima foi bombardeada em 6 de agosto de 1945 e, dois dias mais tarde, a Rússia declarou guerra ao Japão. Nagasaki foi bombardeada em 9 de agosto e, no dia seguinte, o Japão fez a primeira proposta de abandonar suas ambições militares e se render. Em 15 de agosto já aceitava os termos rígidos da rendição e, no fim do mês, as tropas americanas desembarcavam em solo japonês. Se fosse outro o desenrolar dos acontecimentos, a primeira bomba atômica não teria marcado nossa imaginação de forma tão dramática. Uma arma militar nunca havia sido apresentada ao mundo com tamanho sucesso, e tal sucesso nunca permanecera por tanto tempo – quase sete décadas – como único exemplo.

Essa aura de invencibilidade também vinha da crença americana, ao fim da Segunda Guerra Mundial, de que a tecnologia, sozinha, poderia decidir guerras. Em comparação com a União Soviética, os Estados Unidos dependiam mais das fábricas e do talento dos inventores que da quantidade e do moral dos combatentes, e as armas nucleares pareciam demonstrar que estavam certos. O impacto foi reforçado pela ideia de que as guerras seriam mais curtas. Pensava-se que a tecnologia militar, felizmente, reduziria afinal a duração das guerras, algo que os generais consideravam inevitável desde 1900.

A situação peculiar do mundo e do Japão em 1945 deu àquelas duas bombas uma influência espetacular e duradoura como nenhum diretor de cena conseguiria. A bomba atômica foi suplantada pela bomba de hidrogênio. Os métodos de lançamento de ogivas nucleares a partir de bases terrestres e submarinos ganharam sofisticação e precisão, e outros países aprenderam a fabricar armas nucleares. Como os milhares de mísseis armazenados tinham a capacidade de destruir a maioria das grandes cidades do planeta, ficou impossível pensar que o mundo poderia voltar a ser o que era antes. As lições sobre guerra e paz aprendidas antes de 1945 tornaram-se, em sua maioria, irrelevantes.

Embora não conseguissem chegar a um acordo sobre como seria o futuro, pessimistas e otimistas compartilhavam a ideia de que o mundo havia entrado em uma era sem precedentes. Os pessimistas defendiam que a excepcional arma acabaria sendo usada, tornando inevitável a guerra nuclear. Os otimistas iam ao extremo oposto, argumentando que armas com tal poder de destruição contribuíam, mais do que qualquer recurso anterior, para preservar a paz entre as superpotências.

Muitos dos que viam a era nuclear principalmente como uma ruptura da tradição histórica de guerra e paz, e ainda faziam parte da intelectualidade do mundo pré-nuclear, tentaram construir novas versões das teorias do equilíbrio de poder. Eles detectaram novas corridas armamentistas e se sentiam tão atraídos pela possibilidade de ataques surpresa quanto os observadores militares que ficaram chocados com Pearl Harbor em 1941. Curiosamente, apesar de considerarem única a era nuclear, eles mantinham algumas ideias de Norman Angell, Ivan Bloch e aqueles profetas pré-1914, que também julgavam sem precedentes e regida por novos critérios a época em que viviam – um período que começa por volta de 1900 e termina na Primeira Guerra Mundial. Toda fase de mudanças rápidas tende a enfatizar o novo à custa do que não mudou.

A guerra acidental logo passou a ser vista como um dos riscos principais da era nuclear. Há muito tempo existe a teoria de que algumas guerras foram acidentais, à exceção da Segunda Guerra Mundial e das guerras da Coreia e do Vietnã. Na verdade, a Primeira Guerra Mundial, mais do que qualquer outra, deu origem à ideia de que um conflito inicial pudesse funcionar como um tipo de rolo compressor que, ligado sem querer com o motor aquecido, começava a funcionar, adquirindo tal ímpeto que nenhum de seus importantes passageiros conseguia fazê-lo parar. Esse quadro de 1914 foi ressuscitado na era nuclear, quando se temia que uma guerra entre potências seguisse o mesmo roteiro do rolo compressor, com resultados terríveis. A teoria, discutida com ceticismo no capítulo 6 deste livro, mais tarde se fortaleceu, pelo medo de que erros mecânicos ou um líder insano provocassem o lançamento de um míssil nuclear que, por sua vez, levaria a uma retaliação quase instantânea. Era fácil imaginar um acidente conduzindo o mundo ao caos.

Da mesma forma, o medo de que uma corrida armamentista inevitavelmente levasse à guerra – medo tomado da Primeira Guerra Mundial – espalhou-se rapidamente no início da era nuclear. No entanto, um estudo cuidadoso dos gastos americanos e soviéticos em armas estratégicas ofensivas durante o longo período entre 1952 e 1976 mostra que, quando um dos lados aumentava seu investimento em armas, isso normalmente não acontecia em resposta a um aumento feito pelo outro lado. Em resumo, a ideia de uma corrida de armas na qual cada arrancada representava uma resposta ao outro competidor era discutível.

Com o passar das décadas, como a guerra não aconteceu, a era moderna passou a encarar a questão nuclear sob nova perspectiva. O longo período de relativa paz no mundo ocidental era atribuído, cada vez mais, às armas nucleares e ao "equilíbrio do terror". O termo "paz" é reconhecidamente relativo e, desde 1945, ocorreram levantes no Leste Europeu, uma longa guerra civil na Grécia, revoltas na Irlanda do Norte e na Polônia, além de uma Guerra Fria durante a qual um devastador combate na Europa pairava sobre o horizonte. Os europeus travaram algumas guerras longas em outros continentes: a França lutou na Argélia, e os russos, no Afeganistão. Nações europeias, em uma tentativa de conservar seus impérios distantes ou sair deles em termos favoráveis, travaram guerras além-mar: os holandeses lutaram na Indonésia, os ingleses na Malásia, em Áden e nas Falklands, os franceses no Vietnã e os portugueses na África. De 1945 a 2000, houve um incomum – não único, porém – período de paz para os povos da Europa. Muitos europeus morreram no campo de batalha, mas poucos em solo pátrio, exceto quando a república da Iugoslávia se dissolveu em meio a conflitos internos.

O poder das armas nucleares e a crença de que uma abrangente guerra moderna é provavelmente inviável são as explicações mais comuns para essa paz. Fica de lado, porém, o fato de que o século 19 também experimentou longos períodos de relativa trégua, um dos quais entre o fim das Guerras Napoleônicas, em 1815, e a eclosão da Guerra da Crimeia, em 1853. Portanto, é precipitada a conclusão de que a razoável tranquilidade das terras europeias desde 1945 deve-se sobretudo ao surgimento das armas nucleares.

Esse período de paz resulta provavelmente de uma combinação de causas: a Segunda Guerra Mundial, como toda guerra geral decisiva, estabeleceu uma hierarquia de poder que deixou a diplomacia mais maleável e o uso da força menos provável; as nações dominantes – Estados Unidos e União Soviética – também sabiam, com base em experiências recentes, dos custos terríveis de uma grande guerra; e todos estavam conscientes de que, em uma guerra nuclear, os dois lados podem sofrer perdas que ultrapassem em muito os ganhos da vitória. Além disso, a tranquilidade a partir de 1945 acabou por criar um contraste distinto com o período de paz mais curto que começou em 1918. Enquanto os dois poderosos derrotados na Primeira Guerra Mundial – Rússia e Alemanha – conseguiram recuperar o poderio militar com notável rapidez, isso não foi permitido aos principais derrotados da Segunda Guerra Mundial – Alemanha e Japão. Dividida pelos vitoriosos de 1945, a Alemanha assim permaneceu por quase meio século, enquanto a constituição japonesa no Pós-Guerra restringiu os gastos militares. No início do período de paz, os dois países foram ocupados por forças adversárias.

Raras vezes na história do mundo moderno os derrotados em uma grande guerra permaneceram sob relativo controle militar durante tantas décadas. Como o rearmamento de nações que perderam uma guerra de grandes proporções tende a favorecer a instabilidade, o destino militar da Alemanha e do Japão foi causa determinante da paz. Seu maravilhoso desempenho econômico depois de 1945 e a ausência de uma grande depressão mundial provavelmente também ajudaram a promover a paz. Na década de 30, foi a depressão mundial que levou Hitler ao poder e prejudicou de tal modo o moral e a orientação da França e da Grã-Bretanha que os dois países perderam o controle sobre a Alemanha, permitindo seu rearmamento em uma época na qual seria possível evitar isso.

Nos últimos dois séculos era normal, depois de uma guerra geral bem definida, ou de uma série de confrontos decisivos envolvendo grandes nações, que se estabelecesse uma longa trégua. Significativamente, o período de paz depois da guerra de 1914-1918 mostrou-se excepcionalmente curto, uma vez que foi enfraquecido pela depressão mundial e por seus efeitos militares, econômicos e psicológicos sobre vencedores e vencidos. Por outro lado, o atual período de paz entre as grandes potências vem sendo extraordinariamente longo e talvez as armas nucleares tenham um papel importante nessa situação. Tradicionalmente, depois de uma grande guerra, a lembrança dos perigos e da desolação aos poucos desapareceia, permitindo que a guerra retomasse a aparência romântica e contribuindo para apressar a eclosão de um novo conflito. Hoje, porém, as próprias armas nucleares permanecem como a lembrança viva de seu potencial de destruição. No entanto, as armas nucleares são capazes de prolongar o presente período de relativa paz, mas não podem garantir que isso se prolongue indefinidamente.

É possível que nos pacíficos anos entre 1945 e 1990 o advento de armas nucleares não tenha sido mais influente que outro fato novo: a predominância de apenas duas nações em todo o sistema internacional. Essa foi a primeira vez, no período dos últimos 200 anos, que duas nações mantiveram a supremacia por décadas sucessivas. A distância geográfica entre elas, em particular, reduziu a possibilidade de contato direto e de incidentes perigosos na fronteira. Foi essa vizinhança que ameaçou Inglaterra e França, então tradicionais inimigos, ou França e Alemanha, quando eram fortes rivais. O isolamento físico das duas superpotências diminuiu as chances de um confronto violento por causa de algum local que ambas considerassem

> RARAS VEZES NA HISTÓRIA DO MUNDO MODERNO OS DERROTADOS EM UMA GRANDE GUERRA PERMANECERAM SOB RELATIVO CONTROLE MILITAR POR TANTAS DÉCADAS DEPOIS DO TÉRMINO DO CONFLITO.

estrategicamente importante para a segurança, devendo portanto ser mantido a todo custo.

Significativamente, um ponto de atrito perigoso entre a União Soviética e os Estados Unidos desde 1945 foi a cidade de Berlim, confluência das zonas de ocupação militar russa e americana. No entanto, se, em vez de estar situada a centenas de quilômetros da cidade russa mais próxima e a milhares de quilômetros da cidade americana mais próxima, Berlim fosse uma fortaleza na fronteira entre solo russo e americano, as crises de 1948 e 1961 teriam sido ainda mais explosivas. Na história das guerras, as nações tendem a lutar contra os vizinhos com muito mais frequência do que contra países distantes. Portanto, a distância entre Moscou e Washington diminuiu as chances de conflitos intensos, especialmente entre 1945 e 1970. Mais tarde, porém, a multiplicação de submarinos movidos a energia nuclear e capazes de lançar a longa distância mísseis armados com ogivas nucleares teve o efeito de transformar as superpotências praticamente em vizinhas – mais vulneráveis a ataques, portanto.

A existência de apenas duas superpotências, com esferas de interesse e aliados próprios, também limitou as probabilidades de uma grande guerra em território europeu. Os países da Europa Ocidental, em sua maioria ligados aos americanos, dificilmente se enfrentariam, enquanto os do Leste Europeu, ligados aos soviéticos, não podiam lutar entre si. Se fôssemos enumerar as nações europeias com possibilidade de travar uma guerra, a lista seria bem mais curta em 1979 do que em 1939.

À medida que ampliavam suas esferas de influência – ideológica, militar e comercial – União Soviética e Estados Unidos se encontravam ou se chocavam na África, no Sudeste Asiático, na América Central e em quase todas as outras partes do mundo. Os choques dispersos entre Estados Unidos e União Soviética, longe dos territórios dos dois, aconteceram basicamente "por procuração". Quando os Estados Unidos lutavam na Coreia e no Vietnã, a Rússia lutou ao lado do adversário, não presencialmente, mas fornecendo armas e consultoria militar. Quando um exército russo lutou no Afeganistão na década de 80, os americanos colaboraram discretamente com os afegãos, abastecendo-os de munição. Os indícios encontrados desde 1945 com certeza não confirmam a ideia de que as armas nucleares e seu constante aprimoramento aumentem as probabilidades de uma luta armada. Faz sentido afirmar que uma guerra nuclear, se ocorrer, pode ser terrível, mas até agora não há evidências de que as armas nucleares tenham ameaçado a paz.

As intocáveis armas de guerra

A não ser contra o Japão em 1945, as armas nucleares não têm sido usadas em guerras. Por isso pode ser exagero adotar a expressão "era nuclear". Embora as grandes potências talvez tenham chegado à beira da guerra na Coreia em 1953, em Cuba em 1962, armas nucleares não foram usadas. Ainda que tenham participado de conflitos, os países que possuem arsenais nucleares não recorreram a eles. Por outro lado, o rótulo "era nuclear" fica justificado se a simples posse desse tipo de arma proporcionar aos donos grande poder.

Uma pesquisa feita pelos cientistas políticos americanos Organski e Kugler testou esta proposição simples: Se as armas nucleares são tão importantes, uma potência nuclear simplesmente forçaria o oponente a ceder, em uma disputa diplomática típica? Assim, mesmo que a potência nuclear não fizesse ameaças, sua posição de barganha, em teoria, seria tão forte que o oponente faria concessões. A pesquisa sugere, no entanto, que normalmente o adversário de uma potência nuclear não se sente intimidado por ela. "Na verdade, mísseis nucleares não são a arma milagrosa que se pensava ser."

Ainda mais curiosos foram os indícios colhidos a partir das sete crises nas quais uma potência não nuclear enfrentou uma potência nuclear. Seria justo esperar que a potência não nuclear desistisse, mas, em seis dos sete episódios, ela na verdade venceu a disputa. A exceção foi o bloqueio russo de Berlim em 1948, quando os Estados Unidos – então a única potência nuclear efetiva – realmente usaram essa ameaça para fazer valer sua posição. Nos outros seis conflitos* dessa categoria, a nação sem armas nucleares desafiou ou ignorou as potências nucleares e saiu-se bem. Em disputas envolvendo uma potência nuclear, os vencedores eram normalmente os países que tinham "superioridade militar convencional no local da disputa". O estudo sugere que a influência de armas nucleares em disputas internacionais específicas era provavelmente pequena, pois as nações que as possuíam ficavam relutantes ou temerosas em usá-las, enquanto a nação que possuía armas convencionais ignorava os recursos do adversário.

Conforme Organski e Kugler advertiram, o máximo perigo de um confronto nuclear estava em uma possível confusão na hierarquia das potências. Em 1980, os dois cientistas políticos previram que um conflito entre superpotências seria mais provável quando a nação econômica, social e politicamente mais poderosa do mundo estivesse a ponto de ser ultrapassada. Assim, a próxima fase perigosa chegaria quando a Rússia começasse a superar os Estados Unidos – o que na verdade não aconteceu – ou quando a China desafiasse a supremacia das superpotências – o que está acontecendo agora. Deve-se lembrar, porém, que uma crise dessas não tem inevitavelmente de acabar em guerra. No período de 1870 a 1914, os Estados Unidos ultrapassaram a Grã-Bretanha em capacidade econômica, sem que daí resultasse um conflito.

Debates sobre a probabilidade de uma guerra nuclear eram bem mais frequentes nos anos 70 e 80 que nas décadas posteriores. Havia uma crença comum – a certeza, mesmo – de que a invenção de armamentos levaria inevitavelmente à sua utilização. Segundo observadores, algumas das dezenas de milhares de armas nucleares cedo ou tarde seriam empregadas. Sem saber, os defensores dessa visão recorriam à

---

*As seis guerras em que forças sem armas nucleares desafiaram nações armadas nuclearmente foram: a guerra civil chinesa de 1945-1949, quando os vitoriosos comunistas chineses não se detiveram diante do fato que o aliado de Chiang kai , os Estados Unidos, possuíam a bomba atômica; o golpe checo de 1948;a guerra da Coreia de 1950-1953; a revolta húngara de 1956, a disputa sino-soviética no rio ussuri em 1969 ; e a longa guerra do Vietnã de 1964-1973. Desde então, outras querras se encaixam nessa categoria.

História ao expor o princípio de que o armamento mais avançado de determinada época sempre era utilizado.

A História efetivamente esclarece essa ideia. Em alguns séculos, certas táticas e armas foram usadas pouquíssimas vezes ou nem chegaram a ser empregadas. Assim, no século 18 evitavam-se as batalhas, exceto em condições altamente favoráveis; forças inimigas em retirada nem sempre eram perseguidas e dizimadas; e normalmente suspendiam-se as campanhas militares entre o fim do outono e o fim da primavera. O medo de que soldados mercenários desertassem em massa determinou as práticas militares daquele século. Ironicamente, os próprios soldados eram as armas de alto risco na época. Em muitos séculos, a tática mais desestabilizadora seria assassinar o monarca inimigo, mas raras vezes – ou nenhuma vez – foi tentada, mesmo durante as guerras mais cruéis: a possibilidade de retaliação era alta demais. Como o medo de retaliação foi claramente um fator atuante em todos os séculos, não admira as armas nucleares serem vistas ao mesmo tempo com ansiedade e reconhecimento por aqueles que as possuem.

É possível que grandes potências mantenham a posse de armas mortais, de eficiência comprovada, e se recusem a usá-las. Guerras químicas não são novas, e o enxofre foi queimado em cercos às cidades nas Guerras do Peloponeso, quase cinco séculos antes de Cristo, enquanto na Guerra da Crimeia os ingleses propuseram a queima do enxofre em larga escala, para que o vento carregasse os vapores até os soldados russos em Sebastopol. Na Primeira Guerra Mundial, os alemães direcionaram gás cloro às trincheiras francesas em abril de 1915, e as tropas britânicas usaram gás cinco meses mais tarde. Nas duas ocasiões, esperavam-se ventos favoráveis. Às vezes, a direção do vento se invertia, soprando o gás de volta, contra o atacante. Durante a guerra de trincheiras na França, em 1917, milhares de cápsulas cheias de gás foram disparadas com precisão pela artilharia; assim, eliminava-se a dependência do vento. Ambos os lados utilizaram o gás mostarda, que permanecia no solo por dias; com a elevação da temperatura, os vapores subiam, atingindo os soldados.

No último ano da guerra, vários tipos de gás se mostraram tão eficazes em ataques surpresa que uma em cada quatro baixas americanas era causada por intoxicação. De acordo com uma definição da época, o uso de gás podia ser considerado humanitário, porque incapacitava, em vez de matar os soldados. Ao fim do conflito, a eficiência daquela arma estava comprovada e, como os aviões ficavam cada vez mais confiáveis, a precisão no lançamento de bombas de gás parecia fadada a revolucionar a arte da guerra. O uso maciço de gás contra civis nas cidades dava a impressão ser quase inevitável nos combates do futuro e, em 1939, muitos países equipavam com máscaras apropriadas os soldados e a população. Para surpresa da maioria dos observadores, essa arma não foi utilizada na Segunda Guerra Mundial, embora a Alemanha tivesse desenvolvido os chamados gases nervosos – o gás sarin é um deles – mais letais que qualquer um dos usados na França entre 1915 e 1918.

O gás não foi usado diretamente contra soldados e civis, nas guerras da Coreia e do Vietnã, apesar de agentes químicos terem sido lançados sobre terras vietnamitas em 1965. Os Estados Unidos despejaram sobre uma área equivalente a um décimo do território do Vietnã do Sul um herbicida, o agente laranja, para destruir florestas densas ou plantações. Inicialmente acreditava-se que o produto fosse seguro para seres humanos, mas o agente laranja guardava partículas de um contaminante tóxico que o processo de fabricação não tinha removido, e se revelou danoso aos militares americanos. Em 1969, a Assembleia Geral das Nações Unidas aprovou uma moção condenando o herbicida como contrário ao Protocolo de Genebra, que em 1925 tinha banido a prática de guerra química. No ano seguinte, os Estados Unidos interromperam o uso do agente laranja. Ironicamente, o poder de retaliação nesse caso não coube ao inimigo, mas às propriedades não detectadas do próprio agente químico.

As grandes potências do mundo ocidental não empregaram deliberadamente gás letal em guerras desde 1918. Somente a Itália, uma quase potência, pulverizou gás mostarda sobre os etíopes, alcançando assim uma vitória cabal em 1936. Cinco anos mais tarde, a artilharia japonesa em Yichang, no rio Yangtze, disparou cartuchos de gás, forçando os chineses a baterem em retirada. Em 1942, o presidente Roosevelt, dos Estados Unidos, advertiu que seus aliados fariam "retaliação máxima" caso Japão e Alemanha fizessem uso de gás. A advertência deu resultado.

Resta pouca dúvida de que o medo da retaliação tenha sido o principal fator de restrição ao uso de gás em guerras travadas por superpotências, mas esse medo nem sempre foi intenso. Povos com poucos recursos, como etíopes e chineses, não tinham capacidade de retaliação, nem as tribos do Iêmen puderam fazer algo quando o incolor porém fatal fosgênio e o gás mostarda, de fabricação egípcia, foram usados contra eles na guerra civil dos anos 60. Na década de 80, o Iraque usou gás contra os iranianos, talvez na esperança de desfazer o impasse militar e romper as linhas inimigas, mas o Irã logo revidou.

As superpotências fizeram extensas pesquisas secretas sobre armas químicas e, em 1982, um trabalho cuidadoso, o livro "Surprise Attack" ("ataque surpresa", em tradução literal) afirmava que, de todas as armas não convencionais, as químicas eram provavelmente mais eficazes que as nucleares, se o atacante quisesse contar com o elemento surpresa. Também foram discutidas as armas biológicas durante a Segunda Guerra Mundial, mas esse recurso não foi empregado e, assim como as armas químicas e nucleares, provavelmente ocasionariam forte retaliação. Além disso, os agentes vivos – vírus ou bactérias – podem fugir ao controle e infectar os próprios manipuladores.

A relutância das nações mais poderosas em usar gás transmite uma mensagem largamente ignorada. O armazenamento de armas letais não utilizadas é um dos problemas das guerras modernas. Ironicamente, uma grande quantidade de armas, navios e aviões de combate modernos e não utilizados é especialmente notável no término de uma guerra. Assim, no fim de 1945, o poderio militar combinado do mundo era bem maior do que o de 1939, e boa parte dele provavelmente nunca foi usada em combate.

Uma vez que durante um longo período as grandes nações têm se recusado a usar uma de suas armas mais letais, é possível que também se recusem a lançar mísseis nucleares, por temor de que armas similares ou a opinião internacional se voltem contra elas. Isso não quer dizer que todas as armas nucleares vão necessariamente permanecer sem uso nos próximos 50 anos. Quanto maior o número de nações com tecnologia nuclear, mais altas as possibilidades de finalmente uma delas decidir, por desespero ou como resultado de um daqueles erros de cálculo tão comuns às vésperas de uma guerra, lançar um míssil. Há séculos, diferentes líderes têm decidido ir à guerra motivados pelo sonho e pela ilusão de vitória. Se apenas um líder de uma potência nuclear acalentar a mesma ilusão, um evento terrível pode acontecer. Se um terrorista, ainda que sem o apoio de uma nação, roubar – ou comprar – e usar uma arma nuclear potente, uma cidade inteira pode ser destruída, e a região em torno, contaminada.

Uma alternativa à aniquilação

Em círculos intelectuais, espalhou-se a ideia de que uma grande guerra seria um conflito abrangente, capaz de destruir a espécie humana. O arcebispo Hunthausen, ao agradecer a Medalha Thomas Merton da Paz em 18 de novembro de 1982, disse à plateia americana que não se concebia mais um líder político e religioso referir-se à possibilidade de uma "guerra nuclear limitada". No mesmo ano, um dos mais conhecidos historiadores da América, William Hardy McNeill, concluiu um estudo detalhado sobre as guerras desde o ano 1000 d.C., com a afirmação de que a única alternativa a um governo mundial "parece ser a súbita e total aniquilação da espécie humana". Patrick White, ganhador do Prêmio Nobel de Literatura, expressou uma visão

> Quanto maior o número de nações adquirindo as próprias armas nucleares, mais altas são as possibilidades de que finalmente uma nação decida lançar um míssil nuclear.

paralela, fundamentada nas artes e nas letras, de que os povos devem refrear os líderes nacionais "dispostos a destruir um mundo que anseiam dominar".

O alarmante conceito de um inverno nuclear de âmbito mundial reforçou o pessimismo. Em 1983, acreditava-se quase unanimemente que uma guerra nuclear entre as superpotências criaria um desastre climático, resultando em um período de fome que provocaria a morte de bilhões de pessoas. Essa poderia mesmo ser "mais severa" do que a ruptura climática que extinguiu os dinossauros no fim do Período Cretáceo. A profecia influenciou os governos e, na Declaração de Déli, de 28 de janeiro de 1985, seis nações reconheceram que até mesmo uma guerra nuclear limitada transformaria a Terra em um "planeta gelado e escuro". Alguns cientistas duvidavam de tal previsão, argumentando ser ela altamente improvável. Em um assunto tão especulativo, emocional e político quanto os efeitos de uma guerra nuclear, dificilmente encontram-se previsões sensatas e equilibradas.

Na nossa era é quase unânime a noção de que uma guerra nuclear, caso ocorra, será muito curta. A teoria de que as guerras nucleares chegarão ao fim em dias, e não em anos, é tão largamente aceita que seus adeptos nem sentem a necessidade de defendê-la; eles simplesmente a afirmam. A previsão de uma guerra nuclear rápida e fatal parece apoiar-se na suposição dúbia de que a eficiência das máquinas de guerra determina em grande parte se um conflito será longo ou curto. Assim as armas nucleares, mais devastadoras do que qualquer outra anterior, encerrariam os conflitos rapidamente. Essa hipótese, porém, não é confiável. A partir dos anos 60 do século 19, passou-se a acreditar que as guerras europeias seriam mais curtas por causa das novas ferrovias, do telégrafo e das armas de disparo rápido, mas a previsão foi anulada pela inesperadamente longa Primeira Guerra Mundial, cujo desenrolar levou à ideia de que, em razão da tecnologia, ataque e defesa eram equivalentes. A nova previsão de guerras longas foi depois suplantada pela certeza de que elas teriam a duração reduzida pelo uso de aviões mais velozes e divisões de blindados em terra, restaurando a supremacia do ataque. Os capítulos anteriores demonstraram, no entanto, que a tecnologia não tem sido o único fator a determinar se uma guerra é longa ou curta.

Os que esperam uma guerra nuclear rápida tendem a crer que a duração de um conflito é razoavelmente previsível. No entanto, generais e almirantes experientes têm falhado nessa tarefa, em especial quando grandes potências estão envolvidas. Desse modo, não faz sentido esperar que a habilidade de prever a duração de uma guerra se manifeste subitamente, justo nesta incerta e inconstante era nuclear.

É possível que o período de enfrentamento de duas potências nucleares seja curto, mas, se envolver superpotências e muitos de seus aliados, talvez aconteça o oposto. Quando generalizadas, as guerras tendem a ser mais longas do que quando travadas entre apenas duas nações, sobretudo pelos seguintes motivos: combinam vários conflitos em diferentes campos de baralha, sob condições diversas; os países aderem à guerra em ocasiões variadas; a condução das negociações de paz torna-se difícil em razão do número de países envolvidos. Guerras gerais também tendem a estender-se porque nenhum dos lados costuma vencer em todas as frentes ao mesmo tempo. Com isso, o derrotado em uma das frentes de batalha pode estar mais interessado na paz do que seu aliado vencedor em outro local.

Os adeptos da ideia de que uma guerra nuclear sempre será rápida e decisiva parecem presumir uma programação regular e bem elaborada, de modo que, disparados os primeiros mísseis, a nação mais fraca será aniquilada, rendendo-se automaticamente. Existe, porém, outra possibilidade depois do lançamento dos primeiros mísseis: os dois lados concordarem em um cessar-fogo temporário, considerando mais prudente retomar a luta com armas convencionais. Há ainda a alternativa de somente empregar armas nucleares na fase final do conflito.

A experiência de guerras passadas sugere que armas mais ofensivas não costumam ser empregadas nos primeiros combates e, quando isso acontece, o uso é reduzido. Em 1914, Grã-Bretanha e Alemanha possuíam as mais bem equipadas forças navais da História e estavam determinadas a dominar o mar. Nenhuma das duas, porém, podia arcar com os custos de uma batalha em termos desfavoráveis. Por isso, seu confronto principal foi adiado por dois anos, até a Batalha da Jutlândia, e mesmo então as forças adversárias preferiram um combate morno ao risco de uma derrota esmagadora. De maneira semelhante, em uma guerra moderna as superpotências, temendo uma retaliação com armas nucleares, podem continuar a tratar os mísseis como um último recurso, a ser usado apenas no caso de o adversário na guerra convencional estar em vantagem na terra, no mar e no ar. As armas nucleares, longe de servirem como instrumento para uma decisão rápida, podem permanecer como uma advertência e acabar contribuindo para prolongar a guerra. Não é fácil prever a duração de um conflito nuclear.

"Eu faço a guerra, mas meu nome é paz"

O movimento pacifista nunca foi tão poderoso. Seu objetivo é divulgar a possibilidade e a urgência de eliminar a guerra e destruir todos os estoques de armas nucleares. A cruzada pela paz é tão ampla que tem sido, por direito, um componente das relações internacionais. Sempre existiram movimentos pacifistas. O Livre Comércio foi um deles, muito vigoroso, surgido em meados do século 19. Mais tarde vieram o Esperanto e o Socialismo. A Primeira Guerra Mundial e seus horrores multiplicaram o número dos que procuravam uma forma de acabar com as guerras, e a Liga das Nações em Genebra foi vista como um instrumento especial de paz nos anos 20 e 30. A Segunda Guerra Mundial e, em particular, o lançamento das duas bombas atômicas em 1945 incentivaram um novo movimento pela paz nas nações democráticas, mas durante a Guerra Fria da década de 50 o

> AS GUERRAS NUCLEARES, LONGE DE SER DECISIVAS, PODEM PERMANECER COMO UMA AÇÃO RESERVA E ASSIM ACABAREM CONTRIBUINDO PARA PROLONGAR A GUERRA.

movimento foi frequentemente considerado um simpatizante, um amigo mais calmo do comunismo.

Enquanto isso, muitos dos que acreditavam na paz ainda se apegavam a uma fórmula simples. Alguns afirmavam que a agressividade masculina era a causa principal das guerras e que, se as mulheres governassem o mundo, haveria paz internacional. Essa teoria perdeu a força quando mulheres assumiram o governo da Índia, de Israel e da Inglaterra e não evitaram que seus países participassem de guerras. O comunismo foi por longo tempo anunciado como um movimento pela paz, e essa qualidade lhe foi amplamente atribuída nos anos 30 e 40. Única nação comunista até 1945 e adversária de Hitler, a União Soviética era geralmente vista como pacífica. A invasão da Polônia, em 1939, foi esquecida ou perdoada. Assim, até a década de 50, a União Soviética pôde posar como apoiadora da paz internacional e acusar o capitalismo de ser o causador contumaz de guerras. Naquele momento, porém, tornou-se impossível, mesmo para o mais ardente admirador, sustentar que as nações comunistas rejeitariam a guerra, se a oportunidade fosse favorável.

A perda de plausibilidade das velhas fórmulas de fator único para a paz mundial foi o efeito colateral do nascer de um movimento mais amplo que, sem ser ligado a ideologia alguma, simplesmente enfatizava os riscos a que o mundo estava exposto. O movimento antinuclear, no entanto, não era constante: surgiu nos anos 50, perdeu força rapidamente no começo dos anos 60, ficou praticamente adormecido – curiosamente – no auge da Guerra do Vietnã, renasceu com vigor em meados dos anos 70, depois de encerrada a guerra no Vietnã, chegando ao ápice, talvez nos dois lados do Atlântico, no início dos anos 80. Mesmo com essa tendência a altos e baixos, o movimento tinha força e sustentação jamais vistas em movimentos populares pela paz, em anos anteriores à Segunda Guerra Mundial. O apoio vinha, sobretudo, dos jovens – o grupo tradicionalmente convocado para as guerras mas geralmente distante dos movimentos pacifistas, antes da Segunda Guerra Mundial. Os altos generais e os grandes fabricantes de equipamentos e munições tornaram-se os alvos principais, considerados entusiastas da guerra; se perdessem a influência, os conflitos seriam raros.

A nova paz atraiu milhões: utópicos sem teorias sobre guerra e paz; cientistas que conheciam o poder de destruição das armas mais recentes ou que estudavam a natureza, a biologia e outras áreas passíveis de devastação por uma guerra nuclear; seguidores da esquerda que não se preocupavam com as consequências do desarmamento para o mundo capitalista, desde que os países comunistas mantivessem seu arsenal nuclear; teólogos; e, a partir de 1972, muitos bispos católicos nos Estados Unidos, onde o arcebispo de Seattle defendia o total desarmamento do país, "confiando ao Senhor nossa segurança".

A opinião pública era a arma silenciosa do novo movimento pela paz. Em 1982, um seminário sobre desarmamento na Cambridge University defendeu que a opinião mundial protegeria de possíveis ataques as nações que começassem a descartar suas armas nucleares. Aos críticos que tachavam de irreal esse ponto de vista, os desarmamentistas respondiam que a opinião pública já tinha evitado o uso de armas nucleares, dissuadindo o presidente Nixon de apontá-las contra o Vietnã e de bombardear as represas e canais de irrigação no Vietnã do Norte. Não se sabe se a opinião pública seria tão persuasiva, caso algum dia o lançamento de mísseis nucleares fosse uma forma de salvar a Europa ou os Estados Unidos de uma invasão ou de um ataque devastador. Além do mais, a opinião pública a favor da paz a qualquer custo era essencialmente uma força presente em nações democráticas; não se viam manifestações semelhantes na Rússia, no Leste Europeu, na China, no Vietnã, na Coreia do Norte, em Cuba ou em outras nações comunistas, cujos cidadãos não tinham liberdade para exigir que os próprios governantes tomassem o caminho do desarmamento.

Os líderes de movimentos pacifistas não percebem que sua energia e argumentação também podem tornar-se causas de guerra. Poucas conclusões cruciais sobre guerra e paz parecem tão pouco conhecidas quanto a proposição de que todos os principais fatores que favorecem a paz também são capazes de favorecer a guerra. Uma mobilização pela paz pode promover realmente a guerra – até mesmo uma guerra nuclear – ao transmitir aos líderes de uma nação autoritária a forte impressão de que o moral do país adversário foi minado por um movimento pacifista interno e, se ele for atingido por um míssil nuclear, logo estará pedindo paz. Um movimento mundial que, milagrosa e efetivamente, banisse todas as armas nucleares poderia de forma indireta induzir algum país a inventar uma arma ainda mais destrutiva. As armas nucleares não serão o fim da linha para a inventividade a serviço da guerra.

Portanto, um forte movimento pacifista tanto pode evitar como apressar a guerra. A mobilização pela paz ocorrida na França e na Inglaterra nos anos 30 provavelmente foi uma das causas da Segunda Guerra Mundial, por fortalecer o poder de barganha de Hitler, fazendo-o acreditar que seus potenciais inimigos não tinham inclinação para a luta. Na geração seguinte, nos Estados Unidos, o movimento pacifista pode ter ajudado a prolongar a Guerra do Vietnã.

> AQUELES QUE CONDUZEM MOVIMENTOS PELA PAZ NÃO RECONHECEM O FATO DE QUE SUA ENERGIA E SEU ATIVISMO TAMBÉM POSSAM ACABAR SENDO CAUSAS DE GUERRA.

É natural desejar sucesso a um movimento de massa cujo objetivo é impedir a disseminação de armas nucleares por outros países e reduzir o arsenal nuclear das superpotências. Os mais ardentes defensores dos movimentos pacifistas acreditam estar trabalhando pela paz, portanto continuarão a fazê-lo. Algumas vezes, a paz será promovida pelo entusiasmo deles, e; algumas vezes, contra a vontade deles, a consequência de seu trabalho será a guerra.

Normalmente, a eclosão de uma grande guerra torna-se mais provável à medida que a destruição causada pelo conflito anterior desaparece da memória das pessoas. Hoje, a maioria dos europeus só ouviu falar dos horrores da guerra. É o que acontece com famílias russas e americanas que, não tendo sofrido diretamente nas batalhas que seus países travaram em solo estrangeiro desde 1945, consideram a guerra menos danosa. O mundo ocidental vê com certo desdém o fervor com que algumas nações do Oriente Médio vão à guerra, mas tal entusiasmo não desapareceu totalmente das terras europeias. O terror causado por um conflito iminente pode ser superado, muitas vezes dando lugar ao fervor, conforme a importância do objetivo em questão.

Filmes, peças teatrais, livros e pinturas podem retratar o horror de uma guerra nuclear, mas a descrição desse horror não se mantém de maneira convincente se o momento exaustivamente previsto não chegar. Até os desastres em usinas nucleares parecem ter sido lentamente esquecidos, depois do choque inicial. O destino do movimento antinuclear com certeza vai passar por altos e baixos, simplesmente porque medo e horror, ainda que justificados, não se sustentam ano após ano. O mundo não pode viver em permanente estado de pânico, por maior que seja o risco de

> A ERA NUCLEAR, AINDA NO COMEÇO, OFERECE UMA PRECÁRIA MISTURA DE PERIGO E SEGURANÇA E É TÃO ENGANOSO IGNORAR OS SINAIS DE SEGURANÇA QUANTO SE ESQUECER DO PERIGO.

o pesadelo nuclear subitamente tornar-se realidade. O aviso de perigo também pode anular-se, caso evidências venham a provar – ou mesmo sugerir – que o medo é exagerado. Esse parece ter sido o destino da previsão de um "inverno nuclear". Quem lança repetidos alarmes falsos passa a não ser mais ouvido. Igualmente perigosos são os cidadãos e as nações que se mantêm surdos aos alarmes.

Até agora, há indícios de que as armas nucleares contribuíram mais para a paz do que para a guerra. Mas bastam um louco ou um líder excessivamente confiante para subverter esses indícios. A era nuclear, ainda no começo, oferece uma instável mistura de perigo e segurança e é tão enganoso ignorar os sinais de segurança quanto esquecer o perigo.

CAPÍTULO 16
GUERRA, PAZ E NEUTRALIDADE

FALHAS NAS TEORIAS ATUAIS SOBRE GUERRA E PAZ

1. A maior parte das mais populares teorias a respeito da guerra – e das explicações encontradas por historiadores para determinadas guerras – culpa comunistas, capitalistas, ditadores, monarcas, arcebispos, califas e outros indivíduos ou grupos de pressão poderosos. Essas teorias, no entanto, explicam a rivalidade e a tensão, mas não a guerra. Rivalidade e tensão entre países podem existir por gerações, sem acabarem em guerra.

2. Os objetivos e as ambições dos governos são vitais na explicação de cada guerra internacional, mas ignorar os meios de implementar essas ambições é ignorar a questão principal a ser explicada, pois a guerra é a implementação dos objetivos por novos meios. Explicar a guerra é explicar o motivo da opção por meios violentos.

3. Evidências colhidas em guerras passadas não sustentam a respeitada teoria de que um desequilíbrio de poder tende a promover a guerra. No entanto, se tomada em sentido inverso, a teoria apresenta alguma coerência.

4. As evidências não confirmam a teoria do bode expiatório e a hipótese de que, diante de problemas internos, os governantes frequentemente promoviam uma guerra em outro país, na esperança de desviar a atenção do povo para lá. Na verdade, sérios problemas internos costumavam servir de motivo para evitar a guerra.

5. As evidências não apoiam a crença de que uma nação ocupada em fazer dinheiro ou em organizar uma viagem à Lua não teria tempo nem energia para fazer guerra.

6. Altas expectativas sempre marcam o início da guerra – e são, na verdade, uma importante causa de conflito. Nunca houve, porém, uma guerra que, ao terminar, satisfizesse completamente as expectativas dos líderes de ambos os lados.

7. Quando dois pássaros aquáticos disputam um peixe, às vezes um pescador ou um terceiro pássaro aquático se aproveitam disso para tomar o alimento. Relações internacionais frequentemente apresentam esse tipo de oportunismo.

8. É comum considerar as dificuldades econômicas e a pobreza como causas vitais das guerras. Uma nação muito pobre, no entanto, não costuma ter a força militar necessária para atacar uma nação rica e bem armada.

9. A ideia de que a raça humana possui uma inclinação natural para a luta não pode ser aceita como explicação para a guerra. A partir das evidências estatísticas dos últimos 13 séculos, pode-se afirmar igualmente que os seres humanos carregam um apreço inato pela paz. Uma vez que guerra e paz marcam a mutabilidade das relações entre países, provavelmente explicam-se melhor por fatores "mutantes" do que por fatores "inatos".

10. O cansaço da guerra frequentemente promove a paz, enquanto a belicosidade promove a guerra, mas houve casos notáveis em que o cansaço da guerra promoveu a guerra.

11. Segundo a teoria de Manchester, aumentar o contato entre as nações – por meio de idioma comum, viagens ao exterior e intercâmbio de produtos e ideias – anula o preconceito e promove fortemente a paz. Tal teoria não é muito confiável. Tradicionalmente, a maioria das guerras foi travada entre vizinhos, mesmo aqueles que costumavam ter muito em comum.

12. Não existe guerra "não intencional" ou "acidental". Frequentemente não intencionais são a crueldade e a duração da guerra. A derrota também não é intencional.

13. Alguns observadores concluíram que, nos últimos três séculos, as mudanças na sociedade, na tecnologia e nas táticas de guerra revolucionaram de tal modo as relações internacionais, que a experiência adquirida perdeu a relevância. Há evidências, porém, de uma considerável continuidade entre a era da cavalaria e a era dos mísseis intercontinentais.

Uma estrutura de causas

14. Em suas origens, guerra e paz não são polos opostos e a distinção entre um guerreiro e um pacificador frequentemente não passa de miragem.

15. A ideia de acusar categoricamente uma nação de ser a causadora de uma guerra é tão equivocada quanto a ideia de exaltar incondicionalmente outra pelo término do conflito. A maioria das atuais explicações para a guerra, no entanto, baseia-se nesses erros.

16. Assim como o fracasso da diplomacia resulta em guerra, o fracasso da guerra leva à diplomacia. Tanto a diplomacia quanto a guerra podem deixar de ser ferramentas eficientes.

17. Enquanto o fracasso da diplomacia reflete a crença de que cada nação ganhará mais com a luta do que com a negociação, o fracasso da guerra reflete a crença de que cada nação terá mais a ganhar com a negociação do que com a luta.

18. Neutralidade – assim como guerra e paz – depende de acordos. Suécia e Suíça, por exemplo, permaneceram neutras por mais de 150 anos não só porque quiseram, mas porque as nações em guerra permitiram que elas mantivessem a neutralidade.

19. Guerra e paz são mais que opostos; têm tanto em comum que não se entende uma sem a outra.

20. Guerra e paz parecem compartilhar a mesma estrutura de causas. O mesmo conjunto de fatores deve aparecer em explicações sobre: a eclosão da guerra; sua ampliação com a entrada de novas nações; o

advento da paz; a superação de crises durante um período de paz; e, claro, o fim da paz.

21. Quando os líderes de nações rivais decidem começar, continuar ou terminar uma guerra, estão consciente ou inconscientemente fazendo variações da mesma pergunta. Procuram avaliar a própria capacidade ou incapacidade de impor sua vontade à nação rival.

22. Ao decidirem pela guerra ou pela paz, os líderes nacionais parecem ser fortemente influenciados por vários dos seguintes fatores:

força militar e capacidade de aplicar essa força com eficiência no provável teatro da guerra;

previsões de como as nações não envolvidas vão se comportar, caso a guerra aconteça;

percepções quanto a união ou dissensão no próprio país e no país inimigo;

consciência ou esquecimento dos reais sofrimentos causados pela guerra;

nacionalismo e ideologia política ou religiosa;

condições da economia e capacidade de sustentar o tipo de guerra previsto;

personalidade e experiência dos responsáveis pela decisão.

23. As guerras normalmente começam quando duas nações discordam quanto à sua força relativa e normalmente acabam quando as nações envolvidas concordam quanto à sua força relativa. Concordância ou discordância resultam da combinação do mesmo grupo de fatores. Assim, cada fator é capaz de promover guerra ou paz.

24. A mudança de um fator – retirada de um aliado ou conflitos internos no país inimigo – pode alterar drasticamente a avaliação que um país faz do próprio poder de barganha. A curto prazo, a influência desse fator talvez pareça irracionalmente intensa.

25. Qualquer fator que aumente a probabilidade de concordância entre as nações quanto a seu poder relativo é uma potencial causa de paz. Uma poderosa causa de paz é uma guerra decisiva, pois fornece a

mais aceitável medida do poder. A paz internacional não é um fato isolado e depende direta ou indiretamente do poderio militar.

26. Nenhuma guerra decisiva pode exercer influência permanente, pois a vitória é invariavelmente um recurso que se esgota.

27. É essencial que haja uma fórmula para medir o poder internacional. Por ironia, a fórmula mais eficiente é a guerra. Enquanto a guerra cumprir bem essa função, somente por acaso será encontrada uma forma mais humana e eficiente de avaliar o poder.

Padrões em conflitos armados

28. Emitir uma declaração formal antes de iniciar uma guerra parece um comportamento normal, mas as evidências sugerem o contrário. O ataque japonês a Pearl Harbor em 1941 – sem prévia declaração de guerra – cumpria uma longa tradição internacional.

29. O fator surpresa é uma arma vital em guerras, mais eficiente quando empregada no mar do que em terra.

30. Guerras restritas a duas nações foram travadas mais frequentemente na periferia geográfica do que próximo ao centro do poder mundial.

31. Uma guerra geral ou mundial começava geralmente como um conflito entre duas nações, evoluindo para uma série de combates interligados e travados simultaneamente. Uma explicação para uma guerra geral ou com muitos envolvidos deve, portanto, ser estruturalmente similar à explicação de várias guerras entre duas nações.

32. Uma guerra civil tem mais probabilidade de se tornar uma guerra internacional quando um dos lados dessa guerra tem laços ideológicos, étnicos ou de outro tipo com uma nação estrangeira.

33. Uma guerra geral costumava ser, pelos padrões da época, uma guerra longa. Mesmo agora, na era nuclear, uma guerra geral – se ocorrer – pode ser longa.

34. Provavelmente não houve um só conflito, desde 1700, no qual os dois lados acreditassem estar iniciando uma guerra longa.

35. A ideia de que grandes avanços na tecnologia bélica inevitavelmente levariam a guerras mais curtas foi alimentada por muitas gerações, mas contrariada por muitas guerras.

36. No campo do comportamento humano, poucos eventos são mais difíceis de prever do que o rumo e a duração de uma guerra. Essa é uma das lições ainda não aprendidas sobre os conflitos armados.

Mitos e riscos da era nuclear

37. A corrida armamentista às vezes aumentava a probabilidade de guerra, mas com maior frequência substituía a guerra. É duvidosa a ideia de que uma corrida de armas nucleares levará a um conflito.

38. A era nuclear pós-1945 parece seguir a mesma regra básica de eras anteriores: a paz prevalecerá se as nações rivais acreditarem que perdem mais do que ganham, ao escolherem resolver suas desavenças pelo uso de armas.

39. Apesar do temor bastante difundido de um dia as armas nucleares serem usadas com efeitos devastadores, há precedentes históricos de importantes armas e cruciais estratégias militares terem ficado sem uso por períodos bastante longos.

40. A ideia de que uma guerra nuclear será curta apoia-se na duvidosa teoria de que a tecnologia militar é fator decisivo para determinar a duração de um conflito. Tanto a guerra com armas convencionais quanto a guerra nuclear podem ser longas ou curtas.

41. O movimento pacifista torna-se cada vez mais importante, mas é uma faca de dois gumes, capaz de, mesmo que com as mais nobres intenções, promover tanto a guerra quanto a paz.

42. Presume-se que uma nova arma – ou uma combinação de armas – será um dia mais letal do que as armas nucleares, tomando assim sua posição de importância. Se isso vai ou não beneficiar o mundo, é uma pergunta irrespondível.

Você fará uma viagem inesquecível nas páginas destes livros.

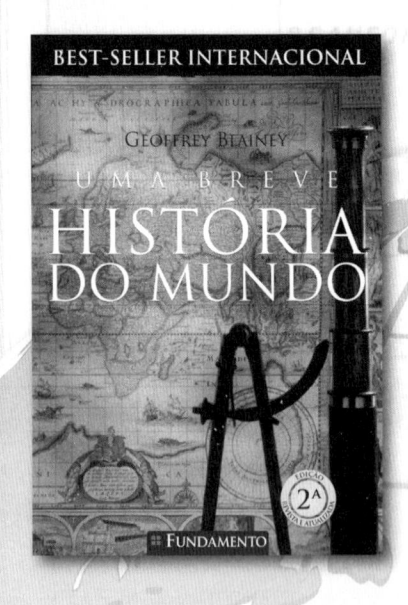

"É como ver a paisagem pela janela de um trem em movimento", afirma o prof. Geoffrey Blainey, um dos mais aclamados historiadores da atualidade. Em *Uma Breve História do Mundo*, o autor faz um balanço da fantástica saga da humanidade, magistralmente compilada desde seus primórdios até os frenéticos dias em que vivemos.

Sem jamais perder o foco, Blainey vai mais além: descreve a geografia das civilizações e analisa o legado de seus povos. O leitor deve se preparar para uma viagem inesquecível: saberá como eram as noites dos primeiros nômades; testemunhará o surgimento das religiões; questionará a carnificina das guerras e acompanhará a ascensão e queda dos grandes impérios.

Uma Breve História do Mundo vai entrelaçando a história de um povo a outro de forma didática e vibrante. Distante de formalismos, o livro instiga e envolve o leitor página por página, levando-o a conhecer e interpretar melhor os fatos que nos trouxeram aos dias de hoje.

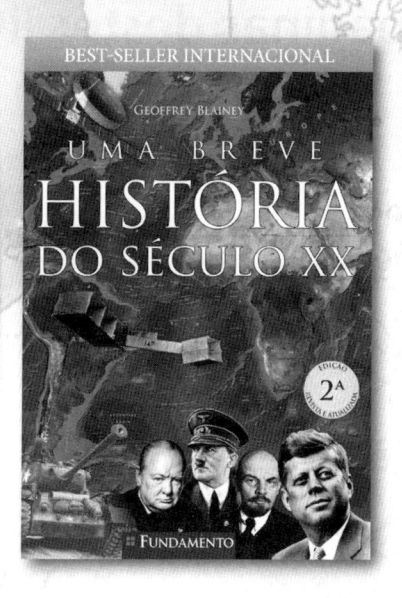

Mais uma vez, o autor de *Uma Breve História do Mundo*, Geoffrey Blainey, supera a expectativa dos leitores. Em *Uma Breve História do Século XX*, você vai se surpreender com uma descrição vibrante e apaixonada dos cem anos mais fascinantes da história.

As duas maiores guerras, a ascensão e queda dos regimes comunistas, o maior colapso econômico já vivido, o declínio das monarquias e dos grandes impérios da Europa –tudo isso narrado com emoção e intensidade.

Nessa fantástica viagem, cada fato é exibido com exatidão e sagacidade. E cada triunfo e tragédia é revelado com dinamismo, como em um emocionante filme sobre o nosso passado.

À venda no site www.editorafundamento.com.br
ou nas melhores livrarias

Conheça também

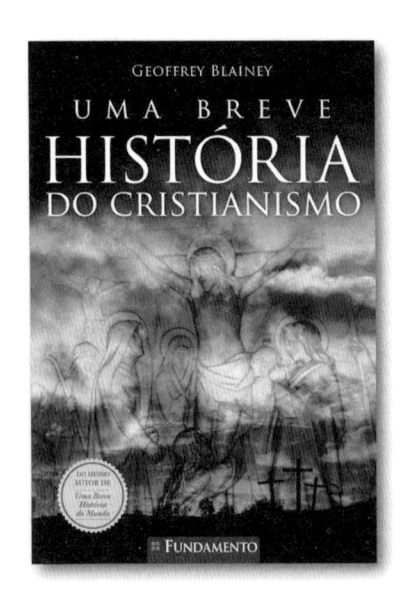

"É notável que um homem que viveu há mais de 2000 anos, que não tinha cargo público ou riqueza e que não viajou além de alguns dias de caminhada de sua cidade natal tenha tido tanta influência na história mundial." *Uma Breve História do Cristianismo* reconta magistralmente os passos de Jesus, esse homem com uma vida tão curta e uma história tão longa.

Do mesmo autor de *Uma Breve História do Mundo*, um livro abrangente, dinâmico, rico em detalhes e extremamente agradável de se ler. O consagrado historiador Geoffrey Blainey analisa de forma imparcial os primeiros passos do Cristianismo, investiga os eventos que possibilitaram sua evolução e conta por que a doutrina cristã permanece tão viva nos dias de hoje quanto nos seus primórdios.

Afinal, quem foi Jesus? Um mito ou um homem de infinita sabedoria? Qual a origem dos Evangelhos e o que se sabe a respeito daqueles que os teriam redigido? Que fatos levaram a disseminação do Cristianismo ao redor do mundo? E qual o papel de outros personagens desta história, como Francisco de Assis, Martinho Lutero, John Wesley, João Paulo II e até os Beatles?

Geoffrey Blainey vai guiá-lo em uma viagem repleta de mistérios, polêmicas, conflitos e fé. Uma narrativa essencial para compreender mais do que o mundo de hoje – para compreender o homem de hoje.

EDITORA FUNDAMENTO